KB267340

태봉학회 총서 **7**

태봉역사문화권의 설정과 철원군

BASIC STUDY ON THE HISTORICAL CULTURAL ZONE OF TAEBONG KINGDOM

泰封國 歷史文化圈 基礎研究

태봉학회

태봉학회 총서 **7**

태봉역사문화권의
설정과 철원군

엮은이 | 태봉학회·철원군

펴낸이 | 최병식

펴낸날 | 2025년 12월 31일

펴낸곳 | 주류성출판사 www.juluesung.co.kr

　　　　서울특별시 서초구 강남대로 435 주류성빌딩 15층

　　　　전화 | 02-3481-1024(대표전화)　팩스 | 02-3482-0656

　　　　e-mail | juluesung@daum.net

값 24,000원

잘못된 책은 교환해 드립니다.

ISBN　978-89-6246-568-6　94910

ISBN　978-89-6246-415-3　94910(세트)

태봉학회 총서 7

태봉역사문화권의 설정과 철원군

BASIC STUDY ON THE HISTORICAL CULTURAL ZONE OF TAEBONG KINGDOM

泰封國 歷史文化圏 基礎研究

태봉학회

철원군
Cheorwon

주류성

총서를 펴내며

2020년 6월 한국 고대의 역사와 문화를 체계적으로 정리하기 위한 '역사문화권 정비 등에 관한 특별법'이 공포되었다. 처음에는 고구려·백제·신라·가야·마한·탐라 등 6개의 역사문화권이 설정되었다. 이후 중원과 예맥역사문화권이 더해졌고, 2023년 1월 후백제역사문화권이 포함되었다.

태봉은 북으로 대동강 일대까지 지배력을 확대하였다. 남으로는 후백제와의 세력 다툼에서 크게 앞섰다. 태봉은 비록 단명했지만, 그 유산은 고려로 이어졌다. 고려 초의 정치제도는 기본적으로 태봉의 그것을 계승한 것이었다. 불교예술도 고려에 전승되었다. 나말여초의 역사적 전환기에서 태봉이 갖는 역사적 의의는 작지 않다.

태봉학회에서는 태봉역사문화권 설정을 추진하기로 하였다. 2023년 12월 발간된 『태봉역사문화권 설정 추진을 위한 연구』(강원학 연구보고 17, 강원연구원)는 그 첫 결과물이었다. 역사문화권 설정의 당위성으로부터 지역별 문헌 및 고고미술사 자료, 추진 방안과 의의 등을 정리하였다.

2024년 태봉학술회의의 주제도 '태봉역사문화권 설정 추진 연구'로 정했다. 태봉역사문화권의 중심 지역인 철원 소재 고고학, 미술사 자료를 검토하고, 역사문화권 설정이 철원 발전에 미칠 영향을 살폈다. 한편으로 사업 추진의 길잡이로서 예맥과 후백제역사문화권 설정을 위한 준비 과정, 추진 경과 및 과제 등을 검토하였다. 학술회의에서 발표된 논고들로

제 2부를 구성하였다.

한편으로는 문헌사, 고고학, 미술사의 관점에서 태봉 연구의 현황과 성과 그리고 과제를 전망하기로 하였다. 철원군은 오래전부터 태봉 관련 학술 활동을 지원해 왔다. 관련 사항들도 정리하기로 하였다. 태봉역사문화권 설정을 위한 기초 작업으로서 의미가 있다. 관련 논고들로 제 3부를 꾸몄다.

투고해 주신 필자들께 감사의 말씀을 올린다. 학술회의에 참여하여 도움 말씀을 주신 토론자들께도 고마움을 전한다. 학회의 김용선·이재범 고문, 정성권 이사, 김영규 사무국장이 편집과 실무를 맡아 수고하셨다. 주류성 출판사의 최병식 대표와 이준 이사가 출판을 위해 애써 주셨다.

2018년 태봉학회의 출범과 이후 활동에는 이현종 철원군 군수의 지원이 큰 힘이 되었다. 2024년 정부 표준영정 101호로 지정된 궁예왕 영정의 제작과 2025년 태봉국 궁예왕 역사공원의 개장도 이 군수의 업적이다. 이 군수는 2026년 12년간의 군수 생활을 끝으로 공직을 떠난다. 그동안의 관심과 지지에 감사드리며, 앞으로도 건승하시길 바란다.

2025년 12월

태봉학회 회장 조 인 성

목차

태봉학회 총서 **7**

총론

태봉역사문화권의 설정과 철원군

Basic Study on The Historical Cultural Zone of Taebong Kingdom

泰封國 歷史文化圈 基礎研究

태봉역사문화권 설정을 위한 제언[*]

조인성

경희대학교 사학과 명예교수

목차

Ⅰ. 머리말

2020년 6월 "우리나라의 고대 역사문화권과 그 문화권별 문화유산을 연구·조사하고 발굴·복원하여 그 역사적 가치를 조명하고, 이를 체계적으로 정비하여 그 가치를 세계적으로 알리고 지역 발전을 도모하는 것을 목적으로" 「역사문화권 정비 등에 관한 특별법」이 제정되었다. 처음에

---

[*] 이 글은 『新羅史學報』 65(2025. 12. 31)에 게재된 것이다.

는 고구려·백제·신라·가야·마한·탐라 등 6개의 역사문화권이 설정되었다. 여기에 2022년 1월 중원역사문화권과 예맥역사문화권이 더해졌고, 2023년 1월에 후백제역사문화권이 포함되면서 역사문화권은 모두 9개가 되었다.

901년 궁예는 고구려의 복수를 표방하면서 고려를 건국하였다(후고구려). 904년 국호를 마진으로, 911년에는 태봉으로 바꾸었는데, 통틀어 태봉이라고 한다. 태봉의 존속기간은 18년 정도이다. 후백제의 그것에 비하면 절반에 조금 미치지 못한다. 그런데 태봉은 후백제를 제치고 최대의 세력권을 형성하였다. 태봉은 나름의 정치제도를 고안하였는데, 이것은 고려로 이어졌다. 성종이 관제를 정비하기 전까지의 정치제도는 태봉의 그것을 토대로 한 것이었다.

태봉의 역사적 의의는 과소평가할 수 없다. 그렇다면 태봉역사문화권의 설정도 필요한 것이 아닌가. 이 글은 이러한 문제의식에서 비롯된 것이다. 이 글에서는 위에서 언급한 바에 대해 조금 더 설명을 덧붙이려고 한다.

우선 태봉과 후백제 사이의 세력권 다툼의 전개 상황을 개괄하려고 한다. 이어서 태봉의 중앙정치조직과 관등제가 고려에 미친 영향을 간략히 정리할 것이다. 마지막으로는 철원군 소재 역사문화유산 가운데 태봉의 것일 가능성이 큰 유적과 유물을 소개하려고 한다. 태봉의 중심지는 철원지역이다. 그럼에도 불구하고 비무장지대 내에 있는 철원도성을 제외하고, 태봉의 유적·유물로 확정된 것이 없기 때문이다.

Ⅱ. 태봉과 후백제의 세력 다툼

904년 공주 장군 홍기가 궁예에게 귀부하였다. 궁예는 후백제의 북진을 저지하고, 한편으로는 그를 위협할 수 있는 거점을 확보하였다. 이후 공주는 다시 후백제의 세력권에 속하게 되었다. 하지만 태봉 말기에 이흔암이 공주를 습격하여 빼앗고, 진수하였다.

906년 궁예는 왕건에게 명하여 상주 사화진을 공격하도록 하였다. 왕건은 견훤과 여러 차례 싸워 승리를 거두었다. 견훤은 907년 일선군(선산) 이남 10여성을 차지하였다. 태봉과 후백제는 각각 상주와 선산을 거점으로 맞섰을 것이다.

909년 궁예는 왕건을 해군대장군으로 임명하고, 전남 서남부 해안 지역으로 출동시켰다. 왕건은 견훤의 지휘 하에 목포에서 德眞浦(무안)까지 수륙으로 포진한 후백제군을 격파하였다. 이로써 후백제로부터 위협을 받던 금성(나주) 지역 호족들의 불안감을 덜어 주었다.

910년 견훤은 보병과 기병 3,000명을 동원하여 열흘 이상 금성을 포위 공격하였다. 궁예는 수군을 출동시켜 이를 격퇴하였다. 911년에는 왕건으로 하여금 금성 일대를 정벌하도록 하고, 금성을 나주로 하는 등 지역에 대한 지배권을 보다 강화하였다.

『삼국사기』권50 견훤전에 따르면 912년 견훤은 궁예와 德津浦(무안)에서 싸웠다. 913년 궁예는 전장에 머물던 왕건을 시중으로 삼아 철원도성으로 불러들였다. 이를 염두에 두면 912년 덕진포 전투의 승자는 궁예였을 것이다. 선각대사 형미의 비문에 912년 8월 궁예가 직접 나주 일대를 공략하였던 것으로 되어 있는데,[1] 이 전투와 무관하지 않을 것이다.[2]

914년 궁예는 왕건을 시중에서 해임하고, 다시 수군을 지휘하도록 하였다. 곧 왕건은 나주로 출동하여 후백제와 그에 동조하는 해상세력들의 활동을 억제하였다. 이후 어느 해인가 궁예는 왕건을 보내 군량의 부족으로 어려움을 겪던 나주 수비군을 구하도록 하였다.

태봉은 나주 일대를 세력권에 넣음으로써 후백제의 배후를 위협할 수 있게 되었다. 또 해상을 통한 후백제의 외교, 교역을 방해할 수 있었다.[3]

Ⅲ. 태봉의 정치적 유산

궁예는 904년 국호를 마진이라고 하고, 연호를 무태라고 하였다. 그리고 중앙정치제도를 정비하였다. 우선 광평성을 비롯한 여러 관부와 관원을 두었다.

마진의 관제는 신라의 그것을 따른 것이었다. 건국한 지 몇 년 되지 않

---

1) 김인호 역주, 1996, 「무위사 선각대사 편광탑비」, 한국역사연구회 중세1분과 나말여초연구반 편, 『(譯註)羅末麗初金石文(下) 譯註篇』, 혜안, 237쪽; 최연식, 2011, 「康津 無爲寺 先覺大師碑를 통해 본 弓裔 행적의 재검토」, 『木簡과 文字』 7, 210쪽 및 215쪽.

2) 조인성, 2013, 「왕건의 서남해 해양세력 장악」, 『한국해양사 Ⅱ(남북국시대)』, (재)한국해양재단, 581쪽. 견훤이, 왕건이 아니라 궁예와 전투를 벌였다고 되어 있는 점을 주목할 필요가 있다.

3) 이상의 서술은 조인성, 2003, 「弓裔政權의 對外關係」, 『강좌 한국고대사 제4권 : 고대국가의 대외관계』, 駕洛國史蹟開發硏究院; 2007, 『태봉의 궁예정권』, 푸른역사, 191~211쪽에 의거하였는데, 일부 수정·보완하였다. 한편 나주 일대를 세력권으로 하였던 것은 흔히 왕건의 치적으로 알려져 있다. 하지만 이를 기획하고, 군령을 행사하였던 것은 궁예였다. 왕건은 그것을 성공적으로 수행한 장군이었다(조인성, 2003, 앞의 논문, 208~211쪽). 일찍이 洪承基는 왕건이 궁예의 명에 따라 궁예가 임명한 부장들과 궁예의 병력을 이끌고 활약하였음을 지적하였다(1983, 「高麗初期 中央軍의 조직과 역할-京軍의 성격-」, 『高麗軍制史』; 2001, 『高麗政治史硏究』, 一潮閣, 162~164쪽). 최연식은 형미 비문에 912년 8월 궁예가 직접 군사를 이끌고 나주 일대를 공략하였다고 나오는 점에 주목하여 태봉 때 전남 남부 지역 경략의 공을 왕건에게만 돌릴 수는 없다고 하였다(앞의 논문, 213~215쪽).

은 상황에서 새로운 관제를 만들어내는 것은 어려웠을 것이다. 단 관부와 관직의 이름은 신라의 것과 다른 것이 많았다. 신라의 관제를 받아들이면서도, 한편으로는 새로운 관제를 모색하려던 궁예의 의도와 무관하지 않을 것이다.

『삼국사기』 찬자는 마진의 관부(관직)가 당시 고려의 어떤 관부(관직)였는지를 일일이 주기하여 밝혀 두었다. 신라의 관부가 마진을 거쳐 고려로 계승되었던 것이다. 이를 종합하여 제시하면 <표 1>과 같다.

왕건은 정변 직후인 918년 6월 20일(음) 대대적인 인사 조치를 단행하였다. 해당 관부들(<표 2>)은 태봉의 그것들이었다. 이를 보면 순군부와 내군 등 마진에서는 찾을 수 없는 관부들이 있다. 이것들은 태봉 때에 새로 만들어졌을 것이다. 내봉성의 지위가 크게 올랐음도 알 수 있다. 이 밖에 관부와 관직

<표 1> 신라·마진·고려 관부의 대비[4]

신라	마진	고려
(집사성?)	(1) 광평성	중서문하성
병부	(2) 병부	병부
창부	(3) 대룡부	창부
예부	(4) 수춘부	예부
영객부	(5) 봉빈부	예빈성
좌우이방부	(6) 의형대	형부
	(7) 납화부	대부시
조부	(8) 조위부	삼사
(위화부?)	(9) 내봉성	상서도성(이부?)
	(10) 금서성	비서성
예작부	(11) 남상단	장작감
	(12) 수단	수부
상문사	(13) 원봉성	한림원
승부	(14) 비룡성	태복시
물장전	(15) 물장성	소부감

---

4) (?)는 이견이 있는 관부. ( )의 숫자는 관부의 서열.

의 명칭이 변경된 것도 있고, 관직이 늘어나기도 하였다. 궁예는 마진에서 태봉으로 국호를 바꾸면서 중앙정치조직을 재정비하였던 것으로 여겨진 다.[5]

(1) 광평성
(2) 내봉성
(3) 순군부
(4) 병 부
(5) 창 부
(6) 의형대
(7) 도항사
(8) 물장성
(9) 내천부
(10)진각성
(11)백서성
(12)내 군

<표 2>를 보면 태봉 때는 물론 왕건 집권 직후에도 광평성·내봉성·순군부·병부가 중요 관부였음을 알 수 있다. 그런데 경종은 김부(경순왕)의 딸과 결혼하면서 그를 상보로 책봉하였다. 책봉하는 문서에는 광평성·내봉성·군부(순군부의 개편)·병부의 장관과 차관이 차례로 서명(혹은 無署)하였다. 이들 네 관부는 당시에도 여전히 핵심 관부였다.

고려 초기의 중앙정치조직은 기본적으로 태봉의 그것을 물려받은 것이었다. 이것이 성종 때 이른바 3성(2성) 6부의 중국식 명칭을 가진 것으로 정비되었다.[6]

한편, 궁예는 904년 관제를 정비하면서 정광·원보·대상·원윤·좌윤·정조·보윤·군윤·중윤 등 9개의 품직을 두었다. 왕건은 즉위 후 한동안 신라의 관등과 태봉의 관계 가운데 대광·정광·대승·(좌승)·대상 등을 병용하였다. 904년 이후 대광 등의 관계가 증설되었음을 짐작할 수 있다.[7]

---

5) 이상 마진과 태봉의 중앙정치조직에 대해서는 조인성, 1991, 「泰封의 弓裔政權 硏究」, 서강대 박사학위논문; 앞의 책, 89~104쪽에 의거하였으며, 부분적으로 수정·보완하였다.

6) 이상 李基白, 1975, 「貴族的 政治機構의 成立」, 『한국사 5 고려 고려귀족국가의 사회구조』; 1990, 『高麗貴族社會의 形成』, 一潮閣, 96~99쪽 및 109~113쪽.

7) 이 밖에도 대재상·중부·대사훈·보좌상·주서령·광록승·봉조판·봉진위·좌진사 등의 관계가 있

왕건은 후삼국을 통일할 무렵 9품계 16등급의 관계를 만들었다. 이것은 성종 14년(995) 중국식 문·무산계가 시행되기 전까지 고려의 공적 질서 체계로서 중요한 기능을 담당하였다.[8] 그런데 이를 태봉의 관계와 비교해 보면(<표 3>), 서로 간 차이도 있지만, 전자가 후자의 기반이 되었음을 인정할 수 있으리라고 생각한다.

이상에서 살펴본 바와 같이 태봉의 정치제도는 고려 초기 정치제도의 원형이 되었다. 신라 관제의 일부는 태봉을 거쳐 고려에 전하여졌다.[9]

<표 3> 태봉과 고려 초기의 관계

태봉	고려	
	1품	삼중대광 중대광
대광 정광	2품	대광 정광
대승 (좌승)	3품	대승 좌승
원보 대상	4품	대상 원보
	5품	정보
원윤 좌윤	6품	원윤 좌윤
정조	7품	정보 정위
보윤	8품	보윤
군윤 중윤	9품	군윤 중윤

었다고 한다. 그런데 정광이나 대재상 등이 마진과 태봉에서 쓰인 예를 찾을 수 없다. 신라 관등이 사용된 예만 보일 뿐이다. 마진·태봉의 관계에 대해서는 모르는 부분이 많다.

8) 이상 朴龍雲, 2003, 「관직과 관계」, 『신편 한국사 13 고려 전기의 정치구조』, 국사편찬위원회, 124~128쪽.

9) 이와 관련하여 불교문화의 측면에서, 태봉 지역의 불교 조각 장인들은 신라의 전통에 더하여 당 말·오대의 새로운 불교문화를 적극 수용하였으며, 이는 고려에 계승되어 사찰 창건과 조상 불사가 활발하였던 고려 초기 불교문화를 형성하는 데 기초가 되었을 것이라는 견해(최성은, 2008, 「태봉의 불교 미술에 대한 시고」, 김용선 엮음, 『궁예의 나라 태봉』, 208~209쪽; 2023, 「태봉의 불교 조각-새로운 도상의 수용과 다양한 양식의 전개-」, 태봉학회·철원군, 『태봉의 문화유산』(태봉학회 총서 5), 41~42쪽)와 태봉에서 비롯된 장인 계보가 고려 초기인 10세기 후반까지 지속되었으며, 태봉에서 고려로의 미술사적 전환은 단절이 아니라 전승과 재편의 과정이었다는 견해(정성권, 2025, 「지방 장인에서 國匠으로, 태봉과 고려 전환기 國工의 등장과 활약」, 철원군·강원일보사·태봉학회·신라사학회, 『태봉과 지방세력』(2025년 태봉학술회의 발표집), 89쪽)도 참고된다.

Ⅳ. 철원군 소재 후삼국기 유적 · 유물

궁예는 895년 8월 철원성과 인근 지역들을 차지하였고, 896년 철원에 도읍하였다. 898년 송악으로 도읍을 옮겼다가 905년 철원도성으로 이도하였다. 철원도성을 왕경이라고 한다면 그 외곽의 철원과 평강 지역은 일종의 왕기(경기)와 같은 곳이었다고 여겨진다.[10)]

918년 6월 집권한 왕건은 그해 말까지 철원도성에 머물렀다. 919년 정월 송악군으로 천도하였고, 철원은 동주가 되었다. 철원도성의 궁궐은 동주의 치소로부터 북쪽 27리에 위치하였다.[11)] 철원도성의 궁궐로부터 남쪽으로 10~12㎞(10리 4~4.2㎞)의 반원을 그려보면 지금의 철원읍 관전리 일대가 포함된다. 이곳은 조선시대 도호부가 위치하였던 곳이다. 고려 동주의 치소도 이 부근에서 찾아야 할 것이다. 궁예가 도읍하였던 곳, 또 왕기의 일부였을 철원의 중심지는 관전리 일대에 있었을 가능성이 크다. 여기서 다음과 같은 유적과 유물을 주목하게 된다.

1. 동주산성

철원군 철원읍 중리 산 2번지 360m의 고지 상부 능선에 있다.

지표 조사시 수습된 토기편과 와편 등을 종합할 때 산성은 삼국시대에 축조되어 고려시대까지 사용되어 오다가 폐기된 것으로 추정된다. 특히

---

10) 조인성, 2018, 「태봉 철원성의 역사적 배경」, 『DMZ 문화재 보존 및 조사연구 발전방안 학술심포지엄』, 국립문화재연구소, 157~158쪽.

11) 及太祖卽位 徙都松嶽 改鐵圓爲東州(弓裔宮殿古基 在州北二十七里 楓川之原) (『고려사』 58 지 12 지리 3 교주도 동주 연혁). 같은 내용이 『신증동국여지승람』 47 강원도 철원도호부 고적 조 등에 전한다.

통일신라시대의 유물들이 다량 수습되는 것으로 보아 현재 남아있는 형
태의 석축 성곽은 이때 만들어졌을 가능성이 크다.[12)

산성에서는 사방으로 철원 일대가 조망된다. 그리고 김화, 평강, 연천,
포천 등으로 통하는 중요 교통로를 감제할 수 있다.[13) 산성은 통일신라 이
래 철원 지역의 중요 성곽이었을 것이다. 궁예가 철원에 도읍하였을 때는
물론 이후에도 그러하였을 것으로 짐작된다.[14)

2. 철원향교 터와 월하리 토성

철원군 철원읍 월하리 67 번지 일대에 위치한다.

『신증동국여지승람』에는 향교터가 본래 왕건이 태봉에서 벼슬할 때
지내던 옛집으로 그 담과 건물터가 당시에도 남아있다고 하였다.[15) 이 설
은 이후 몇 군데 문헌에 전해졌다.

발굴 조사에서 향교 관련 유적과 유물 외에도 통일신라시대의 팔각복
련 석등 하대석, 조선시대 이전의 와편과 청자편 등이 발굴되었다. '寺' 명
인각문 와편과 '···寺瓦' 명 와편 등을 석등 하대석과 관련지어 보면 이
곳에 사찰이 존재했을 가능성이 있다. '王'·'天' 등의 명문 와편과 고급 청
자편은 이 일대에 고려시대 상류층과 관련한 시설이 있었을 것임을 시사

---

12) 차재동, 2006, 「철원 東州山城에 대한 고찰」 『江原人文論叢』(강원대 인문과학연구소) 15, 2006
264~266쪽. 지표조사 자료로는 陸軍士官學校 陸軍博物館, 1996, 『江原道 鐵原郡 軍事遺蹟 地表調
査 報告書』, 15~30; 육군사관학교 국방유적연구실·철원군, 2005, 『鐵原 東州山城 地表調査 報告書』
등이 있다.

13) 차재동, 앞의 논문, 249~250쪽.

14) 895년 궁예가 철원성을 공취하였을 때 이 성을 차지하였으며, 송악으로 천도하기 전까지 장악하
였을 것으로 보기도 한다. 이재, 「철원지역 성곽의 성격」, 김용선 엮음, 앞의 책, 154쪽.

15) 『신증동국여지승람』 47 강원도 철원도호부 학교 조.

한다. 또 향교터를 감싸고 있는 토성이 확인되었다. 호족으로서 왕건이 거느린 사병들이 있었을 것이라는 점에서 이 토성을 사저 주변의 방어시설로 볼 수 있다.[16)

향교터와 토성은 동주산성에서 직선으로 400m 정도 떨어진 곳에 있다. 두 유적은 동주산성과 함께 태봉의 유적일 가능성이 있다.

3. 동송읍 마애불상

철원군 동송읍 이평리 산 76번지 금학산 동쪽 4부 능선에 있다.

전체 5.76m에 달하는 웅대한 규모이며, 지면보다 높게 우뚝 솟아 있어서 마치 천계에서 하강하는 여래의 모습을 연상하게 한다. 오른손을 아래로 내려서 중지와 무명지를 가볍게 안으로 접고, 왼손은 올려서 엄지와 검지를 살짝 맞대고 중지와 무명지는 안으로 구부리고 있다. 이는 미륵불의 수인이라고 추정된다.

가사와 군의 위에 새겨진 넓은 띠 모양의 옷 주름은 9세기 후반부터 고려 초까지 유행한 것이다.[17) 마애여래상 앞에 있는 대좌형 석탑의 기단부는 9세기 중엽 만들어진 것으로 여겨지는 도피안사 3층 석탑의 기단부와 비슷하다. 연화문을 새겨 넣은 수법은 철원도성 남대문 밖에 있던 봉선사 터 석등의 그것과 유사하다.[18) 이 불상은 궁예의 미륵사상과 관련지어

---

16) 이상 유재춘, 2008, 「철원 월하리 유적의 조사 결과와 성격 검토」, 김용선 엮음, 앞의 책, 174~179쪽. 발굴보고서로는 江原大學校 中央博物館, 2005, 『(구)철원향교터 발굴조사 약보고서』가 있다.

17) 이상 최성은, 2002, 「나말려초 중부지역 석불조각에 대한 고찰-궁예 태봉(901-918)지역 미술에 대한 시고-」, 『역사와 현실』 44, 53~54쪽.

18) 정성권, 2021, 「태봉의 불교조각과 철원 동송읍 마애불」 『문화사학』 56; 태봉학회·철원군, 2021, 『태봉의 문화유산』(태봉학회 총서 5), 81~84쪽.

볼 여지가 있다.[19]

V. 맺음말

태봉은 후백제와의 패권 다툼에서 우세를 점했다. 태봉의 정치제도는 고려에 계승되었다. 태봉은 고려의 성립에 적지 않은 영향을 주었다. 하지만 그 물질문화는 밝혀진 것이 많다고 할 수 없다.

최근 양주 대모산성에서 '태봉 목간'과 태봉 때 만들어진 것으로 추정되는 목간들이 여러 점 발굴되었다. 이를 고려하면 앞으로 철원을 비롯한 여러 지역에서 태봉의 유적과 유물이 더 확인될 가능성이 크다. '역사문화권정비법'에 따라 태봉역사문화권이 설정된다면, 관련 유적·유물을 발굴, 연구하고 보전하는 데 도움이 될 수 있다.

현재 남북관계는 극도로 경색되어 있다. 하지만 이런 긴장, 대립 관계가 영속하지는 않을 것으로 본다. 남북이 공동으로 철원도성을 발굴하고, 연구한다는 것은 곧 남북의 화해와 협력을 상징적으로 보여주는 세계적인 이벤트가 될 것이다. 태봉역사문화권의 설정은 이를 위한 사전 작업으로서도 의미가 있다. 나아가 개성을 비롯한 북한 지역에 소재한 태봉의 유적·유물에 대한 조사·연구의 기반이 될 수 있다.[20]

---

19) 최성은, 2002, 앞의 논문, 54쪽; 정성권, 2021, 앞의 논문, 89~90쪽.

20) 조인성·정성권·김영규, 2023, 『태봉역사문화권 설정 추진을 위한 연구』(강원학 연구보고 17), 강원연구원 강원학연구센터, 121쪽.

태봉학회 총서 **7**

제1부

태봉역사문화권 설정 추진 연구

태봉역사문화권의 설정과 철원군

BASIC STUDY ON
THE HISTORICAL CULTURAL ZONE OF
TAEBONG KINGDOM

泰封國 歷史文化圈 基礎研究

철원지역의 태봉고고학

심재연

한림대학교 한림고고학연구소 연구교수

목차

Ⅰ. 머리말

철원은 궁예의 정도를 전후하여 태봉국의 문화를 보여주는 다양한 문화유산이 분포하고 있고 이에 대한 논의가 진행되고 있다. 특히, 이러한 태봉국의 문화유산에 관한 관심은 문헌학을 통하여 다양한 접근이 진행되었지만, 태봉의 문화유산을 다루는 고고학 분야는 그리 활발하게 진행되지 못한 상태이다.

지금까지 태봉시기를 대상으로 하는 고고학적 검토가 진행된 곳은 현

철원 관내에 분포하는 관방유적의 지표조사를 통한 간단한 논의가 대부분이었다. 특히, 이러한 물질 증거 중에 논의의 중심 대상은 태봉국 철원도성이었다. 그러나 철원도성 대부분이 DMZ 안에 자리 잡은 까닭에 실질적인 조사는 진행되기 어려운 상황이다.

이 때문에 남북 문화유산을 다루는 여러 차례의 회의에서도 태봉국의 실체에 접근하려는 방안[1]이 논의되고 현지 조사[2]도 진행되었지만, 실체 규명을 하기에는 여러 가지 제약이 있다는 사실만 확인하였다[3].

이와 함께 2020년 6월 **역사문화권 정비 등에 관한 특별법**이 공포되고 여러 번의 개정을 통하여 현재에 이르고 있다. 현재 태봉역사문화권 설정 추진[4]을 위한 노력[5]이 진행되고 가운데 태봉의 고고유산을 어떻게 개념화하고 연구, 활용할 수 있는지에 대한 논의는 미진한 상황이다. 향후, 이

---

1) 국립문화재연구소, 2020, 『한반도 DMZ : 평화의 공간으로 거듭나기, 분단의 산물에서 세계유산으로』.
　국립문화재연구소, 2020, 『한반도 비무장지대 2020 실태조사』.
　국립문화재연구소, 2021, 『북한의 문화·자연유산과 남북교류협력 이해하기』.
　국립문화재연구원, 2022, 『남북 문화·자연유산 교류 협력의 사례와 방안』.
　국립문화재연구원, 2022, 『한반도 비무장지대 2020-2021 실태조사 보고서』 등.
　문재인정부시절 남북문화유산 정책포럼을 통하여 다양한 시도가 있었고 태봉과 관련하여 태봉학회의 활동이 현재까지 지속되고 있다.

2) 국립문화재연구원, 2020, 「태봉국 철원도성」『한반도 비무장지대 2020 실태조사』, 108~113쪽. 국립문화재연구원, 2022, 「제3차 태봉국 철원도성」 「12-3 철원도성(보완조사)」, 『한반도 비무장지대 2020-2021 실태조사 보고서』, 90~99쪽; 220~221쪽. 보고 내용을 보면 이전 국립박물관의 조사 내용과 별 차이가 보이지 않는다.

3) [문화유산BJ] 남북문화재교류사업단 조사연구팀편(2019. 7. 26.)
　https://youtu.be/YafF81O1zW0?si=huDvnv8fn21ROOJ3

4) 조인성, 2023, 「태봉역사문화권 설정 추진을 위한 제언」, 『태봉의 문화유산』, 주류성.
　조인성, 2025, 「태봉역사문화권 설정의 당위성과 의의」, 『태봉과 지방세력』, 2025년 태봉학술회의, 철원군·강원일보사·태봉학회·신라사학회.

5) 조인성·정성권·김영규, 2023, 『태봉역사문화권 설정 추진을 위한 연구』, 강원학연구보고 17, 강원연구원 강원학연구센터.

역사문화권 정비 등에 관한 특별법(약칭 : 역사문화권정비법)

법률 제20309호(정부조직법) 일부개정 2024. 02. 13.

제1조(목적)

이 법은 우리나라의 고대 역사문화권과 그 문화권별 문화유산을 연구·조사하고 발굴·복원하여 그 역사적 가치를 조명하고, 이를 체계적으로 정비하여 그 가치를 세계적으로 알리고 지역 발전을 도모하는 것을 목적으로 한다.

제2조(정의)

이 법에서 사용하는 용어의 뜻은 다음과 같다. [개정 2022.1.18, 2023.1.17]

　1. "역사문화권"이란 역사적으로 중요한 유형·무형 유산의 생산 및 축적을 통해 고유한 정체성을 형성·발전시켜 온 권역으로 현재 문헌기록과 유적·유물을 통해 밝혀진 다음 각 목의 권역을 말한다.

　　가. 고구려역사문화권: 서울, 경기, 충북지역 등을 중심으로 고구려 시대의 유적·유물이 분포되어 있는 지역

　　나. 백제역사문화권: 서울, 경기, 충청, 전북지역을 중심으로 백제 시대의 유적·유물이 분포되어 있는 지역

　　다. 신라역사문화권: 경북지역을 중심으로 신라와 통일 신라 시대의 유적·유물이 분포되어 있는 지역

　　라. 가야역사문화권: 경남, 경북, 부산, 전남, 전북지역을 중심으로 가야 시대의 유적·유물이 분포되어 있는 지역

　　마. 마한역사문화권: 충청, 광주, 전남, 전북지역을 중심으로 마한 시대의 유적·유물이 분포되어 있는 지역

　　바. 탐라역사문화권: 제주지역을 중심으로 탐라 시대의 유적·유물이 분포되어 있는 지역

　　사. 중원역사문화권: 충북, 강원, 경북, 경기지역을 중심으로 고구려·백제·신라 시대의 유적·유물이 분포되어 있는 지역

　　아. 예맥역사문화권: 강원지역을 중심으로 예맥 시대의 유적·유물이 분포되어 있는 지역

　　자. 후백제역사문화권: 충북, 충남, 전북, 광주, 전남, 경북지역을 중심으로 후백제 시대의 유적·유물이 분포되어 있는 지역

　2. "역사문화환경"이란 역사문화권의 생성·발전의 배경이 되는 자연환경과 고유한 정체성을 형성하는 유형·무형 유산 등 역사문화권을 구성하는 일체의 요소를 말한다.

　3. "역사문화권정비사업"이란 역사문화환경을 조사·연구·발굴·복원·보존·정비 및 육성함으로써 지역의 문화발전 및 지역경제 활성화 등 지역 발전에 기여하는 사업을 말한다.

　4. "역사문화권정비구역"이란 역사문화권정비사업을 시행하기 위하여 제14조에 따라 지정·고시된 지역을 말한다.

러한 논의가 활성화되기를 바라는 의미에서 짧은 소견을 제시하고자 한
다.

Ⅱ. 철원지역 태봉의 물질문화 −泰封 考古學[6]−

통일신라가 점차 쇠퇴하고 고려로 넘어가는 시기[7]에 대하여 그동안
관행적으로 "후삼국시대"라는 용어를 사용하였다. 이에 비하여 고고학 영
역에서는 "羅末麗初"라는 용어를 주로 사용하여 왔다. 이와 같은 용어를
사용하게 된 배경은 이 과도기를 대표하는 물질 문화의 변화상을 설득력
있게 제시하지 못하였다는 근본적인 배경이 있다.

즉, 라말여초기 물질문화의 특징이 어떤 것인지에 대하여 고고학적 특
징을 제시하기에는 기와 연구를 제외하고는 뚜렷한 연구가 진행되어 오지
않았기 때문이다. 결국은 신라의 물질문화가 각 지역에서 어떻게 변용되
어 가는지에 대한 검토가 필요한 상황이다. 따라서 최근 후백제권 지역에
대한 물질문화 검토[8]는 태봉고고학 연구 활성화에 시금석이 될 수 있다.

그렇다면 "태봉 고고학"의 범주에 포함할 수 있는 물질문화는 무엇일
까? 문헌 연구를 통하여 태봉의 범주는 영산강유역까지 확대될 수 있지
만, 이 글에서는 철원도성과 성곽 유적을 포함하는 철원지역을 중심으로

---

6) 백종오, 2024, 「한국고대 성곽문화의 결절지, 양주」, 『선사와 고대』 74, 49~85쪽.

7) 신라(기원전 57~935), 후백제(900~936), 후고구려(901~918), 고려(918~1392)

8) 전용호, 2024, 「유물로 본 전주와 익산 후백제 유적의 성격: 전주와 익산 지역 출토 통일신라말~
고려초 와당과 명문와를 중심으로」, 『전북학연구』 13, 전북연구원 전북학연구센터.

살펴보고자 한다.

그런데 철원지역에 대한 검토는 대부분 태봉국 철원도성과 관방유적, 철원 구향교지에 대한 논의가 있을 뿐이다. 이외에 "후삼국시대", "태봉" 시기에 해당하는 조사 사례가 전혀 없다는 한계가 있다.

1. 철원도성과 관방

현 남측 지역에 분포하는 관방유적을 주목할 필요가 있다. 태봉국의 방어체계와 관련하여 현황에 대한 소개는 있지만 학술적인 발굴 조사가 진행된 곳은 없다. 이 때문에 지금까지 반복적인 지표조사 또는 현황 조사 결과만 알려진 상황이다. 이 조사마저도 자세한 조사 내용이 비공개[9] 또는 제한적인 공개 또는 불확실한 내용의 보고가 포함되어 있다는 점이다. 철원군 관내 관방유적은 다음의 표[10]와 같다.

이 성곽 중에 많은 것이 삼국시대에 축조되어 태봉국 시기에도 사용되었을 것으로 추정되지만 지표 수습품 이외에 초축 연대와 사용 시기를 파악할 수 있는 학술조사(정밀실측조사, 발굴 조사 등)가 진행되지 않았다는 공통점을 보여주고 있다. 따라서 초축 시기와 태봉국시기의 운영 양상을 파

---

9) 이재, 2023, 「철원의 관방유적」, 『태봉의 문화유산』, 주류성, 192쪽.
   강원문화재연구소, 2016, 「철원 명성산성 학술조사보고서」(비공개)
   권순진, 2023, 「철원지역 성곽의 특징과 성격」, 『태봉의 문화유산』, 주류성, 281쪽.
   철원군, 2015, 「철원 명성산성 학술조사보고서」(공개)
   위 두 책을 이야기 하는 것 같으나 정확한 간기는 파악할 수 없다.
   이러한 사례는 다음의 것도 해당한다.
   국립중앙박물관 역사부, 2009, 『철원 태봉국도성 조사 자료집』(내부용)
10) 월하리토성은 2025년 조사에서도 뚜렷한 흔적이 확인되지 않아 제외하였다. 향후, 조사 내용에 따라 수정될 가능성이 있다. 이러한 면에서 중어성도 재평가가 필요하지만, 군사지역이라는 한계로 인하여 표에는 수록하였다.

	이름	위치	해발(M)	규모(M)	축조 재료	시대
1	철원도성	철원군 흥원리 외	280 내외	궁성:? 내성:727 외성:10,908	토·석	태봉
2	중어성	철원군 대마리	175 내외	?	석	태봉(?)
3	동주산성	철원읍 중리 산2번지 일원	320 내외	약 591	석	삼국
4	내대리성	갈말읍 내대리 산142	205 내외	약 370	석	삼국
5	성모루토성	동송읍 양지리 197-16	200 내외	약 170(잔존)	토·석	삼국(?)/고구려
6	고석성	갈말읍 군탄리 산52-1	210 내외	약 784 약 2000 (820)	석	고려~조선/나당전쟁~고려
7	명성산성	갈말읍 신철원리 산26-1	800 내외	약 1,669	석	고려~조선
8	어음성	갈말읍 문혜리 산267	320 내외	약 400	석	고려~조선
9	토성리토성	갈말읍 토성리 273-3	200 내외	약 600	토	삼국(?)
10	성산성	김화읍 읍내리 산121	500 내외	약 982	석	삼국
11	할미산성	동송읍 장흥 4리 구수동·포천 관인면 냉정1리	205 내외	약 250	석	삼국

악하기 위하여 중장기 계획을 수립하고 학술 조사가 진행될 필요가 있다. 이러한 조사를 통하여 태봉시기 및 전·후시기에 진행된 물질문화의 변화상과 철원도성을 둘러싼 도성 방위 체계를 규명할 수 있을 것이다.

2. 철원 구향교지

이 (구)향교지는 강원대학교 중앙박물관의 발굴 조사 이후, 왕건 구택지(舊宅地)일 가능성[11]에 대한 검토가 진행된 이후, 지방호족의 거주지로 보아야 한다[12]는 의견이 있다. 발굴조사가 제한적인 면적이 진행되었다

---

11) 유재춘, 2005, 「철원의 高麗太祖 王建 舊宅址說에 대한 검토」『江原文化史研究』10, 강원향토문화연구회; 2008, 「철원 월하리 유적의 조사 결과와 성격 검토」『궁예의 나라 태봉-그 역사와 문화』.

는 점에서 진전된 논의는 어렵다고 생각한다.

최근, 전체 면적에 대한 시굴조사 결과[13], 왕건 구택지를 증명하는 건물지, 토성의 흔적은 확인되지 않았다(그림 1). 추가 조사가 진행될 예정이나 현재까지 조사 결과를 근거로 판단한다면 2004년 강원대학교 중앙박물관이 조사한 부분[14]이 통일신라 말기의 양상을 보여주는 것은 확실하지만, 왕건 구택지로 보기보다는 지방 호족의 거주지 보는 견해가 타당하다고 판단된다.

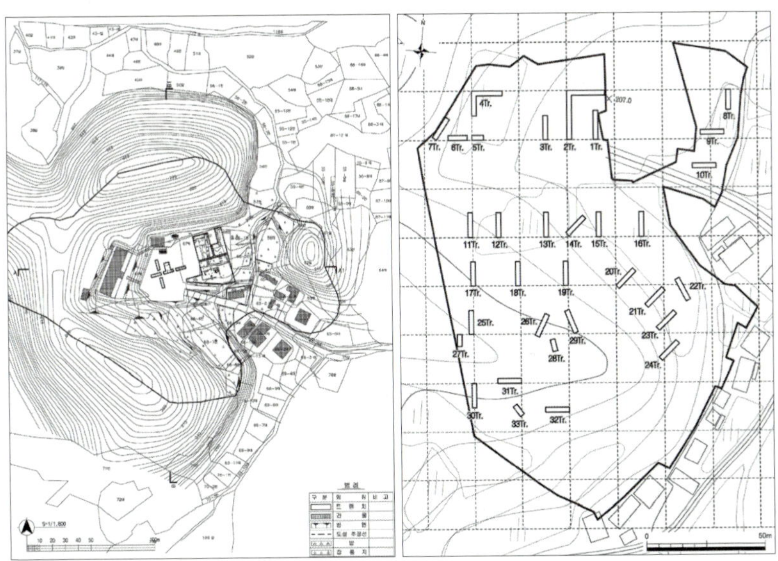

<그림 1> (좌)철원향교지 시발굴Tr 배치도(강원대학교 중앙박물관, 2008) (우)철원향교지 2025년 시굴Tr. 배치도(강원역사문화연구원, 2025)

---

12) 심재연, 2023, 「왕건 사저와 봉선사」, 『태봉의 문화유산』, 태봉학회 총서 5, 태봉학회·철원군.

13) 강원역사문화연구원, 2025, 「철원향교지 정비사업부지 내 유적 시굴조사 학술 자문회의 자료」

14) 江原大學校 中央博物館, 2008, 『(舊)鐵原鄕校址-試·發掘調査報告書』

다만, 2004년 발굴조사에서 확인된 통일신라 말, 즉 후삼국시대로 추정되는 유구는 향후, 정밀 조사를 통하여 시기와 성격을 규명할 필요가 있다.

Ⅲ. "태봉 고고학" 지평 확장을 위하여

"태봉 고고학"의 중심 연구 주제는 도성지역이 많은 부분을 차지한다. 지금까지 "태봉 고고학"의 연구는 궁예의 철원 정도 이후, 철원도성에 대한 다양한 조사와 활용 방안에 대한 논의였다. 그러나 현 DMZ 내부에 자리 잡고 있다는 한계로 인하여 진전된 논의가 활성화되기는 어려운 상황이다. 실제로 철원도성에 대한 성벽 조사가 일부 진행되었지만, 만족할 만한 성과는 얻지 못하였다.

"태봉 고고학"의 지평 확장을 위하여 몇 가지 제언을 하고자 한다.

1. 태봉국 철원도성과 방어체계

문헌 사료에는 궁예의 치세에 대한 부정적인 기술이 태봉 고고학의 해상도를 흐리는 면이 있기는 하지만 도성 건축과 행정 체제 일부 확인할 수 있는 기록 확인되고 있다. 따라서 이러한 부분을 확인하기 위한 연구는 지속되어야 한다. 특히, 도성 방어와 관련된 방어체계에 관한 연구가 필요하다.

2. 궁예의 철원진출과 지역 집단의 성격 규명

문헌 사료를 살펴보면 다음의 기사가 주목된다.

①『삼국사기』권 제50 열전 제10 궁예(弓裔)

"이에 저족(猪足), 성천(狌川), 부약(夫若), 금성(金城), **철원(鐵圓)** 등의 성을 격파하였다.[15]"

②『삼국사기』권 제11 신라본기 제11 진성왕 9년(895) 8월조

"궁예가 저족·성천의 두 군(郡)을 공격하여 빼앗고, 이어 한주(漢州) 관내의 부약·**철원** 등 10여 군현을 공격하여 깨뜨렸다.[16]"

③『삼국유사』권 제1 왕력 후고구려조

"궁예가 병진(丙辰)년(896년)에 도읍을 **철원성(鐵圓城)**으로 하였다."

①의 기사로 보면 철원지역에 성곽이 존재하는 것이 확인되고 있다. 그런데 ③의 기사에서 보이는 철원성과 같은 성곽인지 파악하기 어렵다. ②의 기사는 철원의 군 치소(治所)의 존재를 파악할 수 있는 기사 중의 하나이다.

적어도 이 기사를 살펴보면 궁예가 진출하여 정도(定都) 할 즈음에 철원에 존재하는 고대 도시와 호족 세력의 존재를 파악할 수 있다. 그 양상은 강릉 명주성(溟州城)이 강릉지역 호족의 근거지라면 이와 유사하지 않을까 생각되지만, 명주성도 지표조사[17]가 진행된 후, 더 이상의 조사는 진행되지 않고 성 외곽 일부 지역에서 시굴조사[18]가 이루어졌지만 뚜렷한

---

15) 於是, 擊破猪足·狌川·夫若·金城·鐵圓等城, 軍聲甚盛.

16) 九年, 秋八月, 弓裔擊取猪是(足)·狌川二郡, 又破漢州管內夫若·鐵圓等十餘郡縣.

17) 關東大學校 博物館, 2009,『江陵 溟州山城-地表調査 報告書-』.

양상은 파악하기 어렵다.

따라서 이러한 문헌 기록에서 보이는 실체에 대한 고고학적 조사가 필요하다.

2) 생활유적-청주인 이주, 이들의 거주지는

① 『삼국사기』 권 제50 열전 제10 궁예(弓裔)
〔천우(天祐) 원년 갑자(904)〕 가을 7월에 청주인호 1,000을 옮겨 철원성에 들이고, 〔철원성을〕 서울[京]로 삼았다.[19]

①기사는 청주인호 1천을 이주시켰다는 내용이다. 그런데 이 기사에 나오는 철원성은 이전 기사에 나오는 철원성과는 다른 것[20]으로 보인다. 그리고 1천의 규모에 대하여 호(戶) 1천 가구로 보거나[21] 호당 10명으로 평균한 1만명[22], 또는 1,000명으로 보는 견해[23] 등 다양하다고 한다[24]. 적게는 1,000명으로 산출되지만, 이러한 규모의 인원이라면 의식주 해결

---

18) 국강고고학연구소, 2014, 「강릉 영동대학교 쇼트트랙 보조경기장 건립부지내 문화재 시굴조사 약보고서」.

19) 秋七月, 移靑州人戶一千, 入鐵圓城爲京.

20) 이재범, 2019, 「궁예정권의 철원정도와 '京', '都'」 『태봉 철원도성 연구』, 태봉학회·철원군 편,

21) 박경자, 2001, 『고려시대 향리연구』, 국학자료원, 50쪽.

22) 安永根, 1992, 「羅末麗初 淸州勢力의 動向」 『水邨朴永錫華甲紀念韓國私學論叢(上), 探求堂.

23) 申虎澈, 1993, 「後三國 建國勢力과 淸州 地方勢力」 『湖西文化研究』 11, 忠北大學校 湖西文化研究所.

24) 신성재, 2019, 「궁예정권의 철원 천도와 전쟁사적 의미」 『태봉 철원도성 연구』, 주류성.
　홍창우, 2025, 「궁예 정권과 '지방'과의 관계 문제-청주·나주 관련 연구성과의 정리를 중심으로-」 『태봉과 지방세력』 2025년 태봉학술회의, 철원군·강원일보사·태봉학회·신라사학회.

을 위한 공간 확보가 되어야 한다. 따라서 이 기사에서 나오는 청주인이 이주한 곳으로 보이는 지역에 대한 조사가 필요하다. 즉, 문헌학적 해석과 고고학적 조사를 통한 규명을 시도하는 것이 필요하다고 판단된다.

3) 기존 철원의 행정 중심지(鐵城郡)는 어떤 기능을 하였을까?

철원 일원은 신라가 한강유역으로 진출하였을 당시는 한주(漢州) 소속으로 철원군(鐵圓郡)으로 동량현(嶂梁縣)과 공성현(功城縣) 등 영현(領縣) 2개를 거느리고 있었다. 이후, 삼국 통일 이후, 경덕왕 16년(757)에 철성군

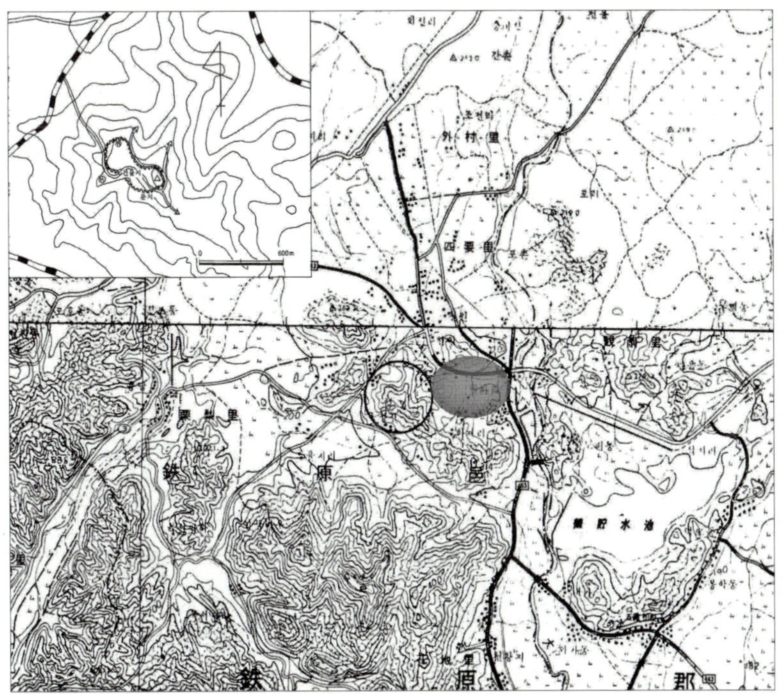

<그림 2> 철원 동주산성(○) 및 역사도시(●) 추정 위치(陸軍士官學校 陸軍博物館, 1996)

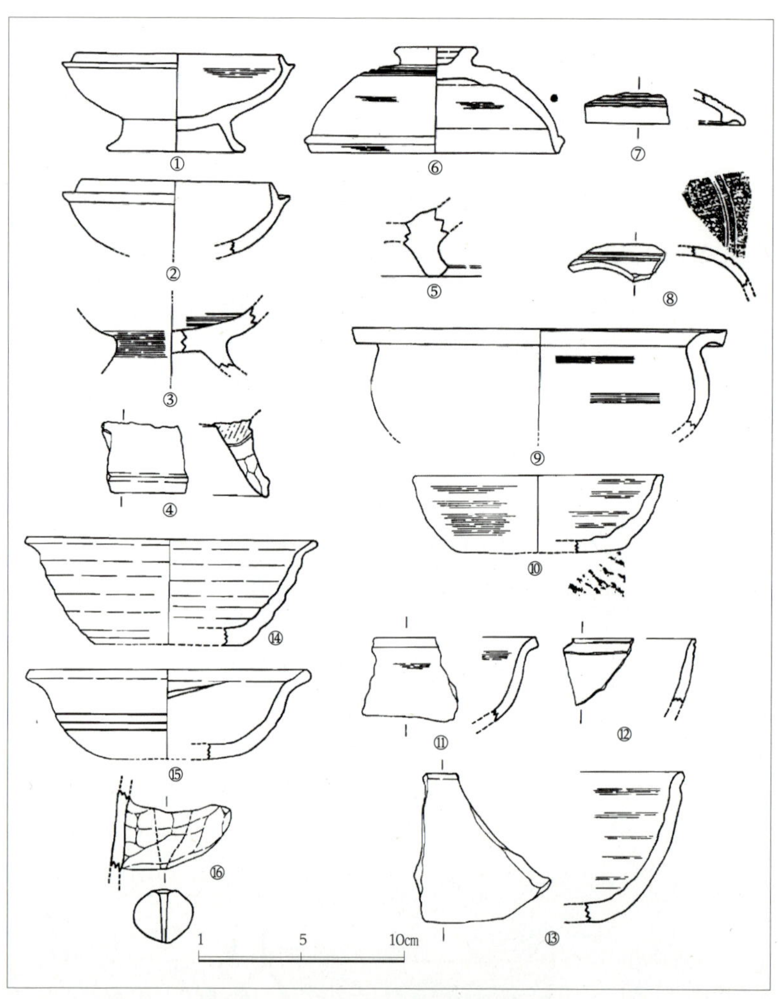

<그림 3> 동주산성 지표 채집유물①(陸軍士官學校 陸軍博物館, 1996)

 태봉역사문화권의 설정과 철원군

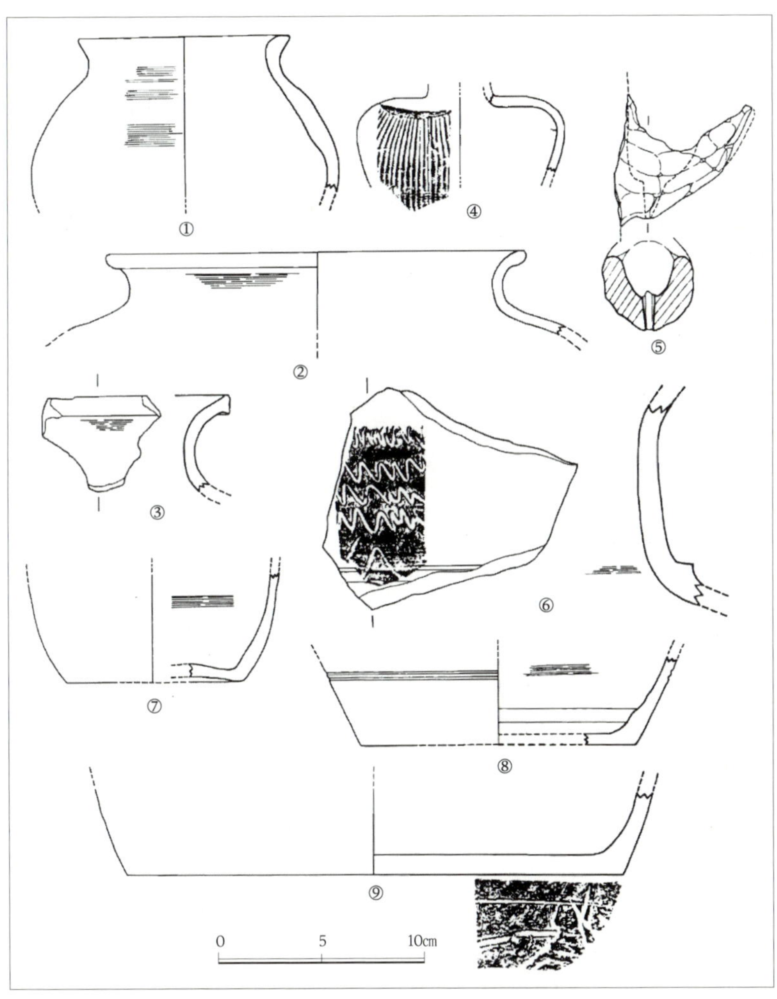

<그림 4> 동주산성 지표 채집유물②(陸軍士官學校 陸軍博物館, 1996)

(鐵城郡)으로 행정구역이 개편되었다. 그렇다면 철성군의 치소(治所)에 대한 규명이 필요하다. 지금까지 남북분단이라는 상황에서 적극적인 조사가 진행되지 못하였다.

따라서 궁예의 철원지역으로 진출에 따른 양상과 이후, 철원도성의 배후 도시로서 어떠한 기능하였을지에 관한 연구가 필요하다. 지금까지 조사 사례로 본다면 동주산성[25)]과 북쪽 저구릉지 일원(현 사요리와 관전리)이 후보지(그림 2)로 추정된다.

향후, 발굴조사를 통하여 지표조사를 통하여 수습된 신라토기(그림 3·4)와 함께 태봉국 시기를 대표하는 물질문화의 확인이 필요하다.

4) 후삼국시대 지방 세력의 동향 – 철원은 어떤 경관을 보여주는가?

철원 일원에는 궁예가 철원 풍천원에 정도하기 이전부터 사용된 것으로 보이는 성곽과 이와 관련된 문헌 기록은 지역 호족의 존재를 파악할 수 있다. 그러나 현재까지 진행된 고고학적 연구 성과는 철원 구향교지가 유일한 상황이다. 도성 주변 마을이 존재하였을 것으로 추정되는 남쪽 지역에 대한 발굴 조사에서는 만족할 만한 성과가 없다. 실제 강산리 일원[26)], 중강리 일원[27)], 월정리역 주변[28)]을 조사한 결과, 강산리유적에서는 조선시대에 해당하는 생활유구, 중강리유적에서는 구석기시대 유물 포함층만

---

25) 육군사관학교 육군박물관, 1996, 『강원도 철원군 군사유적 지표조사 보고서』.
　　육군사관학교 화랑대연구소 국방유적연구실, 2005, 『鐵原 東州山城 地表調査 報告書』.
26) 한국고고환경연구소, 2017, 『철원 강산리유적』.
27) 예맥문화재연구원, 2009, 「부록:철원 평화·문화광장 조성사업부지내 유적 시굴조사보고서」, 『화천 용암리유적-화천 생태영상센터 조성사업부지내 유적 발굴조사보고서-』.
28) 강원문화재연구소, 2018, 「철원 궁예 태봉국 테마파크 조성사업 문화재 표본조사 보고서」.

확인되었고 월정리역에서는 유구가 확인되지 않아 태봉과 관련된 유의미한 성과를 얻지 못한 상태이다. 하지만 최근 몽촌토성 성벽 외부에서 백제 마을이 확인[29]되는 것처럼 태봉과 관련된 마을이 확인 가능성도 충분하다고 판단된다.

아울러 DMZ 내부에 위치할 것으로 추정되는 어운동면 강산리 상가리(於雲洞面 江山里 上佳里) 고분군, 중강리 가칠동(中江里 加七洞) 고분군 등[30]에 대한 조사가 진행된다면 삶의 공간과 함께 죽음의 공간에 관한 연구가 진행될 수 있다.

적어도 지금까지 태봉국 철원도성 중심의 연구가 진행되었다면 실질적인 이 시기의 다양한 삶의 공간을 규명하는 작업이 시도될 필요가 있다고 생각한다.

IV. 철원지역의 태봉 고고학을 위하여

태봉 고고학을 위하여 전제되어야 할 것은 그 시기와 지리적 범위 설정[31]이 필요하다. 특히, 지금까지 조사된 고고학 자료로 보면 어떤 물질자료를 통하여 어떠한 특징이 "태봉"의 考古 文化라고 설정할지 어려운

---

29) 국립문화재연구소, 2004, 『서울올림픽미술관건립부지 발굴조사보고서』; 경상문화재연구원, 2023, 『서울 방이동 88번지 유적』; 한울문화재연구원, 2024, 『서울 방이동 48번지 유적』; 도원문화재연구원, 2024, 『서울 신천동 20-4번지 유적』; 중부고고학연구소, 2024, 「서울 방이동(52번지 일원) 송파방이 노후공공청사 복합개발사업부지 내 유적발굴조사 약식보고서」.

30) 朝鮮總督府, 昭和十七年(1942), 「鐵原郡」, 『朝鮮寶物古蹟調査資料』.

31) 본 고에서 지칭하는 "철원"은 남북 분단 이후, 개편된 행정구역으로 과거의 철원과 지리적인 범위에서 차이가 난다.

상황이다.

따라서 "태봉" 고고 문화를 파악하기 위한 핵심지역에 대한 조사가 필요하다. 그렇기 때문에 도성과 방어시설, 마을 등이 밀집분포하고 있는 철원지역이 핵심지역에 해당한다.

구체적인 예를 들어보면 궁예가 철원의 성을 격파하였다는 기록으로 보면 어느 성으로 특정할지 망설여진다. 그런데 문헌에서 확인되는 철원성의 위치 비정이 고고학적 발굴조사를 통하여 단서가 확인된다면 궁예 세력이 철원지역 세력과 어떤 관계를 맺고 정도하는지에 대한 과정을 설명할 수 있는 중요한 단서를 제공할 것으로 생각된다.

특히, 이 성이 통일신라시대 철원지역 행정 치소와 이후에 전개되는 호족의 출현과 관련하여 해석한다면 다양한 해석이 가능할 것으로 판단된다.

이러한 면과 함께 통일신라기에 개편된 철원군의 치소와 역사도시에 관한 연구, 지방 호족의 세거지(거관[32])에 대한 규명이 진행된다면 "태봉 고고학"의 실체에 대한 해상도가 높아질 것으로 생각한다.

다만, 이러한 작업을 진행하기 위해서는 중·장기계획을 수립하여 우선순위를 정할 필요가 있다. 현재까지 논의된 핵심 단어를 살펴보면 "철원도성", "철원성", "철원군 치소", "역사도시", "호족", "왕건 구택지" 등이 있다. 이 중에 "철원도성"을 제외하고 핵심유적 단어를 아우르는 "동주산성"과 "구철원 향교지"의 발굴 조사가 필요하다고 판단된다. 태봉국 핵심 유적인 철원도성의 발굴조사는 남북 관계에 좌우되는 것으로 현실

---

32) 박순발, 2004, 「湖西地域 平地·野山城에 대하여」, 『호서고고학』 10, 45~62쪽.

적으로 실행 가능성이 높은 두 핵심유적에 대한 발굴 조사와 활용 방안을 수립할 필요가 있다.

이러한 사례는 2023년 한국고고학계와 문헌학계에 중요한 발굴 성과 중의 하나인 양주 대모산성 출토 목간은 이러한 전망을 보여주는 사례가 된다[33]. 대모산성은 현재 15차 발굴조사가 진행중이다. 만약, 성벽의 복원 같은 섣부른 성과주의에 매몰되었다면 13차[34](2023년)·14차[35](2024년) 발굴조사를 통한 태봉국 연호(政開三年) 확인은 쉽지 않았을 가능성도 높다. 다만, "태봉 고고학"의 실체를 파악할 수 있는 이 고고학적 성과는 문헌학과 국어학(이두)의 도움이 더 필요한 상황이다. 향후, 집수정에서 확인된 "태봉 목간"과 동반된 유물과 비교 연구가 진행된다면 "태봉 고고학"의 한 단면이 확인될 것으로 판단된다.

---

33) 조인성, 2024, 「'태봉 목간' 단상」 『한국목간학회 제45회 정기발표회 자료집』, 한국목간학회.
34) 기호문화유산연구원, 2023, 「양주 대모산성(사적 제526호) 13차 발굴(시굴)조사 약식보고서」.
35) 기호문화유산연구원, 2024, 「양주대모산성 14차 발굴조사 약식보고서」.

참고문헌

江原大學校 中央博物館, 2008,『(舊)鐵原鄕校址-試·發掘調査報告書』.

강원문화재연구소, 2018,「철원 궁예 태봉국 테마파크 조성사업 문화재 표본조사 보고서」.

강원역사문화연구원, 2025,「철원향교지 정비사업부지 내 유적 시굴조사 학술 자문회의 자료」.

關東大學校 博物館, 2009,『江陵 溟州山城-地表調査 報告書-』.

경상문화재연구원, 2023,『서울 방이동 88번지 유적』.

국강고고학연구소, 2014,「강릉 영동대학교 쇼트트랙 보조경기장 건립부지 내 문화재 시굴조사 보고서」.

국립문화재연구소, 2004,『서울올림픽미술관건립부지 발굴조사보고서』.

국립문화재연구소, 2020,『한반도 DMZ : 평화의 공간으로 거듭나기, 분단의 산물에서 세계유산으로』.

국립문화재연구소, 2020,『한반도 비무장지대 2020 실태조사』.

국립문화재연구소, 2021,『북한의 문화·자연유산과 남북교류협력 이해하기』.

국립문화재연구원, 2022,『남북 문화·자연유산 교류 협력의 사례와 방안』.

국립문화재연구원, 2022,『한반도 비무장지대 2020-2021 실태조사 보고서』.

권순진, 2023,「철원지역 성곽의 특징과 성격」,『태봉의 문화유산』(태봉학회 총서 5), 주류성.

기호문화유산연구원, 2023,「양주 대모산성(사적 제526호) 13차 발굴(시굴)조사 약식보고서」.

기호문화유산연구원, 2024,「양주대모산성 14차 발굴조사 약식보고서」.

김호준, 2023, 「태봉국 철원도성의 남쪽 방어체계 연구」, 『태봉의 문화유산』(태봉학회 총서 5), 주류성.

도원문화재연구원, 2024, 『서울 신천동 20-4번지 유적』.

박경자, 2001, 『고려시대 향리연구』, 국학자료원.

박순발, 2004, 「湖西地域 平地·野山城에 대하여」, 『호서고고학』 10, 호서고고학회.

백종오, 2024, 「한국고대 성곽문화의 결절지, 양주」, 『선사와 고대』 74, 한국고대학회.

신성재, 2019, 「궁예정권의 철원 천도와 전쟁사적 의미」, 『태봉 철원도성 연구』, 주류성.

申虎澈, 1993, 「後三國 建國勢力과 淸州 地方勢力」, 『湖西文化研究』 11, 忠北大學校 湖西文化研究所.

심재연, 2023, 「왕건 사저와 봉선사」, 『태봉의 문화유산』(태봉학회 총서 5), 주류성.

安永根, 1992, 「羅末麗初 淸州勢力의 動向」, 『水邨朴永錫華甲紀念韓國私學論叢』(上), 探求堂.

유재춘, 2008, 「철원 월하리 유적의 조사 결과와 성격 검토」, 『궁예의 나라 태봉-그 역사와 문화』, 일조각.

예맥문화재연구원, 2009, 「부록:철원 평화·문화광장 조성사업부지내 유적 시굴조사보고서」, 『화천 용암리유적-화천 생태영상센터 조성사업부지내 유적 발굴조사보고서-』.

유재춘, 2005, 「철원의 高麗太祖 王建 舊宅址說에 대한 검토」, 『江原文化史研究』 10, 강원향토문화연구회.

유재춘, 2023, 「철원 한탄강변 성곽 유적의 성격 연구」, 『태봉의 문화유산』(태봉학회 총서 5), 주류성.

육군사관학교 육군박물관, 1996, 『강원도 철원군 군사유적 지표조사 보고서』.

육군사관학교 화랑대연구소 국방유적연구실, 2005, 『鐵原 東州山城 地表調査 報告書』.

이재, 2023, 「철원의 관방유적」, 『태봉의 문화유산』(태봉학회 총서 5), 주류성.

이재범, 2019, 「궁예정권의 철원정도와 '京', '都'」, 『태봉 철원도성 연구』(태봉학회 총서 1), 주류성.

전용호, 2024, 「유물로 본 전주와 익산 후백제 유적의 성격: 전주와 익산 지역 출토 통일신라말~고려초 와당과 명문와를 중심으로」, 『전북학연구』 13, 전북연구원 전북학연구센터.

朝鮮總督府, 昭和十七年(1942), 「鐵原郡」, 『朝鮮寶物古蹟調査資料』.

조인성, 2023, 「태봉역사문화권 설정 추진을 위한 제언」, 『태봉의 문화유산』, 주류성.

조인성, 2024, 「'태봉 목간' 단상」, 『한국목간학회 제45회 정기발표회 자료집』, 한국목간학회.

조인성, 2025, 「태봉역사문화권 설정의 당위성과 의의」, 『태봉과 지방세력』, 2025년 태봉학술회의, 철원군·강원일보사·태봉학회·신라사학회.

조인성·정성권·김영규, 2023, 『태봉역사문화권 설정 추진을 위한 연구』, 강원학연구보고 17, 강원연구원 강원학연구센터.

중부고고학연구소, 2024, 「서울 방이동(52번지 일원) 송파방이 노후공공청사 복합개발사업부지 내 유적발굴조사 약식보고서」.

한국고고환경연구소, 2017, 『철원 강산리유적』.

한울문화재연구원, 2024, 『서울 방이동 48번지 유적』.

홍창우, 2025, 「궁예 정권과 '지방'과의 관계 문제-청주·나주 관련 연구성과의 정리를 중심으로-」, 『태봉과 지방세력』, 2025년 태봉학술회의, 철원군·강원일보사·태봉학회·신라사학회.

후백제역사문화권 설정 추진 경과와 과제

진정환

국립진주박물관 학예연구실장

목차

I. 머리말

2020년 5월 20일 20대 국회 마지막 본회의에서 「역사문화권 정비 등에 관한 특별법(약칭: 역사문화권정비법)」이 제정되었다. 이 법은 '고구려·백제·신라·가야·마한·탐라 등 6개 고대 역사문화권과 그 문화권별 문화유산을 연구·조사하고 발굴·복원하여 그 역사적 가치를 조명하고, 이를 체계적으로 정비하여 그 가치를 세계적으로 알리고 지역발전을 도모하는 것'을 목적으로 한다. 21대 국회 때인 2021년 12월에는 마한역사문화권의 범위를 광주·전남 전역, 전북, 충남 등으로 확대하고 충북을 중심으로 한 중원역사문화권과 강원을 중심으로 한 예맥역사문화권을 추가하는 것을 골자로 법률을 개정하였다.

후백제역사문화권을 역사문화권정비법에 포함시키려는 움직임이 2020년 법 제정 직후부터 후백제의 왕도였던 전주를 중심으로 학계와 지역사회에서 일어났다. 다만, 마한역사문화권에 전북을 추가하는 법률개정안이 먼저 제출되어, 폭넓은 관심을 얻지는 못하였다. 그러던 중 2021년 11월 26일 전북·충남·경북 7개 시·군이 참여하는 '후백제문화권 지방정부협의회'의 발족을 기념하기 위한 "후백제문화권 설정과 활용을 위한 학술대회"가 열리면서, 후백제역사문화권의 법제화는 후백제역사문화권 시·군의 공통적 관심사로 떠올랐다. 2022년 1월 18일, 협의회 참여 시·군을 지역구로 하는 국회의원 김성주·김종민·안호영·임이자가 공동으로 국회에서 토론회를 열면서 본격적인 법제화의 첫발을 디뎠다. 이어서 1월 28일 김성주 의원 등 10인의 의원이 역사문화권정비법에 후백제역사문화권을 포함하는 일부개정법률안을 제출하였다. 비록 시작은 늦었으나 입법절차는 비교적 순조로웠다. 같은 해 국회 본회의 의결을 거쳐 2023년 1월 17일 공포되었으며, 즉시 시행되었다. 법제화 직후에는 후백제역사문화권에 대한 체계적인 연구와 정비를 위한 방안 검토하고 시행하는 것을 우선해야 하나, 국립후백제역사문화센터 유치를 위한 지자체 간 경쟁이 심했다. 다만, 2024년 9월 국립후백제역사문화센터의 전주 건립이 확정되며 그에 대한 논란은 일단락된 상태이다.

이 논고가 철원군과 태봉학회가 의욕적으로 추진 중인 태봉역사문화권 법제화에 조금이라도 도움이 될 수 있기 바라며, 가장 먼저 역사문화권 정비법 제정과 후백제역사문화권 법제화 과정을 살펴보겠다. 이어서, 역사문화권의 조사·연구·정비·활용의 기본 방향이라할 수 있는 법령에 따라 국가유산청이 고시한 제1차 역사문화권 정비기본계획을 검토해보고, 후백제역사문화권 정립 시 문제점과 향후 과제 및 전략에 관해 이야기할 것이다.

Ⅱ. 역사문화권정비법의 법제화 과정[1]

역사문화권 관련 입법 시도는 18대 국회 때부터 있었다(<표 1>). 2012년 1월 31일 이철우 의원이 대표 발의한 「신라·가야·유교문화권 조성 및

<표 1> 문화권 관련 특별법안 목록(18~20대 국회)

연번	의안번호	제안일자	의안명	처리결과
1	1814580	2012-01-31	신라·가야·유교문화권 조성 및 지원에 관한 특별법안	폐기
2	1916187	2015-07-23	가야문화권 개발 및 지원에 관한 특별법안	폐기
3	2000284	2016-06-16	가야문화권 개발 및 지원에 관한 특별법안	폐기
4	2008684	2017-08-25	가야역사문화권 연구·조사 및 정비와 지역발전에 관한 특별법안	폐기
5	2010889	2017-12-15	고대역사문화권 연구·조사 및 발전에 관한 특별법안	폐기
6	2012455	2018-03-13	고대역사문화권 지정 및 연구·조사 등에 관한 법률안	폐기
7	2016281	2018-11-01	탐라역사문화권 연구·조사 및 발전에 관한 특별법안	폐기
8	2019757	2019-04-11	역사문화권 정비 등에 관한 특별법안	수정가결
9	2021156	2019-06-27	마한역사문화권 조사·연구 및 정비 등에 관한 특별법안	폐기

1) 후백제역사문화권이 역사문화권정비법에 포함되기 전까지의 법제화 경과는 필자의 논문(진정환, 2022, 「후백제역사문화권 정립과 추진 방향」, 『한국전통문화연구』 29, 한국전통문화대학교, 155~193쪽)에서 관련 내용을 다시 수록하였다. 이로써 역사문화권정비법이 실질적인 필요성보다 정치적인 역학 관계 속에서 추가되고 확대되었음을 인지할 수 있을 것이다.

지원에 관한 특별법안」(의안번호: 1814580)이 바로 그것이다. 법률안 명칭에서 볼 수 있듯이 대구광역시와 경상북도의 신라·가야·유교문화권 관광 기반 조성사업을 효율적으로 추진하기 위한 법안이었다. 19대 국회에서는 가야 문화유산의 발굴·복원·정비 및 관광 기반 조성을 목적으로 하는 「가야문화권 개발 및 지원에 관한 특별법안」(의안번호: 1916187)이 발의되었다. 같은 내용의 법안이 20대 국회 개원 초 발의되었다.

2017년 5월 문재인 정부 출범 이후 '가야문화권 조사·연구 및 정비'가 100대 국정과제 가운데 하나로 선정된 이후, 국회에서도 「가야역사문화권 연구·조사 및 정비와 지역발전에 관한 특별법안」(의안번호: 2008684)이 발의되었다. 19대와 20대 연달아 발의된 「가야문화권 개발 및 지원에 관한 특별법안」은 가야문화권 문화유산을 발굴·복원·정비하겠다는 취지를 가지고 있었으나, 법안의 본문을 보면 개발에 초점이 맞춰져 있었다. 반면, 「가야역사문화권 연구·조사 및 정비와 지역발전에 관한 특별법안」은 가야의 역사와 문화유산의 연구·조사 및 발굴·복원, 역사적 재조명, 계획적 정비 등을 목적으로 했다.

한편, 문재인 정부의 '가야문화권 조사·연구 및 정비'가 국정과제가 된 이후 고대역사문화권의 연구·조사와 정비, 그리고 법제화에 관한 관심이 증폭되었다. 이러한 추세를 반영한 법안이 「고대역사문화권 연구·조사 및 발전에 관한 특별법안」(의안번호: 2010889)이다. 이 법안에는 백제문화권, 신라문화권, 가야문화권, 마한문화권 4곳이 포함되어 있다. 이 법안에는 전국을 나누어 서울·경기·충청·전북을 백제문화권에, 경북과 강원을 신라문화권에, 경남을 가야문화권에, 전남을 마한문화권에 배치하였다. 이는 일반적인 역사 인식과도 맞지 않고 지역주의의 한계를 벗어나지도 못한 것이었다.

제주지역을 중심으로 한 탐라문화의 실체 규명과 정비 및 관광자원화의 내용을 담은 「탐라역사문화권 연구·조사 및 발전에 관한 특별법안」(의안번호: 2016281)과 특정 시기(기원전 2세기-기원후 4세기) 특정 지역(나주·담양·화순·영암·무안·함평·장성·해남)에 국한된 조사·연구 및 정비를 규정하는 「마한역사문화권 조사·연구 및 정비 등에 관한 특별법안」(의안번호: 2021156) 역시 그러한 한계가 뚜렷한 법안이었다.

20대 국회에서 발의된 다양한 역사문화권 법안 가운데, 눈길을 끄는 것은 「고대역사문화권 지정 및 연구·조사 등에 관한 법률안」(의안번호: 2012455)이었다. 이 법안은 고대역사문화권에 관한 연구·조사 및 발굴·정비와 이를 통한 관광자원화 및 지역개발의 필요성을 강조하였다. 아울러, 이를 위해서는 종합적이고 체계적인 연구·조사와 발굴·정비가 선행되어야 하므로, 문화재청장에게 고대역사문화권을 지정할 수 있도록 하고 이에 대한 종합적 계획을 수립하게 하는 것을 골자로 했다. 이 법안은 조사·연구를 거쳐 추가적인 지정이 가능케 하였고, 지정된 지역의 종합적이고 체계적인 연구·조사 및 발굴·정비에 대한 국가의 책무를 명시했다는 점에서 다른 법안과는 달랐다.

당시까지 발의된 이러한 법안을 통합한 것이 바로 민홍철 의원이 대표 발의한 「역사문화권 정비 등에 관한 특별법안」(의안번호: 2019757)이다. 이 특별법안에는 고구려역사문화권, 백제역사문화권, 신라역사문화권, 가야역사문화권만 규정하는 대신, 문헌기록과 유적·유물을 통해 실체가 밝혀지면 추가 지정이 가능케 하였다. 이것은 「고도 보존 및 육성에 관한 법률」에서 경주, 공주, 부여, 익산만 고도로 지정하고 다른 곳은 지방자치단체장이 신청하도록 한 선례를 따른 것으로 여겨진다.

그러나 수정 가결된 법에는 4개의 문화권 외에 영산강 유역을 중심으로 하는 전남 일대의 마한역사문화권과 제주지역을 중심으로 한 탐라역사문화권이 추가되었다. 이는 민홍철 의원이 발의하기에 앞서 제출된 법안의 내용을 수용한 것이라 할 수 있다. 이러한 정황은 국회 문화체육관광위원회의 검토보고서에 "유물과 유적으로 그 역사적 가치가 밝혀지거나 충분한 조사연구를 통해 지정될 가치가 있는 권역으로 '마한역사문화권', '탐라역사문화권'을 들 수 있다."라고 한 것에서 확인할 수 있다.[2] 다만, 이 검토보고서에는 고구려, 백제, 신라, 가야 이외에 다른 역사문화권의 경우 별도의 절차를 거쳐 역사문화권을 지정할 수 있도록 한 것에 대해 매우 긍정적으로 보고 있다.[3]

그런데, 문화체육관광위원회 법안심사소위원회에서는 마한역사문화권과 탐라역사문화권을 추가하면서도 역사문화권을 추가로 지정할 수 있는 조문을 삭제하였다.[4] 마한과 탐라 역사문화권이 법안에 포함된 것은 앞서 지적하였듯이 그동안 제출된 법안을 수용한 것이라고 한다면, 역사문화권 지정 관련 사항을 삭제한 것은 문화재청의 의중이 크게 반영된 것으로 보인다. 이는 2020년 5월 7일 있었던 법안심사소위에서의 당시 문화재청 차장 발언에서 확인할 수 있다. 이 자리에서 문화재청 차장은 "최근에 각 지역에서 이런 요구들이 올라오고 있는데 역사적으로, 우리 역사

---

2) 국회 문화체육관광위원회, 2019, 「역사문화권 정비 등에 관한 특별법안(민홍철 의원 대표발의) 검토보고」, 10쪽.

3) 국회 문화체육관광위원회, 2019, 앞의 보고서, 9~10쪽.

4) 국회사무처, 2020, 「제337회 국회 문화체육관광위원회회의록(법안심사소위원회) 제1호」, 9~10쪽.

학에서 보통 정립된 고대국가는 고구려·백제·신라·가야 그리고 마한·탐라까지는 문헌이나 기록으로 정의가 될 수 있습니다. 그런데 이것을 그 이후까지 넓히면 각 지역에서, 지금 충청도 같은 경우에 중원문화권, 경북 같으면 유교문화권 이런 식의 개념이 들어오면 법이 지나치게 넓어지는 그런 문제가 있습니다."라는 발언을 한다.[5] 이 발언은 문화재청이 역사문화권을 지정할 수 있도록 할 경우, 폭증할 것으로 보이는 민원과 공정성 시비 등을 우려하였기 때문일 것이다.

문화체육관광위원회 법안심사소위원회에서 수정된 법안은 결국 2020년 5월 7일 문화체육관광위원회 전체 회의에서 가결되었으며, 2020년 5월 20일 법제사법위원회와 본회의에서 심의·의결되었다. 이후 역사문화권정비법은 2020년 6월 9일 국무회의를 거쳐 공포되었다. 부칙에서 정한 대로 1년이 지난 2021년 6월부터 시행되었다. 이에 맞춰 2021년 6월 시행령과 시행규칙이 마련되었다. 그러나 이렇게 20대 국회에서 관련 법이 제정될 때까지 후백제역사문화권에 대한 그 어떤 공론화의 과정이 없었다.

21대 국회에 지역의 이해관계에 따라 기존에 지정된 역사문화권의 해당 지역을 넓히거나 새로운 역사문화권의 추가를 요구하는 역사문화권정비법 개정안이 제출되었다(<표 2>). 특히, 마한역사문화권은 발의한 국회의원의 출신지에 따라, 광주·전남 전역, 광주·전남과 전북, 광주·전남·전북에 충청을 포괄하는 법안이 제시되었다. 아울러 충북지역 출신 국회의원을 중심으로 중원역사문화권을 포함하는 법안이 발의되었다. 그 가운

데 한 법안에는 충북, 강원, 경북지역 일부를 명시하였으나 또 다른 법안에는 거기에 경기지역을 포함하였다. 강원지역의 독자적인 역사문화권 설정을 위해 예맥역사문화권의 포함을 요구하는 법안도 제출되었다.

<표 2> 21대 국회 역사문화권 정비 등에 관한 특별법 일부개정법률안 목록

연번	의안번호	제안일자	대표발의자	주요 내용
1	2104463	2020-10-08	윤영덕	마한역사문화권 범위에 광주 포함
2	2104818	2020-11-02	이상직	마한역사문화권 범위에 광주와 전북을 포함
3	2106499	2020-12-16	문진석	마한역사문화권 범위에 충청, 광주, 전남, 전북 포괄
4	2107795	2021-01-29	도종환	중원역사문화권(충북, 강원, 경북지역) 신설
5	2108026	2021-03-23	이종배	중원역사문화권(충북, 강원, 경북, 경기지역) 신설
6	2110051	2021-05-12	허 영	예맥역사문화권(강원지역) 신설
7	2112869	2021-10-18	신정훈	연구재단 설립·운영에 대한 국가의 책무 등
8	2114219	2021-12-30	위원장	마한역사문화권 확대, 중원 및 예맥 역사문화권 설정
9	2114633	2022-01-28	김성주	후백제역사문화권(충북, 충남, 전북, 광주, 전남, 경북지역) 신설
10	2117513	2022-09-23	배현진	「문화재보호법」 명칭 변경 사항 반영

한편, 2021년 국회 문화체육관광위원회는 신정훈 의원이 발의한 법안을 제외한 6개 법안을 심사한 결과, 마한역사문화권의 범위를 충청, 광주, 전북지역으로 확대하고, 역사문화권의 종류에 중원역사문화권과 예맥역사문화권을 추가하며, 중원역사문화권은 충북, 강원, 경북, 경기지역으로, 예맥문화권은 강원지역으로 범위를 정하는 것과 일부 내용을 수정한 법안을 대안(의안번호: 2114219)으로 제출하였다. 이렇게 수정된 개정안 2021년 12월 30일 법제사법위원회의 체계 자구 심사를 거쳐, 제392회 국회(임시회) 제2차 전체회의에서 통과되었다. 개정법률은 2022년 1월 17일 국무회의에서 공포되었으며, 2022년 7월 19일 시행되었다.

21대 국회 출범 직후 개정안이 제출된 마한·중원·예맥보다 후백제역사문화권의 법제화는 조금 늦게 추진되었다. 이는 마한역사문화권에 전북 지역을 포함시키기 위한 전략적 선택으로 받아들일 수 있겠으나, 그동안 지자체 및 관련 학계, 시민 사화의 미온적인 대응을 볼 때, 역사문화권정비법의 제·개정 전에 후백제역사문화권에 대한 필요성과 공감대가 형성되지 않았던 것으로 보인다.

한편, 김성주 의원이 2022년 1월 28일 대표 발의한 일부개정법률안(의안번호: 2114633)에는 제안 이유로 '고대역사에서 중세로의 전환기인 후삼국시기 신라, 고려와 경쟁하며 새로운 문화를 흡수하고 기존 문화를 융합하여 고유한 정체성을 형성·발전시킨 문화적 양상을 보이는 "후백제역사문화권"이 문화유산의 조사·연구와 발굴·정비의 대상에서 제외되어 있다는 문제 제기가 있어 별도의 역사문화권으로 설정할 필요성이 있음'을 들고 있다. 아울러, 개정법률안에서는 후백제역사문화권을 "충북, 충남, 전북, 광주, 전남, 경북지역을 중심으로 후백제 시대의 유적·유물이 분포되어 있는 지역"으로 정의하고 있다.

<표 3> 후백제 역사문화권 법제화 경과

의안 발의		문체위 상정		문체위 의결		법사위 의결		본회의 의결		공포
'22. 1. 28.	→	'22. 3. 29.	→	'22. 12. 9.	→	'22. 12. 27.	→	'22. 12. 28.	→	'23. 1. 17.

개정법률안은 3월 29일 제394회 국회(임시회) 문화체육관광위원회 제1차 전체회의에서 상정되고 소위에 회부되었다. 12월 9일 제400회 국회

(정기회) 문화체육관광위원회 제1차 문화예술법안 심사소위를 거쳐 전체 회의에서 수정·가결하였다. 이때 수정된 부분은 개정안 처리 시기가 법안 제안 당시 부칙에 정한 시행일을 넘어가게 되자 이를 보완하여 즉시 시행하도록 한 부칙 조항이다. 12월 27일 법제사법위원회의 체계자구심사를 거쳤으며, 12월 28일 제401회 국회(임시회) 제4차 본회의에서 수정안이 가결되었다. 이후 2023년 1월 6일 개정법률이 정부로 이송되었다. 2023년 1월 10일 국무총리 주재 2023년도 제2회 국무회의에서 개정법률이 심의·의결되었으며, 1월 17일 공포(공포번호: 19215)되었다. 이로써 2021년 말부터 시작된 역사문화권정비법에 후백제역사문화권을 신설 논의는 불과 15개월이 되지 않아 결실을 거두게 되었다. 그러나 장기간의 입법 과정을 거치면서 조사·연구가 이루어지고 주민의 공감대가 형성된 타 역사문화권과 비교할 때, 후백제역사문화권은 준비가 덜 되어있었다. 그럼에도 불구하고, 후백제역사문화권의 법제화는 본격적인 후백제 문화유산의 조사·연구·정비를 견인하는 전환점이 될 것이다.

Ⅲ. 제1차 역사문화권 정비기본계획 검토

문화재청(이하 '국가유산청'으로 서술)은 2022년 4월 역사문화권정비법 제9조에 근거하여 2022년부터 2026년까지 시행할 「제1차 역사문화권 정비기본계획」을 수립하였다.[6] 제1차 기본계획은 시간적으로는 2022년부터 2026년까지 5개년이고, 공간적으로는 고구려, 백제, 신라, 가야, 마한, 탐라 등 6개 역사문화권으로 하되, 2022년 7월 시행하는 중원·예맥 역사문화권과 그 이후 법률 개정으로 추가되는 역사문화권도 정비사업 대상이 된다고 밝히고 있다. 즉 2023년 1월 공포된 개정법률에 포함된 후백제 역사문화권 역시 이 제1차 기본계획의 정비사업 대상이 된다.

그 내용은 역사문화권정비법 제9조제1항에 따른 항목을 모두 포괄하고 있다. 그러면서, 국가유산청은 ①「역사문화권의 가치 규명 및 창출」, ②「지역 활성화에 이바지하는 면적 정비개념 구체화」, ③「지자체 간 분야 간 연계 협력을 통한 정비모델 구현」을 계획의 수립 방향으로 제시하였다.

국가유산청은 '고대의 역사문화, 오늘의 유산, 미래의 자산'을 정책 비

<표 4> 제1차 역사문화권 정비기본계획 비전 및 과제

비전	고대의 역사문화, 오늘의 유산, 미래의 자산				
지향점	역사문화권 가치규명과 새로운 가치창출	지역 정체성이 강화되는 역사문화권	고대 역사문화에 대한 대국민 관심 제고	고대의 역사문화 향유 기회 확대	지역경제와 문화배양에 기여하는 역사문화권
목표	목표 1 역사문화권 가치창출 기반 마련		목표 2 역사문화권 정비를 통한 지역활성화 도모		목표 3 참여와 협력을 위한 역사문화권 거버넌스 형성	
정책과제	정책과제1 역사문화권 정비사업의 제도적 기반구축	정책과제2 역사문화권 역사문화 환경 조사 및 연구	정책과제3 역사문화권 정비육성 선도모델 추진	정책과제4 역사문화기반 창업지원 및 산업활성화 촉진	정책과제5 시민참여 및 활동 유도	정책과제6 전문인력 강화 및 국제교류

6) 문화재청, 2022. 4, 「제1차 역사문화권 정비기본계획(2022~2026)」.

전으로 설정하고, '역사문화권 가치 창출 기반 마련', '역사문화권 정비를 통한 지역활성화 도모', '참여와 협력을 위한 역사문화권 국가경영(거버넌스) 형성'을 목표로 6개 대과제, 15개 중과제, 34개 세부추진 과제를 제시하였다(<표 4>).

주목할 만한 세부추진 과제 몇 가지를 살펴보면, <정책과제1>은 기준 마련, 모니터링, 타 부처 및 지지체 간 협력 체계 구축을 위한 정비사업 지원체계 및 법제도 정비가 주를 이룬다.

<정책과제2> 가운데 「역사문화권 기초조사」(2-1)에는 역사문화조사권 관련 문헌기록 및 연구 현황 조사, 지정·비지정문화재의 목록화 및 분포현황 확인, 무형자원 기초조사, 문화·자연유산, 문화경관 기초조사 등을 포괄하는 역사문화환경 목록화 조사(2-1-1)와 역사문화권 시·공간 범위 및 개념 정립 연구(2-1-2)가 추진된다. 「역사문화권 연구 및 조사 인프라 구축」(2-2)을 위해 역사문화권의 유·무형유산의 역사적·학술적 가치 구명을 위한 발굴·조사·연구·정비 관련 단계적 추진계획을 수립(2-2-1)하고, 역사문화권 데이터베이스(DB) 및 포털 구축(2-2-2)도 추진된다. 「역사문화권 가치 심화연구 및 발굴조사 정비」(2-3)에는 다양한 분야의 융복합 연구를 바탕으로 역사문화권의 가치조명을 위한 심화연구(2-3-1), 비지정 유적 발굴조사 및 정비 지원(2-3-2), 중요유적 발굴조사·정비의 국가 직접 수행 방안(2-3-3) 등이 있다.

<정책과제3>에는 역사문화권 정비의 가치와 의미 파급 효과, 지역발전 기여도 등 종합적으로 검토하여 선도사업 대상을 선정하고 정비를 추진하는 것과 기존 박물관 및 문화시설의 복합화, 주민센터 등 기존 공공시설을 활용한 역사문화 기반시설(SOC) 조성사업이 있다.

<정책과제4>에서는 역사문화권 내 역사자원을 산업화하기 위한 지원과 육성, 기술개발 방안을 내놓았으며, <정책과제5>에서는 시민과 기관·단체의 능동적인 참여와 활발한 활동 제고를 위한 프로그램 개발 및 지원, 협의체 구성 등에 대한 청사진을 제시하였다.

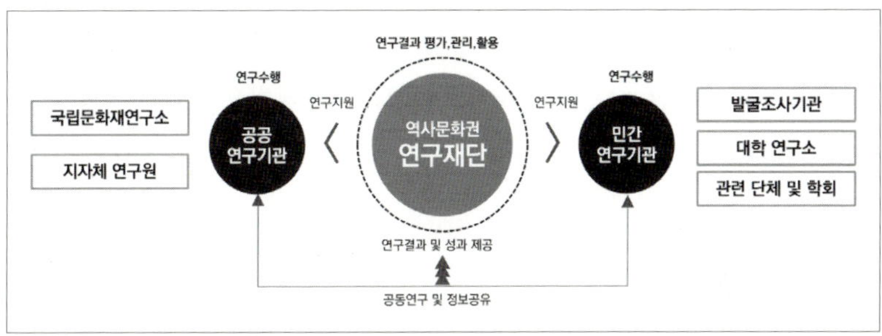

<그림 1> 역사문화권 연구재단 역할 및 기능 제시안

<정책과제6>은 전문인력 강화 및 국제교류 활성화를 위한 방안인데, 올해 개관 예정인 국립가야역사문화센터나 영암군에 들어설 국립마한역사문화센터와 같은 기능과 역할을 하는 국립역사문화센터 건립이 목표이며, 이와 함께 역사문화권 연구재단 설립을 위한 방안도 함께 제시되었다(<그림 1>). 특히, 전라북도와 충청남도가 공동출연한 백제세계유산센터처럼 둘 이상의 지자체 공동출연으로 재단을 설립하거나 기존 문화재연구원(발굴기관)을 연구재단화하는 방안을 제시하고 있어 눈길이 간다. 또한, 역사문화권 전문인력 양성을 위해 역사문화권 거점대학을 선정하여 정비업무를 수행하도록 할 계획도 있다. 추진계획 상 2023년 공모지침을 마련하고, 2024년 역사문화권 거점대학을 모집하는 것을 목표로 하였다. 그러나 이에 대한 국가유산청의 구체적인 움직임이 감지되지 않는다.

한편, 국가유산청의 역사문화권 정비기본계획에 따라 기초지자체는 정비구역의 지정과 사업실행을 위해 수립하는 법정계획을 세워야 한다. 그런데, 국가유산청은 각 지자체에서 역사문화권 정비시행계획 수립을 위한 이해를 돕고 주요사항을 안내하기 위한 가이드인 「역사문화권 정비시행계획 수립 가이드」를 정비기본계획과 함께 발표하였다. 이 가이드는 역사문화권정비법 제5조에 따른 정비시행계획의 수립 기본방향과 절차 등 구체적인 내용을 담고 있어(<표 5>), 정비기본계획을 수립해야 하는 기초지자체에 큰 도움이 될 것이다.

<표 5> 역사문화권 정비시행계획 목차(안)

구 분	내 용
1. 개요	정비시행계획의 목적, 주요내용, 시행 기간, 정비구역의 명칭, 위치, 면적
2. 기초조사	역사문화권의 역사문화환경 요소, 육성과 연계할 요소, 부처협업 및 사업연계 가능성 검토
3. 현황 진단	현황 진단 및 잠재력 발굴
4. 기본구상	비전 및 목표
5. 세부사업계획	지역특성을 반영한 세부사업계획, 역사문화권 및 역사문화환경에 대한 연구·조사, 발굴·복원 결과의 활용 및 연계에 관한 사항
6. 정비구역 관리 계획	정비구역 내 행위 제한의 원칙, 관리 방향, 도시계획과의 연계방안, 기존 문화재 현상변경 등과의 연계방안 및 절차에 관한 사항 세계문화유산 및 문화재 존재 여부에 따른 역사문화환경 영향 및 관리사 항 검토
7. 기타계획	정비구역 내 관련 지방자치단체 간 연계·협력에 관한 사항 환경보전계획 및 오염방지계획, 인구수용·교통처리 및 토지이용 계획 도로, 상하수도 등 주요 기반시설의 설치계획
8. 재원조달계획 및 실행계획	재원조달계획 및 예산집행계획(연차별/재원별) 타부처 및 관련 사업 연계협력

* 지자체 여건에 따라 추가·조정 가능함

국가유산청은 또 정비시행계획과 별도로 마스터플랜 성격의 문화권별, 광역지자체별 전략계획을 수립할 것을 권장하고 있다. 전략계획은 법령이 정하는 계획에는 해당하지는 않지만, 이것이 실행된다면, 정비구역 설정, 연계와 관계를 고려한 추진전략 마련, 단계별 정비 대상 선정 등이 효율적으로 이루어질 것이다.

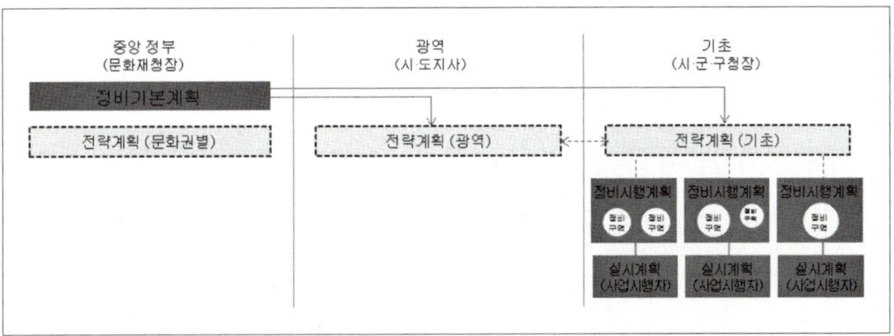

<그림 2> 역사문화권 정비를 위한 계획체계

이러한 국가유산청의 정비기본계획은 제도 개선 방안, 조사·연구 내실화 방안, 단계적이고 다양한 활용방안, 거버넌스 모델 등이 망라된 종합적인 계획이라고 평가할 수 있다. 여러 지자체의 역사문화권 정비시행계획 수립에 도움을 주는 가이드까지 제시하여 실용적이기도 하다. 다만, 정비기본계획에는 어느 정도 조사·연구되었고 정비 또한 차근차근 이루어지고 있는 고구려·백제·신라·가야·마한 역사문화권과 달리 본격적인 조사·연구의 걸음마를 떼지 못한 탐라·중원·예맥·후백제 역사문화권의 특수성을 고려한 계획이 포함되지 않아 아쉬움이 있다. 물론, 국가유산청은 역사문화권별로 전략계획을 수립할 계획이라고 하지만(<그림 2>), 역사문화권이 8개가 되어 국가유산청 소속 기관을 동원한다고 하더라도 가까운 시간 안에 이루어질지는 미지수다.

한편, 역사문화권정비법에는 중앙정부가 정비기본계획을 수립하고, 기초지자체가 정비시행계획을 수립하도록 하였다. 이를 보완하기 위해 국가유산청은 자체적으로 역사문화권별 전략계획을 세우고 광역지자체가 기초지자체를 아울러 전략계획을 수립할 것을 권고하였다. 그러나 후백제의 경우 역사문화권에 대한 포괄적 전략계획이 수립되지 않은 상태에서 백제·신라역사문화권의 기초지자체처럼 시행계획을 수립할 경우, 계획 자체의 실효성이 있을지 의문이다.

후백제역사문화권 정비계획 수립 시 그러한 시행착오를 겪지 않으려면, 국가유산청이 이미 고시한 정비기본계획을 바탕으로, ① 역사문화권별 종합전략계획 수립 → ② 광역지자체 전략계획 수립 → ③ 기초지자체 정비시행계획 수립 → ④ 사업자의 실시계획 수립 순으로 순차적으로 이루어져야 할 것이다.

IV. 후백제역사문화권 정립을 위한 전략

오래전부터 역사문화권에 대한 시·공간적 개념이 정립되고 조사·연구가 이루어졌던 역사문화권에서는 이미 국가유산청의 정비기본계획이 수립되어 있고 역사문화권별 정비시행계획 수립을 위한 세세한 절차와 방식이 제시되었으므로, 이를 기반으로 기초지자체가 정비시행계획을 세울 수 있을 것이다. 그러나 역사문화권 법제화 준비 과정이 짧고 조사·연구가 미진한 후백제역사문화권의 경우, 앞 장에서 언급한 것처럼 기초·광역지자체를 뛰어넘는 역사문화권 전체에 대한 전략계획 수립이 필요하다. 다만, 그에 앞서 다음의 사항들이 먼저 검토되어야 할 것이다.

첫 번째, 다른 무엇보다도 후백제역사문화권의 시간적·공간적 범위를 명확하게 설정하여야 한다. 국가유산청의 정비계획에는 시간적 범위를 『삼국사기』·『삼국유사』를 기반으로 정리한 국사편찬위원회의 한국사 연표를 기초로 하되 고증 연구에 따라 변동될 수 있다'라고 되어 있다.

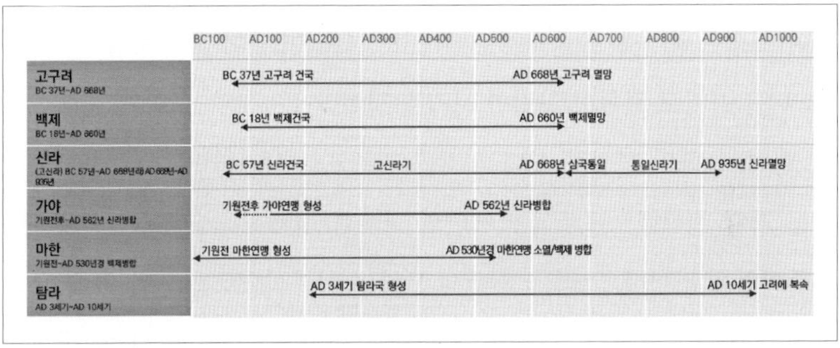

<그림 3> 역사문화권별 시간적 범위에 관한 연표

국가유산청의 역사문화권 정비기본계획에 따르면, 뒤늦게 법률에 포함된 예맥과 중원 역사문화권에 관한 내용은 빠져 있지만, 제정 당시 포함된 역사문화권의 경우 정치체의 건국과 멸망을 시간적 범위로 설정하고 있다. 다만, 마한의 경우 530년을 소멸 시기로 설정하고 있는데(<그림 3>), 이는 백제 온조왕이 재위 27년에 마한을 정복했다는 『삼국사기』의 기록과는 배치되며, 530년 무렵까지 마한이 독자적 세력을 유지했다는 견해도 하나의 주장일 뿐이다. 530년을 그 하한으로 삼은 것도 이때까지 영산강 유역에서 백제와 차별화되는 고유문화를 유지했다는 일부 학계의 견해를 받아 들인 것일 뿐이다. 정치체의 始終이 불명확거나 애매한 예맥·중원 역사문화권의 시간적 범위를 설정할 때에도 고유문화의 특성이 형

성된 시점과 쇠퇴 시점을 시간적 범위의 상한과 하한으로 삼을 가능성이 크다.

『삼국사기』를 바탕으로 구성된 국사편찬위원회 고대사연표에 따르면,[7] 892년 12월 견훤이 반란을 일으켜 무진주에서 스스로 왕이 된 것이 후백제의 시작이고, 936년 9월 일리천 전투 패배와 신검의 항복이 후백제의 끝이다. 또 다른 시간적 범위 판단의 기준이 되는 『삼국유사』에는 견훤이 스스로 왕이 된 해를 889년이라고 기록되어 있어 혼선을 줄 수 있다. 889년은 아마도 견훤이 자립한 시기일 것이다.

한편, 문화의 형성과 쇠퇴 시기를 기준으로 삼는다면, 후백제는 길지 않는 기간 존속했으므로 후백제만의 고유한 정체성을 확립하는 것은 역부족이었을 것이다. 그러나 후백제 문화는 기본적으로는 신라 하대 문화를 바탕으로 후백제의 정체성을 덧입힌 것이다.[8] 또한, 후백제 때 형성된 백제 복고주의는 소위 백제계 석탑과 석불을 볼 때 고려 전기까지 후백제 지역에 영향을 끼쳤음을 확인할 수 있다.[9] 그렇다면, 후백제 문화의 시간적 범위는 정치체의 성립과 쇠퇴 시기보다 훨씬 더 범위가 넓었을 것이다.

이를 정리하면, 후백제역사문화권의 시간적 범위는 ① 국가의 건국과 멸망을 기준으로 하면 무주에서 자왕한 892년부터 신검이 왕건에게 무릎을 꿇은 936년까지다. ② 후백제 성립과 소멸 과정에서 핵심적인 역할을 한 견훤에게 초점에 맞춘다면, 그가 자립한 889년부터 그가 죽은 936

---

7) 국사편찬위원회 한국사데이터베이스 고대사연표 : https://db.history.go.kr/item/level.do?itemId=tcko

8) 陳政煥, 2010, 「後百濟 佛敎美術의 特徵과 性格」, 『東岳美術史學』 11, 東岳美術史學會, 180~182쪽.

9) 진정환, 2022, 「호남지역 고려사회 형성의 역사적 특징」, 『한국중세고고학』 12, 한국중세고고학회, 49~52쪽.

년까지다. ③ 문화적 관점에서 본다면, 시간적 범위는 후백제 문화 형성의 밑바탕이 된 9세기 후반을 상한으로, 후백제 문화의 정취가 강하게 남아 있는 고려 전기를 하한으로 설정할 수 있을 것이다.

역사문화권의 공간적 범위에 대해, 국가유산청 정비기본계획에는 '발굴조사보고서, 국공립기관 현황조사 및 연구보고서, 국가문화유산포털, 국가유산청 및 지자체 행정목록을 기초로 작성한 참고자료로서 실체 확인된 곳'으로 정의하고 있으며, 추가 연구조사 결과에 따라 변경될 수 있음을 밝히고 있다. 이로써 후백제 문화유산에 관한 조사·연구 성과에 따라 향후 시행계획, 전략계획, 기본계획, 더 나아가 법률이 정하는 공간적 범위가 달라질 수 있는 여지가 있다.

한편, 법률에서는 후백제역사문화권의 공간적 범위를 '충북, 충남, 전북, 광주, 전남, 경북지역'으로 설정하고 있다. 그런데, 후백제가 한때 합천, 거창, 진주 등지를 일정 기간 장악했다는 역사기록이나 경남 서부지역에도 후백제 문화유산이 있다는 최신 연구 성과[10] 등을 고려한다면, 경남 서부지역도 후백제역사문화권에 포함될 수 있다. 그런데도 개정법률에는 포함되지 않았다. 만약, 제외한 이유가 후백제 문헌 기록만 있을 뿐 후백제 문화유산이 명확하게 구명되지 않았기 때문이라면, 국회 관련 위원회의 검토보고서에 후백제 문화유산으로 언급된 청주, 보은, 홍성, 금산, 구미 등지도 마찬가지로 제외해야만 한다. 이는 역사문화권정비법의 공간적 범위의 설정이 명확한 기준이 있거나 학술적 성과에 따른 것이 아님을 말

---

10) 이동희, 2024, 「경남 서부지역의 후백제 유적과 역사적 성격」, 『후백제 문화유산을 바라보는 새로운 시각 : 학술대회』, 후백제학회, 71~96쪽; 정성권, 2024, 「후백제의 불교조각과 합천 죽고리 석조비로자나삼존상」, 『후백제 문화유산을 바라보는 새로운 시각 : 학술대회』, 후백제학회, 101~124쪽.

해준다. 아마도 통념에 의한 것이거나 지자체 혹은 정치권의 이해관계 속에서 공간적 범위가 정해졌기 때문일 것이다.

두 번째, 법률 개정 당시 후백제 문화유산으로 제시된 123개소(<표 6>·<참고 1>)가 과연 후백제의 문화유산인지에 대한 검증이 이루어져야 한다. 후백제 문화유산으로 확실하게 여겨지는 것은 「正開」라는 후백제의 연호가 새겨진 <남원 실상사 편운화상탑>(보물)을 비롯하여 <익산 왕궁리 오층석탑>(국보), <완주 봉림사지 불교미술품> 등과 같은 몇 점의 불교미술품 몇 점[11]과 <전주 동고산성>(전라북도 기념물), <전주 오목대 도성벽>(비지정), <전주 왕궁 추정지>, 전남 일대의 성곽 유적 등 일부다. 이러

<표 6> 후백제역사문화권 문화유산 현황[12]

구분	계	전라북도											
		전주	군산	익산	정읍	남원	김제	완주	진안	장수	임실	순창	고창
총계	85	34	3	3	2	6	1	16	8	6	2	2	2
국가지정	9	1	2	1	1	4	-	-	1	-	-	-	-
시도지정	12	2	-	2	-	-	-	2	1	2	-	2	-
비지정	64	31	1	-	1	2	1	14	6	4	2	-	2

구분	계	광주광역시		전라남도						
		북구	동구	나주	순천	여수	광양	담양	보성	구례
총계	14	1	1	2	4	1	2	1	1	1
국가지정	7	-	-	1	2	-	2	-	1	1
시도지정	2	1	-	1	-	-	-	-	-	-
비지정	5	-	1	-	2	1	-	1	-	-

구분	계	경상북도				충청남도				충청북도	
		구미	안동	문경	상주	논산	당진	홍성	금산	청주	보은
총계	24	1	2	9	4	2	1	1	1	2	1
국가지정	5	-	1	-	-	-	-	1	-	2	1
시도지정	7	-	1	-	2	2	1	-	1	-	-
비지정	12	1	-	9	2	-	-	-	-	-	-

한 점이 후백제역사문화권의 공간적 범위를 설정하기에 앞서, 후백제의 문화유산이 무엇인지를 밝히는 것이 우선되어야 하는 이유다.

이를 위해서는 1단계로 후백제 문화유산의 기준 설정을 위해 후백제 문화의 중심지인 후백제 도성에 대한 발굴이 지금보다 더 많아져야 한다. 구도심 재생 사업 및 재개발 사업 시 후백제 도성의 흔적을 확인하기 위한 발굴조사를 전면적으로 실시해야 한다. 그렇게 확인된 유적과 유물은 후백제 유적·유물의 지표가 될 수 있다. 2단계는 전주에서 확인된 후백제 기준 유적·유물과 후백제문화권 내 소위 나말여초로 추정되어 온 유적·유물과 비교 연구가 이루어져야 한다. 이로써, 지금까지 나말여초로 비정해 온 유적과 유물을 후백제 문화유산으로 특정할 수 있을 것이다. 이렇게 확인된 각 지역의 후백제 유적·유물은 지역 내 후백제에 관한 관심과 우호적 인식이 확산시키는 촉매제가 될 것이다. 3단계는 지역 내 후백제에 관한 관심을 기반으로, 새로운 유적에 대한 조사가 이루어져야 한다. 이것들이 이루어진 이후에나, 후백제역사문화권 정비전략계획을 세우는 것이 가장 바람직하다. 그러나 조사·연구에 수많은 시간이 소요되어 당장 후백제역사문화권의 정비계획을 세워야 하는 지자체가 그것을 기다릴 여유가 없는 것이 현실이다. 그러므로 적어도 1차 후백제역사문화권 정비전략계획에 후백제 문화유산의 기준 설정을 위한 방향이 정립되고 구체적인 방안도 포함되어야만 한다.

세 번째, 후백제역사문화권 내 개별 지자체마다 정비시행계획을 수립

---

11) 陳政煥, 2010, 앞의 논문, 165~180쪽; 陳政煥, 2015, 「後百濟의 佛教美術과 그 影響」, 『전북사학』 47, 전북사학회, 37~54쪽.

12) 국회 문화체육관광위원회, 2022.3, 「역사문화권 정비 등에 관한 특별법 일부개정법률안(김성주 의원 대표발의) 검토보고」, 7쪽.

하기보다, 후백제역사문화권 전체를 아우르는 전략 수립을 위한 거버넌스 구축이 필요하다. 당장은 2021년 11월 26일 출범한 '후백제문화권 지방정부협의회'가 그 중심이 될 수 있을 것이다. 다만, 앞서 지적하였듯이 후백제역사문화권으로 분류할 수 있는 기초지자체 31개소 중 불과 22.5%인 7개 시·군만 참여하고 광역지자체가 모두 빠져, 후백제문화권 지방정부협의회가 그 역할을 제대로 할 수 있을지는 의문이다.

　　이를 극복하기 위해서는 후백제의 수도이자 후백제 문화유산을 가장 많이 보유한 전주시와 전라북도가 함께, 5개 시·도 26개 시·군이 참여하는 '가야문화권 지역발전 시장군수협의회'의 성공과 성장 사례를 참고해, 후백제역사문화권 내 광역 및 기초지자체가 모두 참여할 수 있는 정치력을 발휘하여야 한다.

　　네 번째, 후백제에 대한 인지도를 높이고, 부정적 인식을 불식시키 위한 홍보와 브랜딩 방안이 마련되어야 한다. 후백제와 견훤에 대한 부정적 인식은 어제오늘의 일이 아니다. 후삼국 통일을 위해 견훤과 경쟁했던 고려 태조가 남긴 훈요8조에서 짐작할 수 있듯, 고려의 후백제 인식은 나빴을 것이다. 이는 또 후백제 멸망 후 얼마 되지 않은 시점부터 전주의 官民은 경순왕을 전주의 성황신으로 모셨던 것[13]에서 유추할 수 있다. 이러한 관념은 성리학적 세계관이 확립된 조선까지 이어져 여전히 견훤은 叛臣이자 逆臣으로 치부되었다.[14] 최근 한국사 교육에서는 가치 중립적으로 후백제가 다뤄지기는 하나, 그 비중은 매우 적으며 최근에는 그 분량이 더

---

13) 심승구, 2013, 「전주 성황제의 변천과 의례적 특징-한국 성황제의 형성과 변천을 중심으로-」, 『한국학논총』 40, 국민대학교 한국학연구소, 7~11쪽.

14) 조광, 2004, 「전통 역사서에 나타난 후백제」, 『후백제의 대외교류와 문화』, 후백제문화사업회, 47~56쪽.

욱 감소하였다.[15]

　후백제에 대한 인식 개선 사업은 후백제의 전주 천도 1,100년을 계기로, 2000년 전주시가 '후백제문화사업회'를 출범시키면서부터다. 이후 후백제 실체 조명을 위한 문헌사 연구와 동고산성의 발굴이 이루어졌다. 몇 년 동안 활발하게 추진되었기는 했으나 곧바로 잠잠해졌다. 이러한 상황에서 후백제 조사·연구가 재개된 계기는 2014년 3월 국회에서 김윤덕 국회의원·전주시·국립전주박물관이 공동개최한 <후백제 유적의 정비 방안>이라는 정책토론회였다. 그 이후 전주를 중심으로 여러 발굴조사가 이루어졌고, 일부 학자들에 의해 후백제 문화유산에 관한 연구도 꾸준히 이어졌다.

　이후 후백제에 대한 재인식은 전북지역으로 퍼져, 진안 도통리 청자요지, 장수 합미산성·침령산성, 완주 봉림사지 발굴 등이 이루어졌다. 급기야 2021년에는 전주·진안·장수·완주 같은 전북의 기초지자체뿐만 아니라, 논산(충남)과 상주·문경(경북) 등이 후백제문화권 지방정부협의회를 출범하기에 이르렀다. 그러나 후백제 문화유산 중 국가지정문화재를 보유하고 있는 익산시와 남원시 같은 전북의 지자체까지 후백제문화권 지방정부협의회에 참여하기를 거부하고 있다. 견훤의 초기 근거지였던 전남과 광주지역에서는 후백제 또는 견훤에 대한 우호적 인식이나 행정관청의 관심을 거의 찾아볼 수 없다. 이러한 무관심에는 지자체마다 특별한 사정이 있겠지만, 가장 큰 이유는 후백제에 대한 부정적 인식 때문일 것이다.

　이는 성공적인 후백제역사문화권 정비사업이 되기 위해서는 후백제

---

15) 진정환, 2021.11.26, 「후백제의 정체성과 범주」 후백제문화권 지방정부협의회 발족기념 학술대회 『후백제의 정체성과 범주』, 후백제학회, 143~147쪽.

에 대한 인식 개선이 무엇보다도 우선시 되어야 함을 말한다. 그 가운데에 서도 다양한 매체를 활용한 홍보도 보다도 후백제에 긍정적 인식을 부여 할 수 있는 종합적이고 체계적인 브랜딩, 즉 마스터 브랜드 개발이 필요 하다. 물론 브랜드 개발은 각 지자체별로 추진해서는 오히려 혼선을 줄 수 있기 때문에 후백제역사문화권 전체를 아우르는 것이어야 한다. 아울러, 성공적인 브랜드 개발을 위해서는 ① 후백제의 정체성 및 그 의미와 가치 의 표출, ② 후백제 역사문화 콘텐츠의 대표성, ③ 다양한 홍보와 대외활 동 사용 가능성, ④ 후백제의 공간적 범위 전체를 아우를 수 있는 연계성 등이 고려되어야 하고, 브랜드 이미지는 '개방적 이미지', '동적이고 유연 한 이미지', '격조 높은 이미지', 그리고 '현대적 이미지'로 표출되어야 할 것이다.[16)]

다섯 번째, 후백제역사문화의 실체를 究明할 수 있는 주체인 전문가 육성 체계가 마련되어야 한다. 역사문화자원을 활용하여 박물관·미술관 등 문화시설의 건립, 관광지 개발, 도시재생 등 역사문화 기반시설(SOC) 을 구축과 운용을 위해서도 관련 전문가의 육성은 꼭 필요한 일이다. 그런 데, 현재 후백제역사문화권 내 최상급 교육기관인 대학에서 후백제 역사 와 문화 전공 교수를 찾아볼 수 없다. 물론 문헌사의 경우, 고대사 전공 교 수가 후백제사를 다루기는 하지만 엄밀히 말하자면 전문가라고는 할 수 없다. 더욱 심각한 점은 후백제 문화유산 관련 교수는 없다는 것이다. 역 사문화권 정비사업이 고대사 연구사 아니라 물질문화의 산물인 문화유산 을 바탕으로 한다는 점에서, 전문가를 육성할 대학 교육 체계의 부재는 현

---

16) 김성천, 2020, 「신안선 도자기 브랜딩과 문화상품화 방안」, 『신안해저문화재 문화상품 개발 전략과 과제』, 국립광주박물관, 57~58쪽.

재는 물론이고 장기적으로도 후백제역사문화권 정비사업이 표류할 수밖에 없는 장애 요소가 될 것이다. 특히, 국가유산청은 정비기본계획에서 역사문화권 거점대학을 선정하는 방안을 제시하였다. 그런데, 과연 후백제역사문화권 내에서 이를 맡을 대학이 있을지도 의문이다. 이러한 문제 해결을 위해 당장이라도 지자체와 지역사회, 그리고 정치권은 지역의 주요 대학에 촉구해야만 할 것이다.

그리고 마지막으로, 지자체의 즉시적·가시적 성과라 할 수 있는 국립후백제역사문화센터가 정치적 이해관계를 떠나, 후백제역사문화권 정립에 최적지에 건립되어야 한다. 국립후백제역사문화센터의 입지 선정 시 ① 「역사성과 상징성」, ② 「후백제에 대한 지자체 및 국민적 인식」, ③ 「역사문화권 지자체 간 연계성」, ④ 「연구기관과의 연계성」 등을 종합적으로 고려하여야 한다. 그런 면에서, 후백제 왕도로서 역사성과 상징성, 대중적 인지도를 갖추고 있고, 후백제역사문화권 내 지자체 연계를 주도했으며, 국립완주문화유산연구소와 역할 분담[17]이 가능한 전주가 객관적으로 보아도 국립후백제역사문화센터의 최적의 입지라 할 수 있다.

한편, 국립문화유산연구원은 2024년 "후백제역사문화센터 건립 타당성 조사 및 기본계획 수립 연구용역"을 추진하였다. 이 연구용역에서는 ① 「후백제 문화유산 현황 분석 및 환경 분석을 통한 후백제역사문화센터 건립 필요성 검토」, ② 「후백제역사문화센터 건립 대상 후보지 제안 및 입지여건 분석」, ③ 「후백제역사문화센터 건립 및 운영 기본계획 수립」, ④ 「후백제역사문화센터 건립 타당성 분석」 등이 이루어졌다. 이를 바탕

---

17) 역사문화센터 사업을 추진 중인 국립문화유산연구원은 지방 소재 국립문화유산연구소가 조사·연구를 역사문화센터가 아카이브·활용을 맡는 방식으로 이원화하는 것을 기본 방침으로 삼고 있다.

으로, 2024년 9월 11일 국립후백제역사문화센터의 최종 후보지로 전주가 선정되었다.

그런데, 국립후백제역사문화센터 최종 후보지 선정 과정에서 전주시 외에도 견훤이 자립했던 광주광역시도 경쟁에 뛰어들었다. 광주광역시는 마한역사문화센터 유치전에 뛰어들었으나 영암군이 최종 입지로 선정되면서, 국립후백제역사문화센터 유치에 정치적 사활을 걸었다. 당시까지 후백제에 무관심했던 광주광역시가 국립후백제역사문화센터 유치에 나선 것이 의아할 정도였다. 그런데도, 중앙 정치권 내 영향력과 정부의 광주 달래기 정서 등에 기대어 적극적으로 추진했던 것으로 여겨진다.

논리적으로는 역사문화센터와 같은 국가기관 유치가 지자체가 가진 힘(경제력·정치력 등)에 따라 좌지우지돼서는 안 된다. 그런데도, 국가사업이 정치적인 이해로 결정되었던 수많은 사례가 있었다. 그런 만큼, 태봉역사문화권 정립 및 법제화를 추진하는 철원군에서도 국립역사문화센터 유치를 위해서는 1도(강원도) 2센터(국립예맥역사문화센터·국립태봉역사문화센터) 건립 불가 주장과 같은 반대 논리를 극복할 수 있는 전략적 대응이 필요해 보인다.

V. 맺음말

후백제역사문화권이 우여곡절 끝에 역사문화권정비법에 포함되었다. 그렇다고 법제화가 최종 목적은 아니다. 이제부터는 입법 목적에 맞게 후백제역사문화권의 문화유산을 연구·조사하고 발굴·복원하여 그 역사적 가치를 조명하고, 이를 체계적으로 정비하여 그 가치를 세계적으로 알리고 지역발전을 도모하기 위해 내실 있는 정비계획을 고민해야 한다. 이를 위해서는 단계적 접근이 필요하다. 1단계, 후백제는 다른 역사문화권과 달리, 호감도와 인지도가 낮고 후백제만의 정체성을 지닌 문화유산이 적으므로, 구체적인 정비계획을 세우기에 앞서 시간적 범위, 공간적 범위, 후백제 문화유산이 정리되어야 한다. 2단계, 계획 수립 시에는 후백제역사문화권 관련 지자체가 모두 참여하는 새로운 추진체계를 구축하여야 한다. 아울러 후백제 인식 개선을 위해 홍보와 브랜딩 방안이 구체적으로 마련되어야 하고, 후백제 역사문화 전문가 양성을 위한 노력도 함께 이루어져야 한다. 이것과 함께 국립후백제역사문화센터의 조속한 건립과 안정적 운영 체계의 구축도 필요하다.

후백제와 경쟁했던 태봉역사문화권 또한 역사문화권정비법에 포함될 만한 가치가 충분하다. 새 정부와 22대 국회에서 그 성과가 있기를 기대한다. 그 과정에서 이번에 살펴본 후백제역사문화권 법제화 경과와 정립을 위한 여러 과제가 도움이 될 수 있기를 간절히 바라며 글을 마치겠다.

참고문헌

국사편찬위원회 한국사데이터베이스 고대사연표 : https://db.history.go.kr/
item/level.do?itemId=tcko

국회 문화체육관광위원회, 2019, 「역사문화권 정비 등에 관한 특별법안(민홍철 의
원 대표발의) 검토보고」.

_______________________, 2022.3, 「역사문화권 정비 등에 관한 특별법 일부개정
법률안(김성주 의원 대표발의) 검토보고」.

국회사무처, 2020, 「제337회 국회 문화체육관광위원회회의록(법안심사소위원회)
제1호」.

문화재청, 2022.4, 「제1차 역사문화권 정비기본계획(2022~2026)」.

김성천, 2020, 「신안선 도자기 브랜딩과 문화상품화 방안」, 『신안해저문화재 문화
상품 개발 전략과 과제』, 국립광주박물관.

심승구, 2013, 「전주 성황제의 변천과 의례적 특징-한국 성황제의 형성과 변천을
중심으로-」, 『한국학논총』 40, 국민대학교 한국학연구소.

이동희, 2024, 「경남 서부지역의 후백제 유적과 역사적 성격」, 『후백제 문화유산
을 바라보는 새로운 시각 : 학술대회』, 후백제학회.

정성권, 2024, 「후백제의 불교조각과 합천 죽고리 석조비로자나삼존상」, 『후백제
문화유산을 바라보는 새로운 시각 : 학술대회』, 후백제학회.

조 광, 2004, 「전통 역사서에 나타난 후백제」, 『후백제의 대외교류와 문화』, 후백
제문화사업회.

陳政煥, 2010, 「後百濟 佛敎美術의 特徵과 性格」, 『東岳美術史學』 11, 東岳美術史

學會.

______, 2015, 「後百濟의 佛敎美術과 그 影響」, 『전북사학』 47, 전북사학회.

______, 2021.11.26, 「후백제의 정체성과 범주」, 후백제문화권 지방정부협의회 발족기념 학술대회 『후백제의 정체성과 범주』, 후백제학회.

______, 2022, 「후백제역사문화권 정립과 추진 방향」, 『한국전통문화연구』 29, 한국전통문화대학교.

______, 2022, 「호남지역 고려사회 형성의 역사적 특징」, 『한국중세고고학』 12, 한국중세고고학회.

<참고 1> 후백제 주요 문화유산 시·군별 현황[18]

지역		주요 문화유산
전북	전주(34)	남고산성[국가사적], 동고산성[전라북도 기념물], 전라감영[전라북도 기념물], 후백제 궁성지, 오목대 도성벽지, 자만마을 와적층, 후백제 고토성지(도성벽지), 서고산성, 고추산사지, 서서학동 사지2, 서고사, 우아동사지, 황방산 건물지, 어은산 건물지, 우아동 와요지, 우아동 도요지, 우아동 채석장, 황방산 채석장, 무릉고분군, 우아동 추정 적석묘, 우아동 석단묘, 중노송동 고분군, 용두봉 추정 화장묘, 무학동 추정 고분, 옥녀봉 유물산포지, 탐금봉 유물산포지, 매화봉 유물산포지, 효자동 유물산포지, 유연대 유물산포지, 낙수정 유물산포지, 색장동 유물산포지, 전주 반용리유적, 전주 찰방유적, 봉림사지 삼존불상
	완주(16)	경복사지[전라북도 기념물], 용계산성[전라북도 문화재자료], 은하리 은상 유물산포지A, 금당리 관터들 유물산포지, 금당리 옥배 유물산포지B, 금당리 옥배 유물산포지C, 금당리 용계 유물산포지, 금당사지, 보광사지, 봉림사지, 안심사지, 가천리 동향동 가마터, 가천리 동향동 유물산포지, 용복리 만수동 유물산포지D, 용복리 원용복 유물산포지B, 웅치전적지 내 후백제 적석유구 및 봉화
	진안(8)	진안 토통리 청자요지[국가사적], 진안 대량리 제동유적[전라북도 기념물], 진안 합미산성, 진안 환미산성, 진안 월계리산성, 진안 대불리 성재산성, 월계리와요지, 웅치전적지 내 후백제 적석유구 및 봉화
	장수(6)	장수 합미성[전라북도 기념물], 장수 침령산성[전라북도 기념물], 장수 삼봉리산성, 장수 삼봉리사지, 장수 탑동석탑, 장수 대적골 제철유적
	익산(3)	익산토성(오금산성)[국가사적], 미륵산성[전라북도 기념물], 익산(금마)저토성[전라북도 기념물]
	군산(3)	군산 발산리 5층석탑[보물], 군산 발산리 석등[보물], 군산 안흥Ⅱ 유적
	정읍(2)	천곡사지 7층석탑[보물], 천곡사지,
	김제(1)	금산사
	임실(2)	임실 월평리산성, 임실 진구사지
	순창(2)	순창 홀어머니산성[전라북도 기념물], 순창 신흥리 합미성[전라북도 문화재자료]
	고창(2)	고창 반암리 청자와요지, 고창 부곡리유적(기와가마)
	남원(6)	만복사지[국가사적], 남원 실상사 편운화상부도[보물], 교룡산성[전라북도 기념물], 신계리 석불좌상[보물], 개령암지 마애불상[보물], 남원 호기리 마애불상
광주(2)		무진고성[광주광역시 기념물], 광주 누문동유적

18) 국회 문화체육관광위원회, 2022.3, 앞의 보고서, 8~9쪽.

전남	담양(1)	개선사지
	구례(1)	**화엄사 서5층석탑[보물]**
	나주(2)	**나주 철천리 석불입상[보물], 자미산성[전라남도 기념물]**
	순천(4)	**금둔사 삼층석탑[보물], 금둔사 석불비상[보물]**, 해룡산성, 봉화산성,
	여수(1)	호랑산성
	광양(2)	**마로산성[국가사적], 옥룡사지[국가사적]**
	보성(1)	**보성 유신리 마애불상[보물]**
경북	문경(9)	천마산성(견훤산성), 봉암사, 금하굴, 갈전리 견훤생가터, 말바위, 가절, 희양산성, 근암산성, 숭위전
	상주(4)	**견훤산성[경상북도 기념물], 견훤사당[경상북도 민속문화재]**, 병풍산성, 성산산성
	안동(2)	**옥산사마애약사여래좌상[경상북도 유형문화재], 차전놀이[국가중요무형문화재]**
	구미(1)	구미 송곡리 숭신산성
충남	논산(2)	**전 견훤묘[충청남도 기념물], 논산 개태사지[충청남도 기념물]**
	금산(1)	**금산 백령산성[충청남도 기념물]**
	홍성(1)	**홍성 홍주성[국가사적]**
	당진(1)	**당진 합덕제[충청남도 기념물]**
충북	청주(2)	**상당산성[국가사적], 정북동토성[국가사적]**
	보은(1)	**삼년산성[국가사적]**

고대 예맥역사문화권 기초자료 연구[*]

김규운

강원대학교 사학전공 교수

목차

Ⅰ. 서론

고대의 역사와 문화를 밝히고, 이를 활용하기 위한 각 지자체 들의 노력으로 인해 2020년 6월 「역사문화권 정비 등에 관한 특별법(약칭: 역사문화권정비법)」이 입법되었다. 이전에는 경주, 공주, 부여를 중심으로 「고도보존특별법」에 의해 문화유적 조사, 정비에 많은 예산이 투입되었고, 유네스코 세계유산으로 이어졌다.

---

[*] 본 원고는 김규운, 2023, 『고고자료로 본 고대 예맥역사문화권 기초 연구』, 강원학 연구보고15, 강원학연구센터의 내용 중 일부를 정리한 것임을 밝혀 둔다.

이러한 상황에서 가야문화권과 마한문화권 등의 지자체에서 활발한 움직임이 있었고, 결국 고구려역사문화권, 백제역사문화권, 신라역사문화권, 가야역사문화권, 마한역사문화권, 탐라역사문화원이라고 하는 6개의 문화권이 설정되었다.

고대의 역사와 문화를 밝히고, 이를 활용하기 위한 각 지자체 들의 노력으로 인해 2020년 6월 「역사문화권 정비 등에 관한 특별법(약칭: 역사문화권정비법)」이 입법되었다. 이전에는 경주, 공주, 부여를 중심으로 「고도보존특별법」에 의해 문화유적 조사, 정비에 많은 예산이 투입되었고, 유네스코 세계유산으로 이어졌다.

이러한 상황에서 가야문화권과 마한문화권 등의 지자체에서 활발한 움직임이 있었고, 결국 고구려역사문화권, 백제역사문화권, 신라역사문화권, 가야역사문화권, 마한역사문화권, 탐라역사문화원 이라고 하는 6개의 문화권이 설정되었다.

앞으로 예맥역사문화를 어떻게 바라보아야 하는지에 대한 방향성 정립을 위해서 어떠한 기초자료들이 있는지를 정리하는 것이 무엇보다 중요할 것이다. 따라서 역사문화권의 정비, 활용 방안 연구로 나아가기 위한 첫 마중물로 고고자료를 검토하고자 한다.

II. 예맥역사문화권 고고자료

예맥역사문화권에서 보이는 고고학적 양상은 초기 연구에서 설정한 중도유형문화와 관련성이 크다 할 수 있다. 그런데 강원지역을 중심으로 발굴조사가 증가함에 따라 각 지역별로 다양한 유형이 확인되고 있어 문화라는 광범위한 용어 대신 유형으로 설정하는 등의 문제가 제기되기도 하였다.

예맥역사문화권의 시기구분은 강원지역의 재지세력을 둘러싼 주변 정치체의 동향을 통해 실시할 수 있다. 특히 국내외 문헌자료에서 확인되는 재지세력의 확산, 낙랑군의 정치적 변동과 소멸, 이어지는 삼국의 충돌 기사가 분기점이 될 수 있다.

1. 유적의 분포

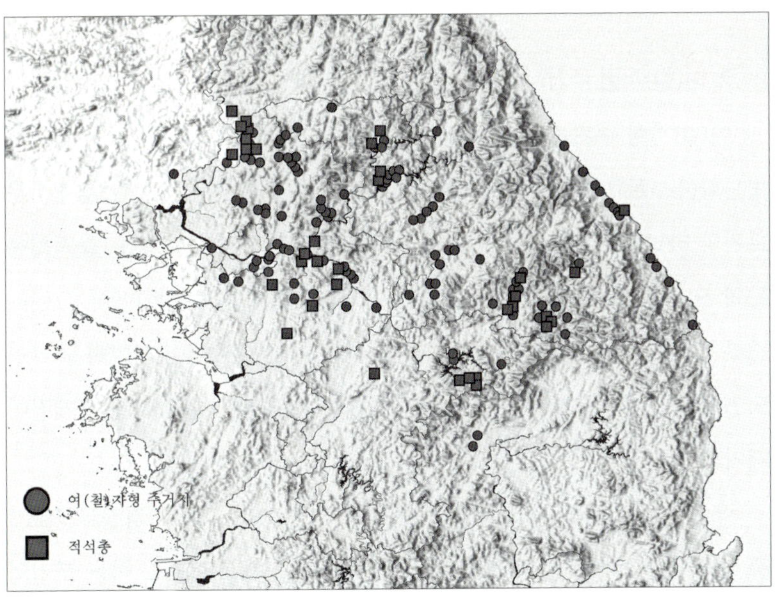

<그림 1> 예맥역사문화권 유적 분포도(박중국 2011; 박경신 2019a; 정치영 2019, 수정)

<그림 2> 예맥역사문화권의 범위

2. 여(철)자형 주거지

여(철)자형 주거지는 원삼국시대 중부지역의 고고학적 양상인 '중도유형문화(中島類型文化)'의 요소 중 하나이다. '중도유형문화'란 ①,경질무문토기와 타날문토기의 공반, ②,여(철)자형 주거지(중도식 주거지), ③ 적석총 등의 요소를 특징으로 하는 광범한 지역의 문화이다(박순발 1996). 그런데 중부지역에서의 발굴조사가 증가함에 따라 지역별 유형이 다양하게 확인되면서 중도유형문화의 개념으로는 포괄하여 설명할 수 없다는 문제점이 제기되었다.

우선 영동지역에 타날문 발이 존재하지 않는다는 점과 경질무문토기 중 내만구연호가 높은 비율로 확인된다는 점을 지적하였고, 이는 토기의 기종구성과 기형에 관련된 지역성에 문제 제기 한 연구 진행되었다(이준호 2003). 이후 발굴조사 자료의 증가를 토대로 중부지역을 임진강유역,

한강 중·하류 및 북한강유역, 남한강유역, 영동지역, 안성천유역의 5개 권역으로 나누었고, 중도유형문화의 개념이 적용 가능한 곳과 그렇지 않은 곳으로 구분 할 것을 제안하였다(김무중 2005).

이러한 지역 구분을 더 세분화하여 임진강유역, 경기 서부해안지역, 한강 하류, 북한강유역, 남한강유역, 영동지역, 안성천유역의 7개 권역으로 파악한 연구가 진행되었다(송만영 2010). 아울러 분포 외에 주거지 노시설의 차이로 지역성을 파악하여 산맥과 수계와 같은 자연환경에 종속된다고 하였고(박중국 2011), 중부지역의 영동과 영서지역을 '중도문화'로, 분구묘분포권을 '운양동문화', 주구토광묘분포권을 '수청동문화'로 정의하였다(박중국 2018).

가장 최근에는 중부지역을 크게 중서부문화권과 중동부문화권을 대별하고, 영서와 영동지역을 각각 중도유형과 가평리유형으로 구분하여 분석한 연구가 진행되었다(박경신 2019). 특히 중서부문화권을 청동기시대와 초기철기시대를 경험하면서 사회 분화가 활발히 진행되면서 마한 형성과 관련된 사회·경제적 조건이 축적되어 왔다고 보았으며, 중동부문화권을 비롯하여 주변을 둘러싼 문화권이 각각 상이한 사회·경제적 배경하에서 생활(취락) 문화가 정착한 것으로 보았다. 결과적으로 문화권 형성과 전개에 가장 많은 영향을 미친 것은 사회·경제적 유통망의 성격이었던 것으로 파악하였다(박경신 2020).

이렇듯 중부지역 원삼국시대 취락에 대한 연구는 최근에야 활발히 진행되었다. 중부지역에서 처음으로 조사된 원삼국시대 취락은 서둔동 유적이다. 서둔동 유적에서는 여·철자형주거지, 중도식무문토기, 타날문토기, 외줄구들이 처음으로 조사되었다. 이후 중도, 둔내, 가평리, 충주댐 수

몰지구 등의 발굴조사를 통해 소수의 원삼국시대 취락 유적이 확인되었다. 그리고 1990년대 안인리와 미사리 유적이 조사되면서 취락 연구에 대한 관심이 높아지기 시작했다. 특히 제18회 한국고고학전국대회를 계기로 원삼국시대 취락에 대한 논의가 본격적으로 시작된다. 당시에는 취락 고고학의 방법론과 이론 체계, 서구의 다양한 연구 방법론 및 성과 등이 소개되었다. 이를 계기로 이전까지 없었던 취락의 구조·조직화 이론을 바탕으로 한 취락의 발전모델이 처음으로 제시되었다. 이후 취락의 수평적·수직적 분석과 이론적 체계가 구체적으로 검토되면서 분석 단위가 체계화 되었고, 공간적·사회적 분석단위와의 효율적인 조화에 대한 접근을 한다(박경신 2019).

현재 중동부문화권(여·철자형 주거지)의 기원을 단결-크로노프카 문화권에서 찾고 있는 것이 일반적이다(유은식 2006; 박경신 2019a). 두 문화권에서 나타나는 주거지의 입지조건 및 평면형태의 공통점에서 찾고 있다. 다만 외줄구들의 기원에 관해서 여러 의견이 산재하고 있으나 북한지역의 발굴자료가 부족하기 때문에 정확한 경로는 추론에 그치고 있다. 다만 단결-크로노프카 문화권에서 주거, 토기, 외줄구들 등의 물질자료가 종합적으로 유입되었다고 보는 견해가 지배적이다(송기호 2006; 유은식 2015; 강인욱 2007; 송만영 2015; 박중국 2016).

이렇게 남한지역으로 유입된 주거양식은 중부지역 전역에 걸쳐 공유되는 가운데 중부지역간의 지역성을 구분할 수 있는 속성 중 하나로 노시설의 변화양상을 꼽을 수 있다(박중국 2012; 박경신 2019a). 노지는 경기지역 및 강원지역 전역에 걸쳐 모두 시설된 것으로 볼 수 있는데 반해, 외줄구들의 분포 양상은 영동지역에서 잘 보이지 않기 때문이다. 영동지역 외에 경기지역과 영서지역에서 보이는 노시설의 변화양상은 시기가 늦어짐에 따라 노지에서 외줄구들로의 변화가 감지된다.

이 외줄구들의 출현과 관련하여 많은 논의가 진행되어 왔다. 2000년대부터 시작된 풍납토성의 발굴조사를 계기로 '國' 내지 '都城'에 대한 관심이 고조되었다. 그리고 청동기시대부터 한성백제기에 이르는 취락을 검토하여 취락 고고학의 이론적 분석틀을 마련하는 연구로까지 발전하였다. 이후 취락의 편년, 주거 구조 등에 대한 분야까지 연구 범위가 크게 확장되었다. 특히 청동기시대 취락의 공간 분석 모델을 응용하여 원삼국시대 취락의 구조를 파악하려는 연구도 시작되었다. 또한 원삼국시대 단위 취락에는 다양한 시기의 주거군이 혼재하고 있음을 확인하고, 유적 단위에서 주거군 단위로 편년 범위를 좀 더 세분하기 시작하면서 취락에 대한 미세한 편년 연구가 가능하게 되었다. 중부지역 원삼국시대 여·철자형주거 연구는 내부 공간활용 방식에 대한 관심으로 이어졌다. 그리고 외줄구들의 발전과정을 추적한 다수의 연구 성과는 유물과 유구를 조합한 새로운 편년 방식이 등장하는 계기가 되었다(박경신 2019).

한편, 최근에는 중부지역 원삼국시대 취락에 대한 미세 연구를 위한 지역권 설정 문제가 본격적으로 논의되기 시작하였다. 특히 경기도는 다양한 문화권이 공존하는 지역으로서 편년 연구를 위해서는 문화권과 지역권 설정이 필요하다는 지적이 제기되었다. 이후 북한강, 남한강, 임진·한탄강 등 수계를 중심으로 한 원삼국시대 취락 연구가 활발히 진행되었다.

외래기원설을 주장하는 박중국과 박경신은 측벽부 'ㄱ'자형과 'ㅣ'자형 외줄구들이 후벽부 'ㄱ'자형과는 다른 계통으로 보았다. 내제발전설을 주장하는 송만영과 이병훈은 단결-크로노프카 문화유형에서 후벽부 'ㄱ'

출전	후벽부 'ㄱ'자형	측벽부 'ㄱ'자형	'ㅣ'자형
박경신(2011)	전국계		한(낙랑)계
박중국(2011)	서북한·길림지역		낙랑
이병훈(2011)	요령 및 두만강유역 초기철기문화		낙랑계
송만영(2015)	단결-크로노프카 문화유형	후벽부 'ㄱ'자형	측벽부 'ㄱ'자형
박중국(2016)	단결-크로노프카 문화유형	부여·고구려 계통	낙랑·대방 계통
박경신(2016)	동북한	서북한	?
이병훈(2016)	단결-크로노프카 문화유형	후벽부 'ㄱ'자형	측벽부 'ㄱ'자형

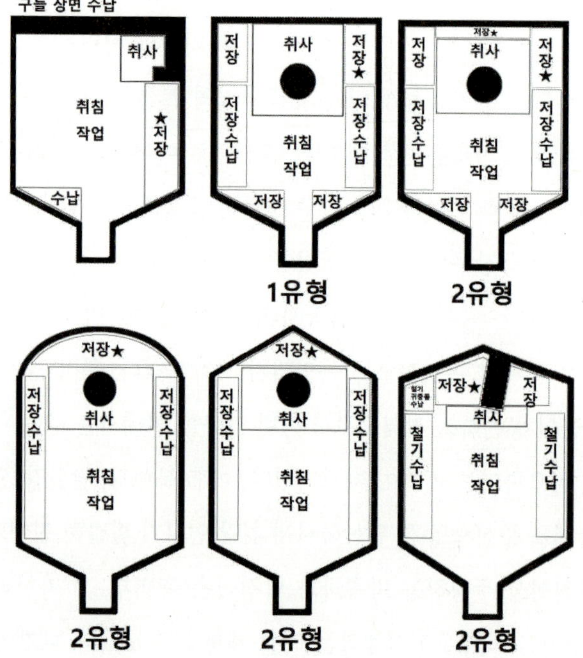

<그림 3> 여(철)자형 주거지 내부 공간 활용 모식도(정지왕 2018)

자형 외줄구들이 들어오고 이것이 점차 형태가 변하면서 측벽부 'ㄱ'자형 과 'ㅣ'자형 외줄구들로 이어졌다고 보고 있다. 이 기원에 관한 논의는 지 금도 여(철)자형 주거지 연구에서 가장 중요한 과제가 되고 있다. 여기서 결론을 지을 순 없으나 중요한 점은 여(철)자형 주거지가 다른 지역과의 관계성에서도 중요한 자료임에는 틀림 없다는 점이다.

예맥역사문화권에서 확인되는 여(철)자형 주거지는 양구, 화천, 춘천, 홍천, 인제, 횡성, 평창, 영월, 정선, 속초, 양양, 강릉, 동해, 삼척 등 폭넓게 확인되고 약 2100여기 이상의 주거지가 조사되었다. 이 가운데 영서지역 과 영동지역을 대표하는 여(철)자형 주거지 유적을 간략하게 살펴보고자 한다.

■ 춘천 중도동유적(춘천 중도동유적 연합발굴조사단 2020)

중도동유적은 1977년 국립중앙박물관이 실시한 지표조사(이건무·이강 승·한영희·이백규 1980)를 통해 그 존재가 알려졌고, 1980년 이래 5차례에 걸친 학술발굴조사가 실시되었다. 그 중 원삼국~삼국시대에 해당하는 유 구는 1980년과 1982년의 조사에서 확인된 2동의 주거지이다. 1981년에는 중도 적석총이 조사되었다(박한설·최복규·노혁진·최은주 1982).

2010~2011년에 걸쳐 4대강 사업의 일환으로 발굴조사가 실시되었고 (강원고고문화연구원 2014; 한강 문화재연구원 2013), 주거지 36동을 비롯하여 총 69기의 유구가 확인되면서 대략적인 취락의 양상이 확인되었다. 이러 한 성과를 바탕으로 유적의 시간적 위치가 재검토되었고(박경신 2012; 박중 국 2017), 이와 함께 취락구조에 대한 접근(박경신 2012)도 시도되었다.

가장 최근 레고랜드 건설의 일환으로 2013~2017년에 걸쳐 7개 기관이 하중도의 거의 전면을 조사한 결과, 총 길이 1㎞가 넘는 대규모 환호취락으로 확인되었고, 원삼국~삼국시대에 해당하는 149동의 주거지를 비롯하여 총 772기의 유구를 확인하였다.

<표 2> 춘천 중도동유적 원삼국~삼국시대 유구현황

조사기관	구역	환호	구	주거	지상	주혈	수혈	소성	경작	매납	분묘	기타	계
한강	A1			1									1
	A3			6			4		1	4			15
	A4	○	3	34	15	5	118	36	1	33	1		246
	A5	○	14	47			75	46	2	19	1		204
한백	B3	○		2				7			1		10
	B4	○		6				16					22
	B5	○	4	1				1		3			9
예맥	C1										3		3
	C2										1		1
고려	D4	○	1	33	3		76	5		1			119
강원	F		1				36		2	1			40
예맥	G1		1	9			15	4		1			30
강원	G2			4	3		22		1	8			38
국토	G3			6			10	6	3	4			29
한강	4대강B	○		24			8			2		1	35
강고	4대강C			12			36	1	3	11		1	64
중도	적석총										1		1
계		1	24	185	21	5	400	122	13	87	8	2	868

　　보고서에서는 경질무문토기의 변화상을 기준으로 크게 4단계로 구분하였는데 1단계는 오각형 평면에 수혈식 노지가 결합된 주거만 확인되고 유물상은 극히 빈약한 편이나 A1-1호 주거지와 G2-1호 주거지에서 출토된 소형의 내만옹의 경우 인근의 근화동유적이나 우두동유적에서 흔히 보이는 기형으로 탄소연대가 모두 2세기대로 측정되었다고 한다. 해당 주

거지는 3동 뿐이고 모두 하중도의 중앙에 위치하고 G2구역의 경작유구에서 측정된 탄소연대는 2세기가 중심이어서 경작지와 관련된 취락으로 이해하고 있다.

2단계는 주거유형은 동일하지만 소형의 내만옹이 소멸된 단계, 2-2단계는 점토띠식 노지와 중도식 노지가 모두 확인되며 탄소연대는 대체로 2~3세기 대로 측정되었다. A5-11호 주거지를 비롯하여 경작지를 파괴하면서 취락이 조성되는 양상이어서 취락배치의 획기로 보면서 3세기 중엽을 전후한 시점으로 판단하였다.

3단계는 후벽이 둥근 형태가 주류이고 오각형이 일부 잔존한 단계이다. 노시설은 중도식 노지 일색이고 환호가 처음으로 조성된 시기로 판단하고 있다. 4단계는 4-1단계와 4-2단계로 구분하였는데 4-1단계는 1차 환호가 매몰된 뒤 2차 환호가 재굴착된 것을 기점으로 하고 한성기 백제 단경호 등이 출현하며 4세기 전반대로 보고 있다. 4-2단계는 정연한 정육각형 주거지 일색으로 주거규모가 유사하게 규격화되는 시기로 4세기 말에서 5세기 초로 비정하고 있다.

여(철)자형 주거지를 비롯해 환호, 경작지 등 당시 사람들의 주거와 생활을 모두 확인할 수 있는 유적으로 예맥의 문화를 여실히 보여주고 있다.

유물은 경질무문토기와 철기류가 소량 출토되었으며, 잔편만 남아 기종을 파악할 수 없다.

수혈의 평면 형태는 대체로 원형계 및 방형계이며, 주거지 주변에 산재한다. 내부에서 경질무문토기 호, 타날문 단경호와 같은 생활용기가 수습되었다. 출토된 유물 및 주거지와의 거리 등 상관관계로 보아 주거지의 부속시설이었을 가능성이 높다.

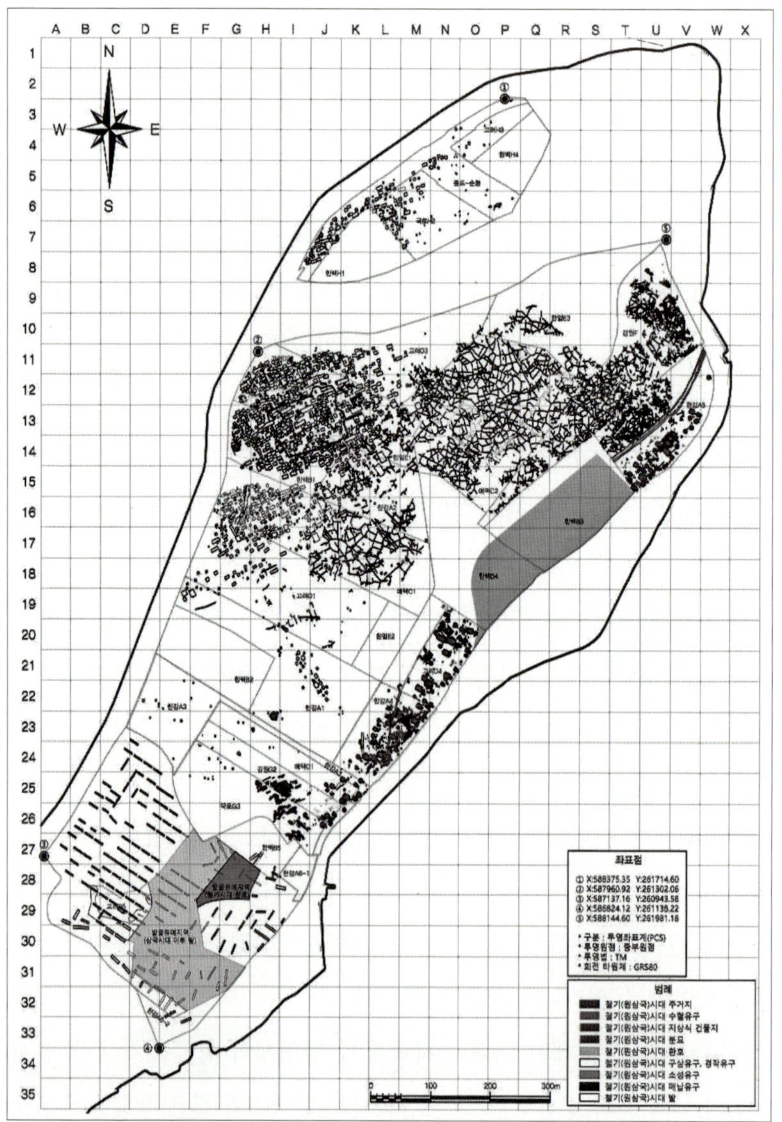

<그림 4> 춘천 중도동유적 원삼국시대 유구 현황도

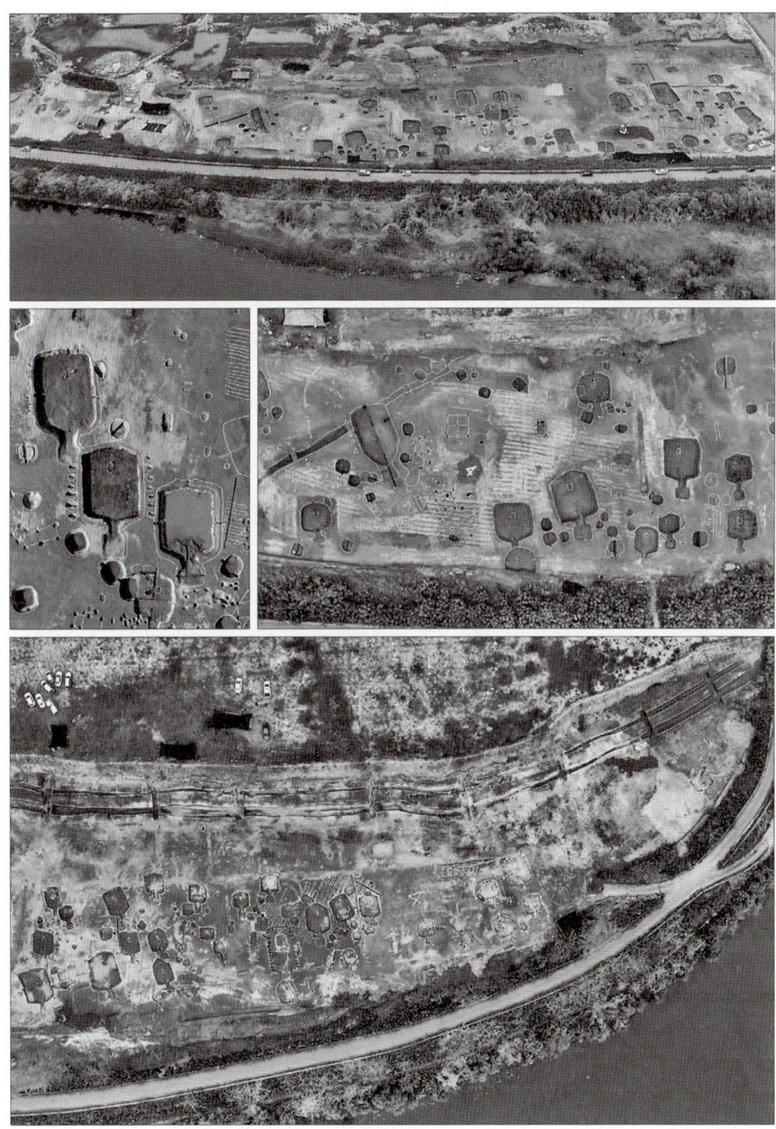

<그림 5> 중도 유적 A구역 원삼국시대 유구 전경

■ **동해 망상동유적**(예맥문화재연구원 2010)

동해 망상동유적Ⅱ는 철기시대 주거지 28기·수혈 2기, 삼국시대 주거지와 수혈 각 2기, 단야공방지 등이 확인되었다. 철기시대 주거지는 평면형태가 대부분 '凸'자형으로 내부시설로는 점토띠식 노지를 주로 시설한 것이었다. 출토유물은 경질무문토기, 타날문토기, 각종 철기 등이 있다.

이번 조사에서는 28기의 주거지 가운데 노지가 확인된 경우는 모두 19기이다. 노지는 대부분 주거지의 중심에서 후벽으로 치우쳐 설치되었으며, 무시설식(1호)을 포함해서 다양한 형태의 점토띠식 노지와 점토띠+아궁이식(11·21호) 및 점토띠+부뚜막식 노지(4호)가 조사되었다. 노지의 주 기능은 주거지 내 보온, 취사 및 조명시설로 활용되었으며, 주거지의 구조와 주거 공간활용에 있어서 밀접한 관계를 가지는 중요한 내부시설이다. 또한 점토띠가 설치된 대부분의 노지에서는 후벽으로 치우쳐 노지와 거의 맞닿아 주공(직경 10~15㎝)이 확인되는데 취사와 관련된 것으로 보인다.

먼저 점토띠식 노지는 모두 15기가 확인되었고, 노지 바닥에 설치된 재료의 차이에 따라 점토식(2·3·5·7·8·13·16·18·20·23·24·25호)과 직경 15㎝ 내외의 천석을 깔은 부석식(9·26·27호)으로 구분된다. 노지 바닥에 천석을 깔은 후 점토다짐을 하면 점토다짐만을 설치한 노지보다 잔열의 효과를 극대화할 수 있다. 점토띠식 노지는 주거지 중심에서 후벽쪽으로 치우쳐 위치하며, 대부분 주거지 바닥(점토다짐)에 점토띠를 돌리고 내부를 단단하게 점토다짐(부석식-천석을 깐 후 점토다짐)을 하였다. 예외로 2호 주거지의 경우 바닥을 굴착한 후 점토를 채우고 노지를 만들었다.

점토띠+아궁이식 노지는 점토띠식 노지와 비교해서 조사된 수는 적지만 주거지의 노지로써 채용된 점토띠식 노지의 개량형으로 볼 수 있다. 점토띠가 설치된 부분은 점토띠식 노지와 동일한 축조 형태를 보인다. 아궁이는 50×20×20㎝ 내외의 천석 2매를 나란히 낮게 벽을 세우고, 그 위에 40×40×10㎝ 크기의 판석을 덮개돌로 사용하였으며, 석제 주변으로 점토를 두텁게 발랐다. 점토띠+아궁이식은 주변으로 망상동 36-2번지 유적, 안인리유적, 횡성 둔내유적에서도 조사되었다.

점토띠+부뚜막식 노지는 영동지역에서는 처음으로 확인되는 형태의 노지이다. 점토띠가 설치된 부분은 점토띠식(부석식) 노지와 동일한 축조 형태를 보이고 있으며, 부뚜막부분은 상부 구조가 무너져서 정확한 형태를 알 수 없으나, 내부에는 토기받침으로 사용한 역삼각형태의 석제지각(12×12×18㎝)이 확인되었다. 부뚜막축조는 천석과 할석을 이용하여 벽을 세우고 주변으로 점토를 두텁게 발라 만들었다.

금번 조사된 점토띠+부뚜막식 노지는 점토띠+아궁이식 노지와 더불어 점토띠식 노지의 개량된 형태로 볼 수 있다. 북한강유역의 경우 점토띠식 노지→점토띠식 노지와 부뚜막시설(쪽구들)이 더불어 주거지에 채용→부뚜막시설(쪽구들)로 노지가 변화하는 양상을 살필 수 있는데 현재까지 조사 지역을 포함한 영동지역의 경우 '凸'자형 · '呂'자형 주거지에서 부뚜막시설(쪽구들)이 확인되지 않고 있다. 영동지역의 경우 점토띠식→점토띠+부뚜막식 · 점토띠+아궁이식으로 노지가 변화하는 모습이 간취되지만, 부뚜막시설(쪽구들)로 발전하는 양상은 확인되지 않고 있다. 이는 점토띠+부뚜막식 노지가 부뚜막시설(쪽구들)의 기능 중 토기를 도치할 수 있는 장점을 채용하여 점토띠식 노지와 접목하였을 가능성을 상정할 수 있는 자료이다.

<그림 6> 동해 망상동유적 원삼국시대 주거지 항공사진(예맥문화재연구원 2010)

<그림 7> 동해 망상동유적 출토 토기류

3. 중도식토기

중부지역 원삼국시대 유물 연구는 중도식무문토기, 타날문토기, 낙랑계토기 등 토기 기종을 중심으로 연구가 진행되었다. 우선 유물 연구의 가장 큰 전환점은 대성리 및 운북동 유적의 조사 성과가 공개된 이후이다. 먼저 대성리 유적에서는 기존에 확인되지 않던 원삼국시대 초현기의 유물이 다수 확인되었다. 특히 전국계 토기 및 철기, 철경동촉, 화분형토기 등이 발견되었다. 이를 통해 중부지역 원삼국시대 초현기의 유물 구성이 전국계와 깊게 관련되어 있음이 구체적으로 확인되었다.

정인성은 대성리 유적 출토 유물들을 근거로 중부지역 원삼국시대의 상한이 낙랑군 설치 이전으로 소급될 수 있다는 의견을 제기하였다. 그런데 김일규는 대성리 출토 유물과 영남지역 철기를 교차편년 하여 연대를 하향 조정해야 한다는 상반된 의견을 제기하였다. 이 연구는 한성백제기의 편년체계까지 대폭 하향 조정하게 만든 촉매제가 되었지만 자료의 정합성에 한계를 드러내면서 다수의 연구자에게 많은 비판을 받았다.

다음으로 운북동 유적에서는 삼각형점토대토기와 중국계 유물이 공반 되어 원삼국시대 초현기 양상이 보다 복잡한 요소로 구성되어 있음이 확인되었다. 특히 낙랑토기와 관련이 없는 대형 타날문옹이 발견되어 중국과의 무역 관계에 주목하게 되었다. 그리고 교류 및 교역을 넘어 이주 문제로까지 논의 영역을 확대시키는 계기가 되었다.

중부지역 원삼국시대 토기에 대한 연구 주제는 계통, 편년, 등장 시점과 관련된 문제에 집중되어 왔다. 먼저 중도식무문토기의 계통에 대해서는 중국 동북지역으로부터 유입된 점토대토기가 제도기술상의 발전을 통하여 발생했다는 견해, 단결-크로우노브카 문화가 이식되었다는 견해, 외반구연 전통은 중국 동북지역, 내만구연 전통은 단결-크로우노브카 문화권에서 그 기원을 찾을 수 있다는 견해로 대별된다.

중도식무문토기의 등장 시기에 대해서는 낙랑군 설치 이전에 이미 등장하였다는 견해, 점토대토기 문화의 지속기간이 길게 이어져 AD 1C 후반에야 등장했으며, 가장 이른 단계의 중도식무문토기가 승문 및 격자문 타날 단경호와 공반되고 있어 그 상한을 역시 AD 2C 중엽을 상회할 수 없고, 탄소14연대 측정 결과를 토대로 가장 빠른 와수리 26호 주거지와 가평리 2호 주거지의 연대를 AD 1C 대로 잠정하는 견해, 중도식무문토기와 타날문토기의 방사성탄소연대 측정치의 분석 결과가 BC 1C부터 급증하는 현상을 보이는 점에서 상한을 기존의 낙랑군 설치시기로 보는 견해로 대별된다.

중도식무문토기의 하한에 대해서 영동지역은 4C 후엽 또는 5C전반, 영서지역은 4C 이후 또는 5C까지도 중도식무문토기가 제작·사용되었다고 보는 견해들이 등장했다. 이러한 현상은 풍납토성에서도확인되는데 미래마을 나-18호, 마-2호 주거지에서는 한성백제양식 토기와 중도식무문토기가 공반된다. 따라서 중도식무문토기가 한성백제 기종의 출현과 동시에 완전히 사라진다는 견해는 검토가 필요하게 되었다.

한편, 박순발은 BC 100년에서 기원전후까지를 중도식무문토기만 출토되는 '경질무문토기 단순기'로 설정하였다. 그 구체적인 사례로 미사리 고려대-20, 22호 주거지, 강문동 1호 주거지, 하천리 F-1호 주거지를 들고 있다. 그러나 다양한 편년 연구를 통해 위 주거지들의 연대가 원삼국 Ⅲ기에 해당됨이 밝혀졌다. 현재는 생산체제 및 사회변혁의 단계를 감안 할 때 타날문토기와 중도식무문토기가 동시기에 등장하였다고 보는 견해가 설득력이 있지만 구체적인 증거가 없는 점이 한계이다.

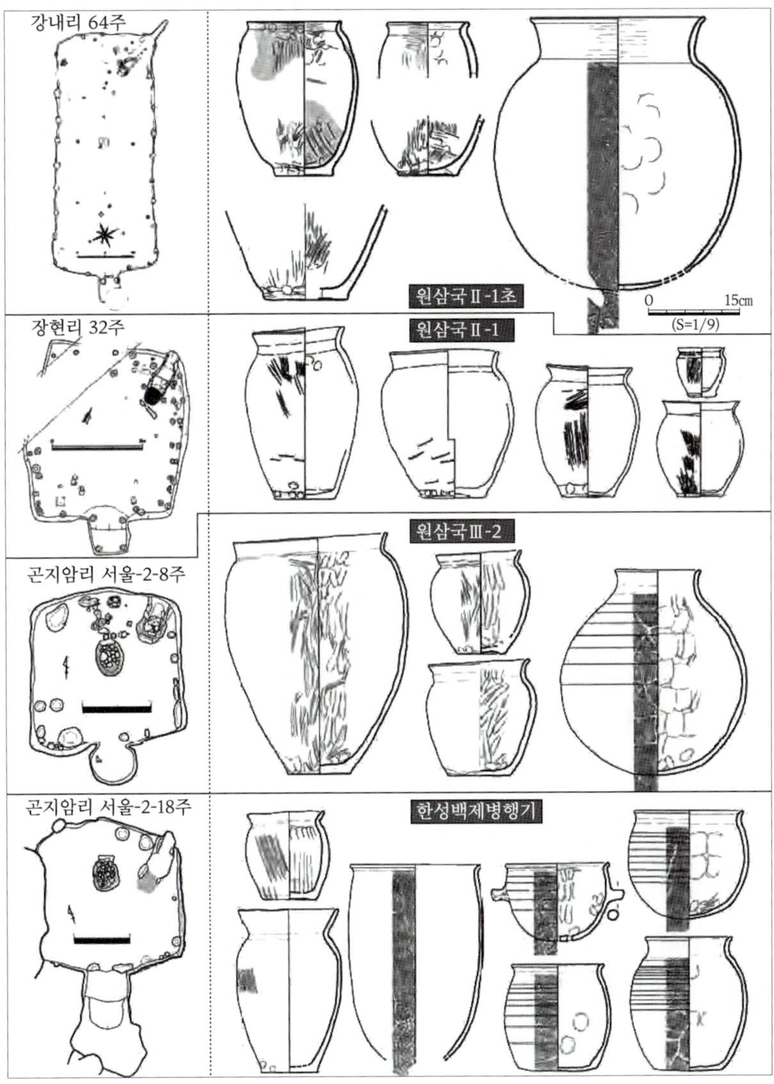

<그림 8> 중도유형권 부뚜막 등장과 평면형태 변화 양상(박경신 2020)

4. 적석총

　예맥역사문화를 보여줄 수 있는 자료로 적석총을 지적하고 있다. 앞서 살펴본 여(철)자형 주거지를 중심으로 많은 사람들이 살고 있었음에도 불구하고 그와 관련된 묘제가 잘 확인되지 않는다. 특히 영동지역에서는 제대로 조사된 묘제가 한 기도 없다. 오히려 다른 지역처럼 무덤을 만들지 않는 것을 예맥의 특징으로 꼽을 수도 있겠으나 그렇게 되면 예맥의 역사와 문화를 보여주는 유적을 설정할 수 없게 된다.

　이러한 가운데 그나마 영서지역에는 적석총이 분포하고 있다. 그러나 앞서 지적한 바와 같이 적석총 역시 예맥 문화의 범위로 설정하기에는 무리가 있다. 한강 하류역과 임진강유역에 다수 분포하고 있기 때문이다. 예맥만의 문화로 설정하기는 어려움이 있으나 현 상황에서는 원삼국시대의 강원도 지역에 분포하고 있는 적석총은 예맥과 관련되는 유적으로 설정할 수 있을 것이다. 적석총 문제는 그 실체와 개념 양측면에서 가장 많은 논란과 의문이 제기되는 과제의 하나이다. 한강수계의 '적석총'이 그 실체로 지목되어 왔지만, 반론과 이견 또한 만만치않은 것이 사실이다. 용어와 개념에 대한 이견도 극명하다. 분묘가 문화상을 대표하는 요소임에도 불구하고 이와 같은 가부 논란의 중심에 놓인 현상은 중도문화의 실체에 접근하는데 큰 장애요인이 되고 있다. 이와 같은 동향의 원인은 적석총의 분포와 구조에 대한 부족한 정보에 기인하는 바 크다. 지표조사로 알려진 유적의 진위문제는 유적의 분포권과 밀도에 대한 접근을 저해하고 있다. 발굴조사된 유적이 적을 뿐 아니라 발굴되었더라도 미완에 그치거나 파괴가 심하여 전모를 파악하지 못한 것이 대부분이다. 전면적인 발굴조사가 이루어진 경우에도 구조를 오해한 연구로 인해 1차 자료의 기반이 그리

튼튼하지 않은 실정이다(정치영 2020).

적석총은 사구 위에 축조되어 높다란 분구 경관을 연출한 것은 분명하다. 정선 여량리 적석총은 고분 상면 전체에 빈틈없이 매장주체부를 연접하여 조성되었다. 석축묘곽의 벽에 잇대어 확장해나간 양상을 띠는데 외벽에 기댄 지지석이 연접된 묘곽내부에 묻히게 된 것을 보면 매장은 시차를 두고 시행된 것으로 보인다. 수십 명이 묻힐 수 있는 거대 무덤은 매우 이례적인 것으로, 마을에 정주한 집단의 공동묘역으로 이해할 수 있다. 적석총은 묘곽을 연접하여 다수의 시신을 매장할 수 있는 독특한 구조의 적석총이다. 이러한 점에서 '묘곽연접적석총'으로 규정하는 견해도 있다(정치영 2019).

중부 동·북부지역 적석총(적석분구묘)의 구조형식에 대한 논의는 서울 석촌동 적석총을 포함한 남한지역 전체 무덤 안에서 분류가 이루어졌고, 대표적인 연구성과를 정리하면 <표 3>과 같다. 매장시설이 불분명한 것

<표 3> 중부지방 적석총 형식 분류 제 견해(김진영 2022, 수정)

	강 현 숙(2005)	김 성 태(2002)	이 동 희(2008)	임 영 진(2005)	최 진 석(2008)
중부 동 · 북부	무기단단독분 제천 도화리 양평 문호리	무기단단곽식 제천 도화리 춘천 중도	변형 무기단식(Ⅰ) 제천 도화리 제천 양평리 춘천 중도	말갈식 제천 도화리 제천 양평리 춘천중도	무기단다곽식 제천 도화리 제천 양평리 연천 학곡리 춘천 중도
	무기단다곽식 연천 학곡리	무기단다곽식 연천 학곡리 제천 양평리			
	무기단연접분 연천 삼곶리 춘천 중도	기단양곽식 연천 삼곶리	천석 기단식(Ⅱ) 연천 삼곶리 양평 문호리	고구려식 방형제단부가 방단천석 석곽 연천 삼곶리	기단양곽식 연천 삼곶리 양평 문호리
서울 석촌동	계단식	방단계단식	할석 기단식(Ⅲ)	고구려식 방형제단부가 계단할석 석곽	계단단곽식
			내점토 외석축 기단식(Ⅳ)	백제식 점토충전식	
			종말기식(Ⅴ)	백제식 분구삭토식	

이 많아 대체로 분구 외형에 따라 무기단, 기단, 계단식으로 분류되었는데 중부 동·북부 지역만을 따로 떼어 보면 서울 석촌동 고분군에 한정된 계단식은 없고 무기단과 기단식만이 존재한다. 강현숙의 경우 기단식의 존재를 부정하지만 상기한 분류는 학계에서 널리 받아들여져 왔다. 세부적으로는 묘곽의 수, 분의 연접, 부가 시설, 석재 종류 등 연구자마다 기준을 달리하지만 주로 묘곽 수에 따라 단곽식, 양곽식, 다곽식으로 세부 형식이 분류되어 왔다. 아울러 기단식의 경우 서울 석촌동과의 차별성을 강조하기 위해 석재 종류에 착안하여 천석 기단(방단)식이란 분류안도 있으며, 제단의 유무가 강조된다. 세부 형식에 따라 약간의 견해차가 있지만 중동·북부지역 적석분구묘는 무기단, 기단식의 고구려 적석총 묘·장제 개념이 투영된 형식 분류체계이고, 이를 통해 남한지역 적석분구묘의 흐름과 성격이 다루어져 왔다(김진영 2022).

중동·북부지역 적석분구묘는 타원대형 연축곽식과 장방대형 성토보축식으로 분류된다. 이중 타원대형 연축곽식은 기존 무기단식으로 분류되어온 무덤과 같은 것인데 서두에서 언급하였듯 이들 무덤의 계통에 대한 논의는 크게 고구려계, 예계, 백제계무덤으로 인식하려는 견해가 대립하여왔다. 백제계로 보는 견해는 한성기 백제 왕도의 핵심 묘역인 서울 석촌동 고분군 일대에 이미 축조되었던 무기단식 적석총의 영향을 받아 중동·북부의 현지 세력이 축조한 것으로 주장하고 있다. 일제강점기 보고기록에 따르면 석촌동 일대에 돌과 관련된 많은 무덤이 존재하였다지만 무기단식의 적석총이 축조되었다는 근거는 되지 못한다. 오히려 사방연접분식의 방단형 적석분구묘만이 추가로 확인되고, 그 하층은 목관(곽)묘로 나타나고 있다. 또한 외형상 유사한 즙석식분구묘와의 관련성도 제기하지만 3세기 전반대의 연축곽식 적석분구묘와 구조도 다르고 축조 시기도 후행하는 것이다.

고구려계로 보는 견해는 학계에서 가장 널리 받아들여지고 있다. 중동·북부지역 적석분구묘와 고구려 무기단식 적석총이 외형상 유사하다는 이유로 서로 동일시하고 『삼국사기』 백제본기의 초기기록과 관련시켜 고구려 유이민이 축조한 고구려계 무덤으로 보는 것이다. 하지만 양 지역의 무기단식과 연축곽식 무덤은 입지와 분포를 비롯하여 매장부의 구조와 위치, 장법 등에서 뚜렷한 차이를 나타내는 등 묘·장제적으로 서로 전혀 다른 것이다. 특히 그들이 주장하는 기단, 연접묘, 제단 설치 등이 성립되지 않음은 앞서 언급하였다. 중동·북지역 적석분구묘의 묘·장제의 명확한 이해없이 고구려 무덤의 틀에서 무덤을 자의적으로 해석한 결과로 생각되는 것으로 고구려 계통설은 받아들이기 어렵다.

예계 무덤으로 보는 견해는 박순발에 의해 주장되었다. 그는 강변의 자연사구에 입지하고 복수의 매장시설에 얇게 적석한 무덤을 고구려 무기단식 적석총과는 다른 즙석식적석묘로 명명하고, 이 무덤이 여(철)자형 주거지와 경질무문토기 등을 표지로하는 중도유형문화권에 분포하는 점을 근거로 하여 『삼국사기』 백제본기에 자주등장하는 예(말갈)의 묘제로 파악하였다. 그런데 다음의 문제로 학계의 비판적 견해사례뿐이지만 시간성과 지역성이 반영된 것으로 판단되어 별도 형식으로 설정하였다.

우선 중도유형 물질문화의 분포범위가 상당히 광범위한 반면, 적석총(즙석식적석묘)은 임진강과 북한강, 남한강유역에 국한되고, 예의 본거지라 할 수 있는 동해안지역에서는 확인되지 않고 있다. 또한 중서부지역과 경계에 있는 적석총(즙석식적석묘)을 예계 집단으로 특정할 만큼 종족적 구분이 가능한가의 문제가 존재한다. 따라서 이 무덤이 예계 집단만을 대표하는 보편적 묘제인가 대한 연구가 필요하다(김진영 2022).

■ 정선 아우라지

2016년 실시된 정선 아우라지 유적 발굴조사(43,000㎡-Ⅱ~Ⅳ지역)에서는 신석기시대 주거지 1기, 청동기시대 주거지 45기, 고인돌 8기, 주구묘 3기, 수혈유구 5기, 철기시대 주거지 1기, 삼국(신라)시대 주거지 12기, 적석유구(집단 적석묘) 1기, 수혈유구 1기, 통일신라시대 주거지 8기, 조선시대 수혈주거지 3기, 미상유구 2기 등 총 90기의 유구와 1,427점의 유물이 확인되었다.

아우라지 유적에서 확인된 적석총은 지금까지 강원지역에서는 보고되지 않았던 형태의 유구이다. 아우라지 유적에서 확인되기 이전에 이와 유사한 형태의 유구가 보고된 예는 연천 학곡리 적석총이 유일하다.

적석총은 잔존하는 평면형태가 타원형에 가깝고 내부에 51개의 방(묘실)을 갖춘 형태이다. 동벽과 북벽 또는 남벽에 강돌을 횡적하여 쌓아올렸고 아래에는 대형의 강돌을 이용하여 세로로 받침돌을 세워 벽을 보강하였다. 방의 축조방향은 서쪽에서 동쪽으로 확장하면서 축조한것으로 파악되고 있으며, 네 벽을 한꺼번에 조성한 것이 아니라 기존의 벽을 이용하여 나머지 벽을 완성한 것으로 추정된다. 각 방은 시기차가 명확하게 구분되지 않는다. 또한 받침돌은 방의 벽을 조성한 후 바깥쪽에 돌린 것으로 파악되었다. 적석유구(집단 적석묘)은 서쪽에 위치한 30번 방이 최초로 축조된 것으로 추정되고 그 이후에 추가로 방(묘실)이 축조되면서 점차 확장해 나간 것으로 추정된다. 따라서 적석총의 축조방향은 서→동의 방향으로 축조된 것으로 판단된다.

방(묘실)은 주로 강과 직교하는 남-북방향의 주축방향을 가지고 있으나 1·2·3·14·15번 방처럼 강의 흐름과 나란한 동-서방향의 방도 확인된다. 2번 방 내부퇴적토 제토과정 중에 백제계의 회청색 타날문토기와 함께 화천 원천리 유적에서 출토된 유물과 유사한 토기편(어깨에 사격자문이 시문)도 함께 출토되었고, 동쪽 경계부근 27·28번 방 사이의 내부퇴적토 제거 과정 중 신라 장경호를 모방한 소형 대부배 3점이 출토되어 삼국시대에 조성된 적석총인 것을 뒷받침 하여 주는 중요한 증거자료로 파악된다. 이와 함께 원삼국시대 경질무문토기 편과 동물뼈, 석렬 내부에서 상당히 빈도수가 높게 수습된 청자편, 백자편, 기와편, 상평통보 등이 출토되는 것으로 보아 원삼국시대에 초축이 이루어지고 삼국(신라)시대에 방들이 주로 조성된 적석총이 동시기에 폐기되고 고려~조선시대에 거치면서 상부에 퇴적된 유물이 다양하게 출토되는 것으로 추정된다.

이상과 같이 예맥역사와 문화를 보여주는 고고자료는 현재로서는 여(철)자형 주거지와 적석총으로 설정할 수 있다. 그러나 앞서 반복적으로 언급하였다시피 이 여(철)자형 주거지와 적석총이 그대로 예맥의 범위를 보여주는 것으로 인식해서는 곤란하다. 현재 상황으로서는 예맥의 주된 분포 점위인 강원도 지역에서 확인되는 고고자료로 인식하여야 하며 추후 경기도 지역에서 동일하게 확인되는 여(철)자형 주거지와 적석총과의 차이, 혹은 관계성에 대해서 면밀한 검토가 필요하다. 그리고 영동지역에서는 현재까지 확실하게 조사된 적석총은 없다. 다만 최근에 강릉 하시동에 적석총이 있을 가능성이 제기되고 있다. 만약 적석총이 확인된다면 강원 영동지역의 이 시대 최초로 확인된 묘제가 된다. 이러한 조사와 연구를

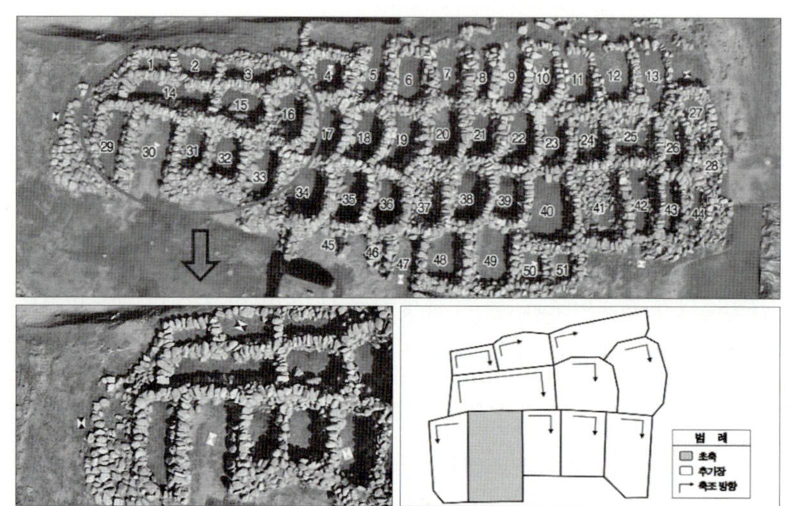

<그림 9> 정선 아우라지 적석총 축조 모식도(강원문화재연구소 2019)

<그림 10> 광주 곤지암 적석총 전경(左)(기남문화재연구원 2018)과 강릉 하시동 추정적석총 위성사진과 수평단면도 병합결과(장한길로 2018)

더할 때 비로소 명확한 예맥역사문화권을 설정할 수 있을 것이다.

Ⅲ. 예맥역사문화권의 북방지역 교류 양상

고구려·백제·신라와 같은 고대 국가와 견줄 수는 없지만 예맥이 있었던 강원지역에서도 대외교류의 흔적을 다수 확인할 수 있다. 특히 예맥역사문화권의 표지적인역할을 하는 여(철)자형 주거지와 중도식토기의 성립에는 앞서 살펴본 바와 같이 북방지역과의 관련성이 끊임없이 지적되고 있다. 예맥의 제지세력은 서북쪽의 낙랑, 동북쪽의 단결-크로우노프카문화와 밀접한 상관성 속에서 내재적 발전 과정을 거쳐온 것으로 볼 수 있다.

이러한 양상을 대표적으로 보여주는 유적이 속초 청호동유적이다. 속초 청호동유적에서 확인된 원삼국시대 유구는 주거지 15기, 수혈 4기, 소(小)수혈 66기 등 총 85기의 유구가 조사되었다. 속초 관내에서는 처음으로 중부지방 원삼국시대를 대표하는 소위 중도유형문화의 여(철)자형 주거지가 확인되었고, 주거지 내부에서는 중도식무문토기와 타날문토기 등이 출토되었다.

청호동유적은 영동지역에서 처음으로 구릉지에 마을이 입지한 것이 확인된 최초의 예에 해당하며, 연해주 폴체문화의 특징 중에 하나인 방어용 취락의 형태가 나타난다. 동반토기 중에는 폴체식토기의 특징을 보여주는 것이 확인되고 있어 양 지역의 상호작용을 보여주는 표지유적 중에 하나이다. 청호동유적은 지금의 사구지대가 형성되기 전에는 주변이 트인

<그림 11> 청호동유적 원경(좌) 불로치까유적 원경(우)(심재연 2017)

상태의 구릉지였다. 이와 유사한 마을의 입지는 폴체문화의 불로치까유적에서도 확인된다. 구릉지에 입지한다는 것은 방어용 취락으로서 기능을 극대화하는 것으로 연해주 폴체문화의 특징인 고지성 집락과 유사하다(심재연 2017).

특히 1·15호 주거지에서 출토된 외반구연옹은 경부에 3조의 점열문이 시문되어 있는데, 이와 유사한 토기가 불로치까유적에서도 확인되었다. 기형과 문양의 시문 부위와 방법이 유사하다는 점에서 폴체문화와의 상호 작용을 확인할 수 있다. 또한 폴체문화의 남쪽 한계선이 한·중·러 접경지역이라는 점에서 영동지역은 선사시대 이래로 지속되던 환동해선사문화권과의 상호작용이 단결-크로우노프카 문화 이후에도 지속되었다고 파악할 수 있다(심재연 2017).

낙랑(계)토기는 연구자들마다 분류안이 다르지만 최근 연구에 의하면 일반적으로 태토에 따라 니질계, 석영혼입계, 활석혼입계 토기로 분류되고 있다. 낙랑토기와 낙랑계토기에 대한 개념은 아직 명확히 정리가 되

<그림 12> 속초 청호동유적 출토 토기류(예맥문화재연구원 2018)

<그림 13> 불로치까 유적 출토 토기(좌)와 청호동 유적 출토 토기(우) (심재연 2017)

지 않았다. 낙랑토기를 낙랑지역에서 생산되어 직·간접적으로 반입된 토기라 한다면, 낙랑계 토기는 연구자마다 사용하는 의미가 상이하다. 낙랑(계)토기는 고고학 자료로 구분하기 어려운 대방의 문물을 포함하면서 낙랑토기 제작기술을 수용한 지역에서 일부 변형된 의미 혹은 낙랑토기의 영향을 받아 제작된 토기의 의미로 사용되고 있다. 그러나 고대사회에서 외래 유물의 확산과정에는 양자 혹은 다자간에 다양한 요인들이 존재할 수 있기 때문에 1차 자료의 차원에서 기종과 기형, 태토, 제작기법 등 낙랑토기 제요소 중 일부만이 반영되었거나 다소 변형된 유사한 속성의 토기를 '낙랑계토기'로 규정하는 것이 바람직하다(홍주희 2014).

일반적으로 중부지역의 원삼국시대 토기는 무문토기를 뒤이은 경질무문토기·타날문토기 계통으로 이해되고 있기에 낙랑(계)토기의 등장은 기존 토기 문화와 확연히 다른 문화 양상을 대변한다고 보기에 충분하다(신광철 2019).

낙랑(계)토기의 경우 중부지역에서도 출토되는 지역이 매우 제한적이다. 범위를 강원지역으로 좁혔을 때 영서지역과 영동지역 모두 출토 확인되지만, 영서지역의 경우 북한강유역에서는 낙랑(계)토기의 분포가 두드러지는 반면에, 남한강유역에서는 거의 출토되지 않아 비교되는 양상이 나타난다. 영동지역 또한 낙랑(계)토기의 분포밀도가 높은 편인데, 이러한 양상은 낙랑군과의 정치적 관계 및 교역 등의 영향에 따른 것일 가능성이 높을 것이다.

가장 다양한 기종의 니질계 토기는 중부지역 전역에 걸쳐 분포하는 낙랑(계)토기로 중부지역에 전래된 기종들 대부분이 실생활 용기이며 취락유적에 분포하고 있다. 영동지역의 경우 낙랑(계)토기가 출토되는 동해 송정동유적과 강릉 안인리유적 등에서 철기생산이 이루어졌기 때문에 제작기법의 전래보다는 철기와 토기제작이 가능한 주민의 이주와 관련이 있는 것으로 보이며, 영서지역의 경우에는 모든 취락에서 철기생산이 이루어진 것이 아니라 대다수의 취락이 소수의 생산취락으로부터 철기를 공급받아 소비하는 소비취락의 성격이 강한 것으로 이해된다. 즉 이는 물질문화의 차원에서 외래계 문물의 존재나 집중현상이 취락군 혹은 주거간의 위계에서 상위를 점한 것으로 보아도 무리가 없으므로 취락유적에서 확인되는 낙랑(계)토기는 상위 취락 혹은 위계가 높은 단위주거를 중심으로 사용된 소비재로 할 수 있을 것이다(홍주희 2014).

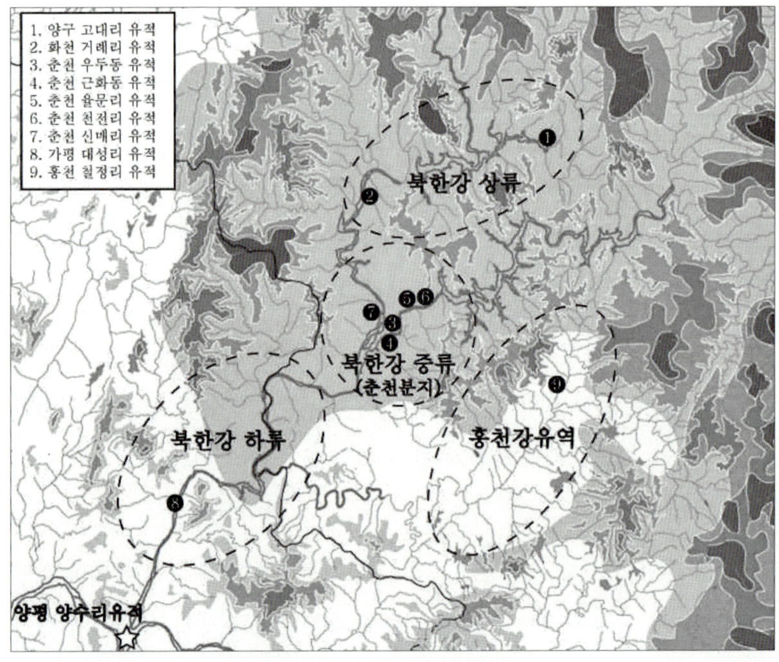

<그림 14> 북한강유역 낙랑계토기 출토 취락유적 분포도(이우재 2020)

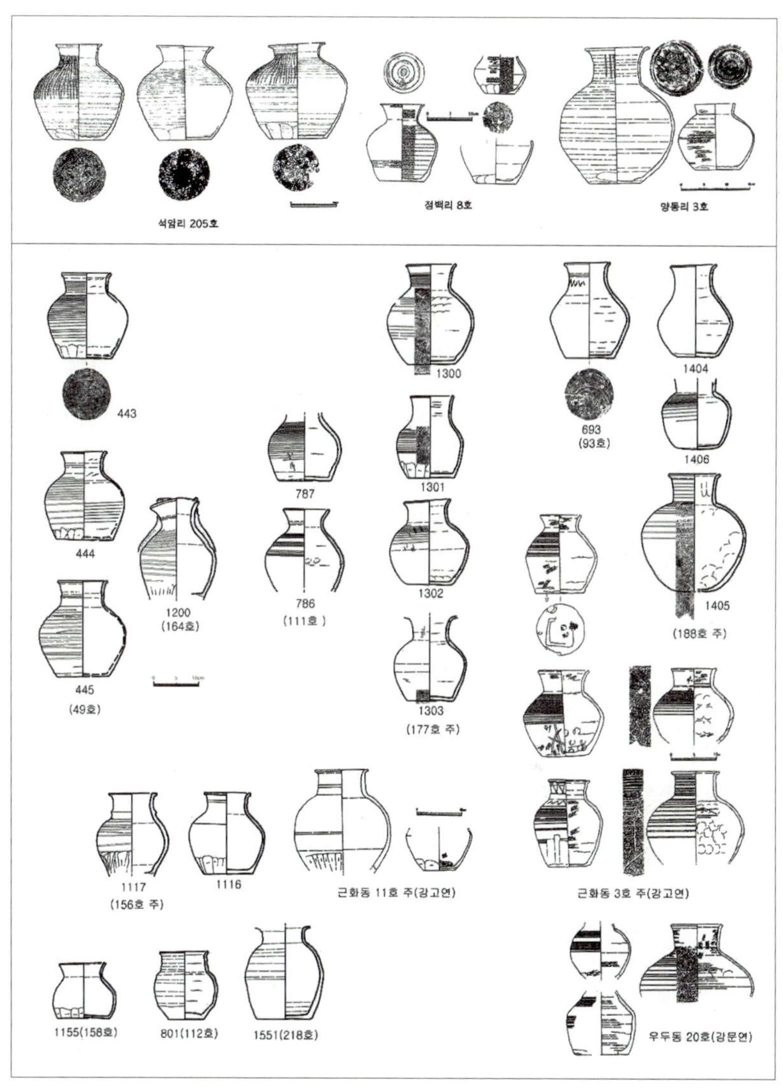

<그림 15> 낙랑지역과 춘천지역의 평저호(권도희 2017)

낙랑계토기의 경우 1세기 전반 대까지는 중부지역에서 잘 보이지 않다가, 1세기 후반 이후가 되면 낙랑으로부터 원저단경호, 평저호, 분형토기, 완 등의 기종이 중부지역으로 반입된다. 이후 2세기가 되면 현지에서 제작하게 되는데, 제작의 중심지는 영서지역의 북한강유역이며, 영동지역도 3세기 대까지 그러한 현상이 지속된다. 춘천분지의 경우 북한강유역 수계에서도 압도적인 수량이 출토되어 주목할 만하다. 특히 춘천 우두동 유적의 경우를 봤을 때 연구자마다 파악하는 출토 개체수는 상이하지만, 춘천지역의 다른 유적에 비해서도 수량에서 우위를 차지하고 있는데, 우두동유적에서 낙랑의 영향으로 불 수 있는 낙랑계 유물이 다수 확인된 것을 보아 낙랑과의 교류를 통한 선진문물이 강원도 각지로 확산되었을 가능성이 높은 것으로 파악된다.

강릉 초당동 강릉고등학교 화장실 증축공사부지 내 유적에서는 오수전 2점이 출토되었다. 해당 오수전은 낙양소구한묘의 5개 유형 중 3~5형과 비슷하며 시기적으로 봤을 때 동한 초기에서 중기에 해당한다고 할 수 있다(강원문화재연구소 2005). 중국 한대(漢代) 화폐인 오수전의 출토는 낙

<그림 16> 강릉 초당동 출토 오수전(강원문화재연구소 2005)

랑 등을 통한 연계무역의 결과인지, 아니면 중국 내지와의 직접적인 교역의 결과인지는 알 수 없지만, 영동지방과 중국과의 교역관계를 나타내는 중요한 유물로 평가할 수 있다.

강릉 안인리유적의 경우 동해안에서 여(철)자형 주거지가 최초로 발견된 유적이며, 낙랑(계)토기 2점이 확인되었다. 강릉 안인리유적에서 출토된 낙랑(계)토기는 한반도 서북한지역과의 관계를 시사해준다. 낙랑이 위치했던 평양은 강릉과는 거리가 매우 먼 곳으로 강릉에서 낙랑계토기가 확인된다는 점은 지역 간에 활발한 문물 교류가 있었음을 보여주는 증거이다.

강릉 초당동유적에서 출토된 오수전과 안인리유적에서 출토된 낙랑(계)토기를 근거로 볼 때 영동 해안지역은 원삼국시대부터 중국과 꾸준히 교류해온 것으로 파악할 수 있다. 당시 교역에서 중요한 물품인 화폐와 토기의 출토는 당시 영동지역과 중국의 교류를 확인해주는 중요한 유물이라고 할 수 있다.

북방과의 관련 유적, 유물과 함께 제철 유적에도 관심을 기울일 필요가 있다. 북한강 권역에서 크게 주목되는 것은 춘천 우두동유적(한강문화재연구원 2017)과 중도유적(춘천 중도동유적 연합발굴조사단 2020)으로서 전자의 유적에서는 (추정)단야로들과 철재 등이 다수 출토되었고, 후자의 유적에서는 내범을 포함한 용범들이 출토되어 이곳에서 주조철기가 제조되고 있었음을 알게 되었다. 한편 동해안지역의 경우는 동해 송정동유적을 비롯한 각지의 여(철)자형 주거지 취락 등에서 여전히 제철관련 자료들이 꾸준히 출토되고는 있으나 모두 정련과 단련 단야와 관련된 것들이고 제련 관련 유구나 유물은 여전히 확인이 어려운 상태이다(이남규 2022: 15-16).

그럼에도 불구하고 강원지역에서 제철과 관련된 유적이 꾸준하게 조사되고 있다. 기왕에 철과 관련되어 충주지역 혹은 진변한 지역에 집중되어 왔던 것에서 나아가 예맥역사문화권에서도 제철이 언제, 어떻게 이루어졌는지에 대한 연구가 필요하다. 특히 춘천 우두동유적의 경우는 낙랑계토기 출토뿐만 아니라 낙랑으로부터 전래된착정 기술로 만들어진 유

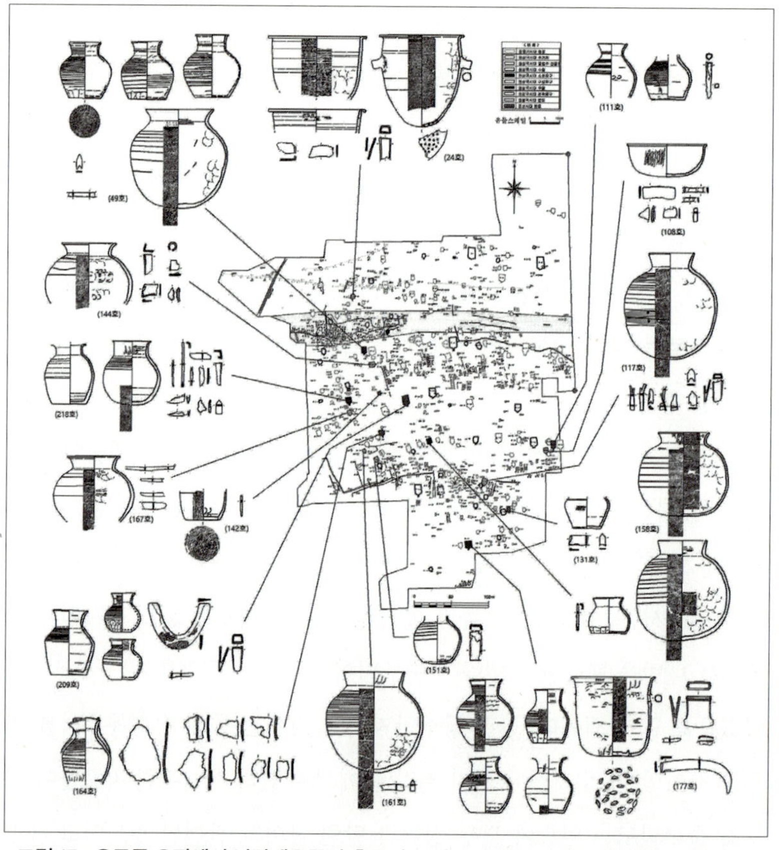

<그림 17> 우두동 유적에서 낙랑계유물이 출토된 주거지 분포(토기류와 철기류 공반유구) (권도희 2017)

물, 대규모 제철공방의 존재, 낙랑과 동북지역 문화 등 다수의 원격지와 관련된 유물을 통해 해당유적이 당시 국제교역의 결절지였다고 봐도 무방할 정도이므로 앞으로 연구의 진척이 기대된다.

Ⅳ. 맺음말

이상과 같이 예맥역사문화권을 설정할 수 있는 자료에 대해 검토하였다. 영성하지만 문헌기록이 일부 존재하고 있고, 고고학적 지표로서 여(철)자형주거지와 중도식토기, 그리고 적석분구묘 등을 설정할 수 있고, 낙랑과 북방지역과의 관계성에 대해서도 살펴보았다. 앞서 언급하였듯이 예맥역사문화권의 시공간적 범위를 명확하게 설정하는 것은 극히 어려운 실정이다. 고구려·백제·신라·가야와 같이 특정양식 토기,특유의 고분형태, 다양한 금공품을 통한 위세품 시스템 등이 전혀 드러나지 않기때문이다. 마한역사문화권 역시 나름의 분구묘와 토기 등을 통해 그 공간적 범위를 추정할 수 있다. 탐라역사문화권은 제주도라는 명확한 공간적 범위를 가지고 있다.

결국 현재로서는 법에 명시되어 있는 강원지역을 중심으로 그 공간적 범위를 설정할 수밖에 없다. 다만 다행스럽게도 다른 역사문화권과 차별성을 보여주는 주거지 등이 분포하고 있어 이를 근거로 내세울 수 있다. 애초에 고대 역사에서 그 경계를 명확하게 구분하는 것이 쉽지 않고, 다른 역사문화권에 비해 여전히 연구가 미진하다는 점에서 역사문화권법을 더욱 열심히 활용할 수 있는 근거가 되는 점으로 받아들여야 할 것이다.

참고문헌

강인욱 외, 2008, 고고학으로 본 옥저 문화, 동북아역사재단.

권도희, 2017, 「중부지역 낙랑계 토기 및 철기에 대하여」, 『고고학』 16-3, 중부고고학회.

권오영, 2009, 「원삼국기 한강유역 정치체의 존재양태와 백제국가의 통합양상」, 『고고학』 8-2, 서울경기고고학회.

김진영, 2022, 「원삼국~백제 한성기 중부 동·북부지역 적석분구묘의 재인식」, 『백산학보』 123, 백산학회.

김창석, 2009, 「고대의 영서 지역과 춘천맥국설」, 『사회적 네트워크와 공간』, 태학사.

노혁진, 2004, 「중도식토기의 유래에 대한 일고찰」, 『호남고고학보』 19, 호남고고학회.

박경신, 2016. 「중부지역 원삼국시대 외줄구들의 편년과 전개양상」, 『고고학』 15-3, 중부고고학회.

박경신, 2018, 「북한강 상류역 원삼국시대 취락과 지역 정치체」, 『고고학』 17-2, 중부고고학회.

박순발, 1989, 「漢江流域 原三國時代의 土器의 樣相과 變遷」, 『韓國考古學報』 23, 韓國考古學會.

박순발, 1996, 「한성백제 기층문화의 성격-중도유형문화의 성격을 중심으로-」, 『백제연구』 26, 충남대학교 백제연구소.

박중국, 2012, 「중도문화의 지역성-'중도유형문화론'의 재검토를 중심으로-」, 『중앙고고연구 12, 중앙문화재연구원.

송만영, 2015, 「중도식주거 외줄구들의 변화와 의미」, 『고문화』 85, 한국대학박물관협회.

신광철, 2019, 「삼국형성기의 대외교류 -강원도 諸 세력의 '역량' 검토-」『고대 강원의 대외교류』, 강원연구원 강원학연구센터.

심재연, 2008, 「江原 嶺東地域 鐵器時代 上限과 下限」, 『동북아 문화연구』 16-1, 동북아시아문화학회.

심재연, 2009, 「강원도 중도식토기 문화에 보이는 동북지방 요소」, 『철기시대 한국과 연해주 : 크로우노프카 문화와 중도식토기문화의 비교연구』, 주류성.

심재연, 2017, 「최근 조사 성과로 본 영동·영서지역과 북방지역의 상호 작용 - 철기~삼국시대를 중심으로」, 『한국 시베리아연구』 21, 배재대학교 한국-시베리아센터.

이우재, 2020, 「북한강유역 낙랑계토기의 변천 양상과 지역성」 한신대학교 대학원 석사학위논문.

정인성, 2009, 「가평 대성리유적 출토의 외래계 유물」, 『가평 대성리유적』 경기문화재연구원.

정치영 외, 2018, 「화천 원천리 鋤吾支理적석총의 현황과 구조」, 『백제학보』 26, 백제학회.

정치영, 2020, 「중도문화 묘제의 성립과 전개」, 『문헌과 고고자료 속의 고대 강원』, 강원연구원·강원학연구센터·국립춘천박물관.

홍주희, 2014, 「중부지역 낙랑(계)토기」, 『낙랑고고학개론』, 진인진.

태봉역사문화권 설정과 철원 발전[*]

김영규

철원역사문화연구소 소장

목차

Ⅰ. 머리말

궁예 태봉국 역사 연구 추진과 철원군이 직접적으로 인연을 맺은 지는 벌써 20년이 되었다. 「태봉학회」(회장 조인성 경희대 사학과 명예교수)는 2018년 2월 23일 공식 출범했지만 이미 20년 전인 2005년 6월 23일 「태봉·궁예 연구회」 창립발기인대회가 열려 조인성, 이재범, 이재 등 30여 명의 역사학자가 참여하였으나 「태봉·궁예 학회」 창립으로는 이어지지

* 본 글은 강원연구원 강원학연구센터 2023년 강원학 연구보고 17 『태봉역사문화권 설정 추진을 위한 연구』에 발표되었던 것을 일부 수정한 것입니다.

않았다. 2005년은 태봉국이 철원군에 수도를 정한 서기 905년을 기준으로 1,100주년이 되는 해라서 "철원 정도 1,100주년 기념 사업회"를 출범시켰고, 철원군은 관련 조례를 제정해 의욕적으로 각종 조사연구와 기념사업을 펼쳐나갔다. 태봉국 철원 정도 1,100주년을 맞아 태봉국 도읍지로서 명성과 정체성을 되새기고 철원군이 나아갈 방향을 정립하는 계기가 되었다. 2005년 열린 학술대회는 태봉국과 궁예왕 역사에 대한 일반 대중들의 관심을 높이고 학술적 이슈화를 위해 추진되었다.

2017년 1월 13일 철원군은 문화체육관광부 지원 사업으로 「궁예 태봉국 테마파크」를 조성한다고 발표했다. 2017년 학술대회는 12월 1일 "태봉 도읍지 & 고려 개국

태봉학회 창립기념식(이현종 철원군수)

지, 철원"이라는 주제로 열려 궁예 태봉국의 도읍지이자 왕건 고려의 개국지인 철원의 위상을 재확인하고, 머지않은 장래에 실현될 태봉국 도성 남북 공동조사를 준비하며, 궁예왕과 태봉국을 철원군의 문화관광콘텐츠로 발전시킬 방안을 모색하기 위해 열렸다. 2018년 2월 23일(금) 태봉학회 창립기념식에서 철원군수는 "그동안 한정된 자료로 인해 왜곡된 태봉의 역사를 바로잡고 철원군 발전에 기여하는 태봉학회가 되길 기대한다."고 말했다. 2018년에는 4.27 남북정상 판문점 선언이 있었고 9.19 평양 남북

정상 군사합의에서 태봉국 철원성 남북 공동조사 발굴을 합의해 문화재청을 비롯한 관련 역사학계와 발굴전문가들이 여러 차례 현장을 방문했다. 그 어느 해보다 태봉국 역사 연구와 문화재 발굴에 전 국민의 관심이 집중되었으나 북미회담 결렬과 남북관계 냉각으로 다시 원위치가 되었고 철원군민들은 큰 실망을 안게 되었다.

궁예왕에 대한 부정적인 인식을 해소하고 새로운 시대를 연 개혁적인 인물이라는 이미지를 부각하는 데 큰 역할을 한 것이 표준영정 제작이다. 2017년 9월 1일부터 철원군과 강원도민일보가 공동으로 추진한 궁예왕 표준영정 제작 작업은 문체부 12차 심의를 거쳐 완료되어, 2022년 11월 8일 민통선 안 태봉국 궁예왕 역사공원 궁예왕 선양관(사당)에 봉안되었고, 2024년 11월 27일 정부표준영정 101호로 지정되었다. 태봉국을 세운 궁예왕의 공식 얼굴이 탄생함에 따라 태봉국과 궁예왕 선양사업 발굴·발전·계승도 더 활발해지는 계기가 되었다. 2023년 준공 예정이던 태봉국 궁예왕 역사공원은 기존의 설계를 변경하고 전문가의 고증을 거쳐 2025년 10월 1일 개장하였다. 공원 내에 조성된 철원성 야외 축소 조형물(미니어처)은 평면 40m×78m로 국내 최대 규모이다. 비록 태봉국 철원도성 남북한 공동발굴은 무산되었지만 이번에 추진하는 태봉역사문화권 설정이 역사문화관광 활성화를 통해 철원군을 다시 한번 도약시키고 철원군민들에게는 자긍심을 심어주는 한편 실질적인 삶의 질 향상과 소득 증대를 기대할 수 있다.

II. 태봉역사문화권 설정 추진 계획

1. 태봉역사문화권 설정 추진 방향과 전망

「역사문화권 정비 등에 관한 특별법(약칭 : 역사문화권정비법)」 제1조에는 "이 법은 우리나라의 고대 역사문화권과 그 문화권별 문화유산을 연구·조사하고 발굴·복원하여 그 역사적 가치

태봉국 테마파크 공사 현장(2024.4.11)

를 조명하고, 이를 체계적으로 정비하여 그 가치를 세계적으로 알리고 지역 발전을 도모하는 것을 목적으로 한다."라고 되어 있다. 이 법의 명칭이 「역사문화권 정비 등에 관한 특별법」이니 역사문화권 정비가 주목적이다. 따라서 태봉의 역사와 문화를 밝히고 이를 기반으로 역사 문화유산의 정비와 복원 및 활용 가치를 높이는 방안을 강구하고 궁예 태봉국 역사 연구 자료를 바탕으로 관광콘텐츠를 적극적으로 개발하여 지역 경제 활성화를 달성할 방법을 모색해야 한다. 그 상징적이고 대표적인 사업이 현재 철원군 민통선 안에 조성된 태봉국 궁예왕 역사공원이라 할 수 있다. 그리고 노동당사 앞에 철원의 근현대사 위주로 조성된 철원역사문화공원도 위치가 궁예가 처음 진을 쳤던 동주산성 인근이고 월하리 왕건의 사저도 옆에 있어 시대적으로나 공간적으로 그 영역을 넓히면 태봉역사문화권

추진에 있어서 가장 핵심 공간이 될 수 있다.

　다른 하나의 목적은 비지정 문화유산의 관리다. 지금까지는 문화재보호법과 고도보존특별법 등에 따라 사적과 같은 지정 문화유산을 중심으로 조사 보존이 이루어져 왔다. 이제까지 제대로 관리되지 못한 유적과 유물을 이 정비법을 통해서 관리할 수 있게 되었다. 이에 궁예 태봉국 관련 비지정 문화유산의 실태를 조사하고 자료를 정리해 계획을 세워야 한다. 이러한 작업을 위해 광역은 물론 기초 지자체와 학회나 연구소가 중심이 되어 조직을 구성해야 한다. 국립기관의 참여가 어렵다면 강원도 내 전문기관에 협조를 의뢰하여 실행해야 한다. 단순히 각각 사업을 진행하기보다는 기존의 여타 역사문화권 사례를 참조하여 독립적인 조직을 구성하여 이 조직 내에서 서로 합의해 종합대책을 수립하여야 한다. 이 조직의 핵심 추진 주체는 철원군추진위원회가 되고 전문가 집단인 태봉학회가 방향을 잡는 적극적인 역할을 해야 한다.

　태봉학회 조인성 회장은 2023년 10월 20일 열린 태봉학술회의 개회식에서 '태봉역사문화권 설정 추진을 위한 제언'을 통해 태봉역사문화권 설정을 추진해야 하는 취지와 방향을 군민들에게 알렸다. 이를 원활하게 추진하려면 무엇보다도 2024년 7~8월 중에는 '태봉역사문화권 철원군 추진위원회'를 구성해야 할 것이다. 철원군추진위원회 구성에서 핵심적인 역할은 철원군과 철원군의회 그리고 태봉학회가 맡아야 한다. 이를 위해 상반기가 끝나가는 오늘 6월 28일 '태봉역사문화권 설정 추진 연구'란 주제의 학술회의에서 전문가 그룹은 물론 철원군민과 강원도민이 취지와 당위성에 대해 인식을 같이해야 한다. 학술회의를 통해 공식적인 발표 자료집이 나오면 그를 바탕으로 철원군민들이 적극적으로 참여할 수 있도록 홍보를 확대하고 캠페인을 벌여야 한다. 아울러 새로 개원한 22대 해당 지역구 국회의원 및 강원도 의원들과 협의해 입법 활동 계획을 수립하고 조속한 기한 내에 「역사문화권 정비 등에 관한 특별법」이 개정될 수 있도록 추진해야 한다.

기대효과는 크게 두 부문으로 나누어 생각해볼 수 있다. 학술적인 부문에서 기대효과와 관광인프라 확대 및 지역 경제 활성화라는 부문에서의 기대효과이다. 먼저 학술적인 부문에서의 기대효과를 생각해보면, 태봉은 초기에는 신라에 반기를 든 지방 호족 정권이었지만 고구려 계승의 기치를 내걸고 민중을 통일하는 대동방국 건설을 목표로 하였다. 이는 국호와 연호를 자주 바꿨던 궁예왕의 의지에서도 엿보인다. 태봉은 국가 체계를 바로 세워 국력을 신장하여 후삼국 통일을 실현하려는 나라로 또렷한 정체성을 갖춘 국가였다. 고대에 속하고 고유한 정체성을 지녔으며 그 영역은 현재의 강원도 경기도 충청도 전체와 경상북도와 전라남도 일부 등 한반도의 2/3를 아우르는 국가였다. 고려 초의 정치조직은 대체로 마진과 태봉의 그것을 답습한 것이었다. 태봉의 역사문화는 태봉국 멸망 후에도 고려에 면면히 투영되어 있다. 이러한 역사성을 가지고 있고 강원특별자치도에 존재했던 유일한 고대국가인 태봉국의 역사를 비로소 바로 세우는 계기가 될 것이다.

두 번째 기대효과는 철원군 관광콘텐츠 확대와 지역경제 활성화 그리고 주민소득 증대이다. 각 광역지자체별로 광역권 관광개발에 대한 계획이 마련되어 있다. 광역권 관광개발을 위해 개발 대상지의 공공 관광 투자를 확대할 때 대상지 내 경제적 파급효과 발생 경로는 공공 관광 투자 확대는 관광 자본량 증가를 낳고 이후 관광 서비스 생산 증가로 이어진다. 즉 광역권 관광개발 정책은 정책 대상지의 관광인프라 확대를 통해 경제 전반에 영향을 미친다. 이러한 계획과 태봉 역사문화 유산을 연동하여 개발하면 커다란 시너지 효과가 있을 것이다. 철원군은 수복지구이자 접경지역으로서 지난 수십 년간 개발과 발전에서 소외되어 있었다. 최근에는 군부대 축소와 병력 감소로 인해 지역 경기가 더욱 위축되었다. 활로를 찾지 못하고 있는 접경지역에 있어서 태봉역사문화권 설정은 지역 발전과 주민들 삶의 질 향상에 있어 전환점이 될 것이다. 그리고 현재 남북관계는 극도의 경색 국면을 맞았지만 앞으로 관계 개선에 따라서 철원도성에 대한 남북한 공동발굴과 공동연구가 가시화될 수도 있다. 이는 남북한 화해와 공존의 상징이 될 수도 있다. 그래서 태봉역사문화권의 설정은 한반도 평화와 통일에 대한 비전이기도 하다.

2. 태봉역사문화권 설정 추진협의체 구성

태봉이 지니는 역사적 의미가 크므로 역사문화권정비법에 하나의 역사문화권으로 설정하여야 한다. 그러나 일반인들은 태봉국 역사에 대한 이해가 부족하거나 부정적 인식이 퍼져 있기도 하다. 철원군은 태봉국과 궁예왕 역사 조사연구 활동 지원은 열심히 해왔으나 강원도 전체로의 관심 확산은 여의치 않았다. 그래서 당연히 지금까지는 국가적인 국토종합개발계획이나 문체부와 문화재청 사업에서 태봉역사문화권에 대한 고려가 없었다. 태봉역사문화권 설정은 역사적 당위성과 합리성만으로 될 수 있는 것은 아니고 민관 협의체 즉 거버넌스를 구축해 태봉 역사문화에 대한 인식을 높일 수 있어야 가능하다.

태봉역사문화권 설정 추진에 있어서 가장 기본이 되는 핵심 조직이 '태봉역사문화권 철원군 추진위원회'라 할 수 있다. 태봉역사문화권에 대한 일반인 관심과 인식 확산을 위해 철원군민부터 결연하게 나서야 한다. 철원군 추진위원회 구성은 철원군을 대표하는 철원군수와 철원군의회 의장, 철원교육지원청장, 철원문화원장, 철원군노인회장, 철원예총회장, 철원군이장협의회장, 철원군여성단체협의회장, 태봉학회 회장 등이 주축이 되어 태봉역사문화권 설정에 대한 간담회(토론회)를 갖고 의견 수렴 절차를 거쳐서 향후 활동 방향을 적은 결의문을 채택하고 각 단체가 연대해 제안서를 강원도에 제출해야 한다. 태봉역사문화권 설정은 국회의원 입법이나 개정으로 정해지는 것이기에 정치적 역량을 발휘할 수 있는 응집력과 대표성을 가진 철원군 추진위원회가 꼭 필요하다.

그다음 강원도 내 태봉 영역에 속한 기초 지자체 간 협의체를 만들고 공감대를 확산해 함께 추진할 수 있어야 한다. '태봉역사문화권 강원도 지자체 협의체'에는 철원군, 영월군, 원주시, 강릉시, 인제군, 양구군, 화천군 등이 참가해야 한다. '태봉역사문화권 철원군 추진위원회'가 각 시군에 태봉역사문화권 설정 추진 의사를 전달하고 해당 시군의 협조를 요청해야 한다. 그 이전에 태봉역사문화권 설정에 대한 해당 지자체 또는 담당자(학예사) 의견을 개진하고 수렴하는 절차를 거쳐야 할 것이다. 역사문화권 정비법 개정은 가장 적극적인 정치적 행위를 수반하는 일이기 때문에 해당 시군의 협조와 공감이 절대적으로 필요하다. 궁예왕이 세달사에서 나와 세력을 키워서 철원에 도읍을 정하고 나라를 선포하는 과정을 재현하는 궁예 대장정은 영월세달사(흥교사)~죽주(안성)~북원(원주)~주천(영월)~내성(영월)~울오(평창)~어진(정선)~명주(강릉)~저족(인제)~양구~성천(화천)~금성~부약(김화)~철원으로 이어지는 데 강원지역 인식 확산 역시 이 과정과 일맥상통한다.

'태봉역사문화권 강원도 지자체 협의체'가 구성되고 공감대가 확산되어 결속력이 응집되면 태봉 역사 유적 유물이 분포하는 광역지자체 간에 가칭 '태봉역사문화권 지방정부 협의회'를 구성하여 입법 활동을 뒷받침해야 한다. 협의회에는 역사 태봉 영역에 속했던 강원도, 경기도, 충청북도, 경상북도, 전라남도 등이 참여해야 한다. 여기에다가 태봉학회, 후백제학회, 신라사학회, 한국고대사학회, 한국군사사학회 등이 참여하는 '태봉역사문화권 관련 연구단체 협의회'를 구성해 출범시켜야 한다. 이는 태봉역사문화권 설정에 필요한 학술적 연구와 중앙정부의 행정적 절차를 진행할 때 서로의 사례와 경험을 공유할 수 있어 불필요한 시행착오를 줄이고 가장 현실적이고 효율적인 추진을 가능케 할 것이다. 이외에도 강원도 문화예술계와 시민사회단체들의 협력을 이끌 거버넌스 구축에도 힘써야 한다. 태봉의 영역은 지금 북한의 개성이나 평양도 포함되니 향후 남북한에 대화 국면이 펼쳐지면 상호 방문도 추진할 수 있어야 한다.

3. 태봉역사문화권 인식 확산과 홍보

태봉역사문화권 설정을 위해서는 관련 학계가 태봉 역사문화의 실체를 밝히기 위해 노력해야 하고 시민단체가 적극적으로 나서서 그 가치와 의미를 확산해야 한다. 철원군에서 궁예 태봉국 관련 연구 사업을 본격화한 것은 2000년부터이다. 그동안 태봉국 학술대회가 다양한 주제로 철원에서 15회 이상 개최되었다. 연구 성과로 단행본과 연구보고서도 많이 발간되었다. 학문적인 연구에서는 괄목할만한 성과를 거두었지만 이를 응용하고 활용한 문화콘텐츠 개발로는 이어지지 못했다. 궁예왕에 대한 기록이 적고 그나마 전하는 기록은 부정적인 내용으로 일관되어 새로운 콘텐츠를 만들어내는 것이 어려운 상황이었다. 문화예술계는 태봉국과 궁예왕의 역사 이야기를 바탕으로 한 연극과 합창 등 공연예술 작품을 다양하게 기획해 태봉 역사문화를 일반인들에게 제대로 알려야 한다. 이미 철원예술단은 수년 전부터 다양한 작품을 무대에 올리며 철원군민은 물론 타지역에서 인식 확산을 위해 노력해 왔다. 그러나 예산 부족으로 최소한의 공연만 이루어졌다. 이번에 태봉역사문화권 설정을 위해서라도 관계 부서에서 더욱 예산지원을 늘려 일반인들 태봉 역사문화 인식 확산을 꾀해야 할 것이다.

학계에서는 태봉 관련 유적과 유물에 대한 조사·연구를 확대 강화해야 한다. 이렇게 확인된 각 지역의 태봉 유적·유물은 지역 내 태봉에 관한 관심이 확대되고 우호적인 인식이 확산하게 될 것이다. 이러한 과정을 거쳐 태봉 관련 관심이 확대된다면 지금까지 태봉 역사문화에 관심을 가지지 않았던 태봉 영역의 시군은 물론 국가 차원에서도 자연스럽게 태봉역사문화권 관한 인식이 제고될 것이다. 연구 결과물을 바탕으로 문화콘텐츠를 개발하여 새로운 관광자원으로 적극적으로 활용하려면 '태봉기념사업회' 발족이 절실하다. 학술조사연구를 중심으로 하는 태봉학회가 다양한 형태의 문화사업과 공공 행사를 기획하고 진행하기에는 역부족이다. 지금까지는 철원군 예산으로만 행사를 진행하였으나 이제부터는 강원도가 본격적으로 나서서 강원도 유일의 왕국이었던 태봉국의 역사성과 정체성을 전국에 알리고 문화관광콘텐츠를 개발해 도민 수익 창출을 적극적으로 도모해야 한다. 강원도에서 궁예왕 태봉국 행사가 2~3회 성공적으로 치러진다면 후백제학회와 공동으로 개최하는 행사는 시너지 효과가 커서 더욱 큰 성과를 낼 것으로 기대된다.

태봉역사문화권 지방정부 협의회 차원에서도 아낌없이 지원해야 한다. 각 시·군별로 태봉국 유적과 유물 조사와 함께 태봉 역사 인식 개선을 위하여 노력해야 한다. 태봉국과 궁예왕에 대한 종합적이고 체계적인 브랜딩, 마스터 브랜드 개발, 전문해설사 육성, 역사 연구자 초빙 강좌 등이 실행되어야 한다. 아울러 협의회 차원에서 정기 학술회의와 문화 행사를 개최하여 유대를 강화하고 태봉 영역에 속한 다른 시군이 지방정부 협의회에 참가할 수 있도록 해야 한다. 시민사회단체에서도 태봉국 역사 인식 개선을 위한 캠페인에 적극적으로 나서 전체 주민들이 하나가 될 수 있는 촉매제 역할을 해야 한다. 이러한 활동이 자리매김할 때 태봉역사문화권 내 지역 간 인식의 격차와 감정적인 거리를 줄일 수 있다. 아울러 이는 태봉역사문화권을 매개로 한 교통 인프라 구축과 관광개발, 경제 활성화 그리고 주민들 소득 증대로 이어질 것이다.

Ⅲ. 태봉역사문화권 설정과 철원의 변화

1. 태봉국 철원도성 조사 발굴 정비

태봉국 철원도성은 고지도에는 궁예도성(弓裔都城)이라고 나와 있으며 강원도 철원군 북면 홍원리 일대 DMZ 안에 있다. 『증보문헌비고』 철원의 관방조에는 '북쪽 27리 풍천들

DMZ 안 태봉국 철원도성터

에 있는데 흙으로 쌓았다. 외성은 둘레가 14,421척, 내성은 둘레가 1,905척'이라고 하였다. 육군사관학교의 강원도 철원군 군사 유적에서는 외성의 높이 4~12척에 폭 2~6간, 내성은 높이 7척에 폭 12간이라고 하였다. 일제 강점기 지도 및 최근 군사지도를 보면 외성 둘레가 12.5㎞, 내성 둘레가 7.7㎞로 나타난다. 본래 4대문지가 다 있었던 평지성이며 장방형을 하고 있다고 보고하였다. 태봉국 철원도성은 일반인 접근이 전혀 불가능하기에 늘 일부 자료만 가지고 분석할 수 있을 뿐이다. 지난 2018년 9월 19일 남북은 '9월 평양공동선언'의 부속합의서로 '역사적인 판문점 선언 이행을 위한 군사 분야 합의서'를 채택하였다. 2-④에서 "쌍방은 비무장지대 안의 역사유적에 대한 공동조사 및 발굴과 관련한 군사적 보장대책을 계속 협의하기로 하였다." 국방부 관계자는 태봉국 철원성이 대상이며, "남

북 공통의 역사유적을 복원하고 민족 동질성 회복에 기여할 것"이라고 의미를 부여했다. 하지만 2019년 2월 27일 미국과 북한의 하노이 노딜과 그에 따른 남북한 대화 단절로 인하여 더 이상 태봉국 철원도성 공동발굴은 진척되지 않았다. 그렇다고 하더라도 남북이 공동으로 철원도성을 발굴하고, 연구한다는 것은 곧 남북의 화해와 협력을 상징적으로 보여주는 의미를 지니기에 항상 준비하여야 한다.

2. 철원군 일대 산성 조사 발굴 정비

동주산성(東州山城)은 강원도 철원군 철원읍 중리 산2번지 일대에 있고 언제 축조되었는지 정확하게 알 수는 없으나 고려 이전부터 있었던 것으로 895년 궁예가 화천·김화를 점령할 때 철원 지역민들이 피신해 대항하였던 성으로 추정되고 있다. 궁예는 철원을 점령한 다음 해인 896년 이곳을 주둔지 겸 치소(治所)로 정했다.

명성산성(鳴聲山城)은 강원도 철원군 갈말읍 신철원 4리와 경기도 포천군 영북면 산정리에 연한 포곡식 산성으로 둘레는 2㎞ 정도이다. 산성 안에는 대궐터라고 알려진 직경 8m 정도 원형 대지가 있고 200명이 동시에 들어갈 수 있는 '궁예동굴'도 있다. 궁예왕이 군대를 해산하였다는 설화가 있고 당시 궁예의 부하들이 슬퍼서 통곡하였다는 한다.

보개산성(寶蓋山城)은 철원군 인근인 경기도 포천시 관인면 중리 산 251-1번지 일대에 있고 보개산 관인봉(655m) 능선과 능선 서쪽 경사면에 축조되어 있으며 성의 둘레는 4.2㎞이다. 성의 높이나 규모가 명성산성이

나 운악산성과는 비교가 되지 않을 만큼 웅장하고 세심하게 쌓았다. 전설에 의하면 궁예와 왕건의 군대가 이곳에서 접전하였다고 한다.

운악산성(雲岳山城)은 경기도 포천군 화현면 화현리 산 202번지 일대에 있고 운악산(934m) 정상과 능선을 포함하여 서북쪽으로 뻗어 내려가는 능선을 따라 축조한 산성으로 둘레는 총 3,000m이다. 성안에 대궐터가 남아 있고 구전설화 또는 왕건과 궁예의 대결과 관련되어 있다. 결국 왕건 군대에 패하여 퇴각한 것으로 볼 수 있다.

성동리산성(城東里山城)은 경기도 포천군 영중면 성동리 산 727번지 일대에 있고 포천에서 철원으로 가려면 반드시 거쳐 가야 하는 곳이다. 해발 181m 고지 8부 능선에 자리하며 둘레는 2㎞에 이른다. 『전국유적목록』에서는 이 산성이 궁예가 왕건에게 쫓길 때 하루 숙영하기 위하여 강북에서 일렬로 서서 돌을 전달해 쌓았다는 일화를 소개하고 있다.

포천반월성지(抱川半月城址)는 경기도 포천시 군내면 구읍리 산 5-1번지 일대에 있고 길이가 1,080m이다. 산성은 궁예가 쌓았다고 전해지나 조사 결과 고구려 때 쌓은 것으로 밝혀졌다. 궁예는 이 지역을 통치하면서 반월성지를 사용하였을 것으로 추정된다.

3. 동송읍 마애불 입상, 도피안사, 월하리 유적 조사 발굴 정비

동송읍 마애불 입상은 금학산 동쪽 4부 능선에 있는데 마애불상의 크기는 5.76m에 달하는 웅대한 규모이며 위치가 지면보다 높게 우뚝 솟아 있어서 마치 천계에서 하강하는 여래의 모습을 연상하게 한다. 나말여초기 조각적 특징과 마애불이 위치한 입지 여건을 종합해 볼 때 동송읍 마애불 입상은 태봉의 미륵 사상과 연관하여 볼 수 있다. 동송읍 마애여래좌상은 통일신라 불교 조각의 특징을 주변의 다른 불상들에 비해 강하게 간직하고 있고 태봉의 궁예 정권기에 조성되었다.

도피안사(到彼岸寺)는 강원도 철원군 동송읍 관우리 450번지에 있는데 「비로자나불조상기」를 보면 당시 철원의 호족들의 귀부(歸附)와 많은 백성들이 궁예를 환영했다는 것을 알 수 있다. 도피안사는 신라 경문왕 5년(865)에 도선국사가 창건했다. 기록에 의하면 도선국사가 철조비로자나불을 만들어 철원의 안양사(安養寺)에 모시려고 했으나 운반 도중에 불상이 사라져서 찾아보니 도피안사 자리에 앉아 있었다고 한다. 그래서 이곳에 절을 세웠다고 한다. 피안은 불가에서 깨달음의 세계를 말하는데 당시 사회상이 극도로 혼란했던 통일신라 말기에 정치적으로는 새로운 이상사회 즉 유토피아를 뜻한다.

월하리 유적(왕건 사저 터)의 주소는 강원도 철원군 철원읍 월하리 67번지이고 월하리 북쪽의 산기슭에 위치한 월하분교 터에 위치한다. 이 월하분교 터는 본래는 조선 시대부터 한국전쟁까지 철원향교가 있었던 터로 한국전쟁 후 이 일대가 민통선 구역이 되면서 철원향교는 남쪽에 위치한 화지리에 지어지게 되었다. 향교 이전의 건물지는 한때 사찰이 있었던 것으로 보이며 유물이나 주변의 토성 등 현황을 볼 때 태봉국 당시 왕건이 거주하였다고 하는 조선 시대 기록이 사실일 가능성이 매우 크다고 볼 수 있다. 또한 이곳은 궁예가 처음으로 철원에 입성한 이후 인연을 맺은 곳일 가능성도 있다. 더구나 이곳에 사찰이 있었다는 점과 궁예가 사찰에서 성장하였다는 것을 고려하면 더욱 그러하다.

4. 궁예 태봉 관련 지명 전설과 설화 조사 정리

철원군과 포천군 일대에는 궁예왕과 태봉국 관련 지명 전설과 설화가 30편 가까이 전해지고 있다. 지명 전설에 나타난 궁예왕의 모습은 거룩하기까지 하다. 궁예왕은 삼국통일의 욕망에 자신은 물론 백성들에게 엄격한 국왕이었다. 도읍지 선정의 실책으로 나오는 지명 설화들도 실은 궁예왕에 대한 신비적 존재들의 관심임을 알 수 있다. 역사적 기록과는 달리 궁예왕이 왕건 일당과 오랜 세월에 걸쳐 장소를 바꿔가며 치열한 항쟁을 했다는 사실, 그러한 궁예에 대한 백성들의 존경과 사랑의 흔적을 볼 수 있다. 철원 풍천원 시절 백성에게 공포의 대상이었던 엄격한 왕은 보개산성으로, 명성산성으로, 운악산성으로 그리고 평강 지역으로 이동하면서 백성의 마음을 헤아리는 왕이 된다.

궁예왕 관련 지명 전설로 '장수나들'은 궁예왕 당시 장수들이 말을 타고 오가며 훈련을 하던 곳이고, '마명동'은 군사용 말을 먹이던 곳, '굴양꿀(군

명성산 느치계곡

량동)'은 궁예가 도읍을 정하고 세력을 확장할 때 군량이 많은 것처럼 산을 위장해 전술적으로 이용해서 붙은 지명이다. '동막리(東幕里)'는 군사 요새로 병영의 막을 동쪽에 설치했던 곳이고, '남창동(南倉洞)'은 군량미를 저장하기 위해 지은 큰 창고가 있었다는 곳이다. '야전(野戰)골'은 궁예 군대가 왕건 군사로부터 급습을 받아 싸우던 곳, '가는골(패주골·파주골)'은 왕건 군사에게 패한 궁예 군사가 지나간 곳을 이른다. 궁예왕은 지포리에 있는 '개적봉'이란 바위에서 쉬다가 '한숨모퉁이'에서 한숨을 돌리고, 시름에 잠겨서 '시루메고개'를 넘어가다가 '느치고개'에서 흐느껴 울었다. 이외에도 '항서밭골', '설움골', '왕정랑', '완이정(莞爾亭)', '게현(憩峴)', '전중평(典仲坪)', '문과장(文科場)' 등의 지명 전설이 전한다.

5. 궁예 대장정 루트를 평화의 길로 승화

궁예왕에 대한 일반인의 역사적 인식을 제고하고 전 강원도인들이 하나가 되어 추진할 수 있는 대표적인 사업이 '궁예 대장정 루트' 따라가기 행사일 것이다. 궁예가 891년 영월 세달사에서 나와 896년 철원에 다다를 때까지 세력을 규합하고 확장하는 대장정 루트를 따라 주민들이 함께 걸으며 강원도 유일의 국가 태봉국을 기리고 한반도 평화통일을 염원하는 행사를 2박 3일간 개최할 것을 제안한다. 기록에 보이는 궁예 대장정은 영월 세달사(흥교사)~죽주(안성)~북원(원주)~주천(영월)~내성(영월)~울오(평창)~어진(정선)~명주(강릉)~저족(인제)~양구~생천(화천)~금성~부약(김화)~철원으로 이어진다. 이 대장정 루트에 기초해서 한반도 평화통일의 길을 다음과 같이 재구성 하였다. 안성 죽주산성~원주 영원산성~강릉 굴산사지~오대산 월정사(1박)~고성 통일전망대~고성 DMZ 박물관~인제 한국DMZ

평화생명동산(1박)~양구 군량동~화천 평화의 종 공원~철원 평화전망대~철원평화문화광장에서 마무리하는 일정이다. 오대산 월정사에서는 궁예 태봉국 관련 행사를 하고, 인제 한국DMZ평화생명동산에서는 DMZ 관련 행사를 하며, 마지막 도착지에서 평화통일 기원 행사로 평화 대장정을 갈무리한다. 평화통일 행사로 평화 대장정 종결 고유제, 궁예 추모 글 낭독, 평화통일 기원 결의문 채택 낭독, 평화통일 기원 합창, 평화통일 기원 비둘기 방사, 평화 대장정 답사 보고, 철원 정도 지신제(地神祭) 놀이 등이 있다.

궁예 대장정(평화 대장정) 통과지역의 역사적 사실은 다음과 같다. 궁예가 유년 시절을 보낸 것으로 알려진 영월 세달사(世達寺 흥교사)는 강원도 영월군 영월읍 흥월리 태화산 서쪽에 있었던 것으로 알려지는데, 681년(신라 신문왕 1) 창건되었고 고려 시대 때 대사찰로 번창하였다가 조선 시대 전기에 폐사(廢寺)된 것으로 알려져 있다. 죽주(竹州 안성) 죽주산성은 경기도 기념물 제69호로서 신라 시대 때 내성을 쌓고, 고려 시대 때 외성을 쌓았다. 본성 1.7㎞, 외성 1.5㎞, 내성 270m로 세 겹의 석성이 남아 있고, 네 곳의 문터와 장터도 비교적 온전히 남아 있다. 원주 영원산성(領願山城)은 사적 제447호로 신라 문무왕 또는 신문왕 때 쌓았다고 하나 확실한 고증이 없다. 『삼국사기』에는 후삼국 혼란기 양길(梁吉)과 궁예가 치악산 석남사를 근거로 하여 영원산성에 거처하며 인근 고을을 차지하게 되었다고 한다. 현재 둘레 4㎞ 정도 석축이 남아 있고 높이 1~3m이다. 강릉 굴산사(掘山寺)는 신라 말기 지금의 학산(鶴山)이 굴산이었으므로 그리 이름 지어졌다. 범일(梵日)의 명성을 들은 명주도독 김공(金公)이 범일에

　태봉역사문화권의 설정과 철원군

게 명주 땅에서 법(法)을 펴줄 것을 요청하자 범일은 나이 40세에 굴산사를 창건하였다. 범일은 신라 때 구산선문(九山禪門) 중 사굴산파(闍崛山派)를 개창한 선승(禪僧)으로 철원의 안양사(安養寺)[1]와 심원사(深源寺)[2]를 창건하였다. 범일은 강릉에서 대관령 성황신(城隍神)으로 신격화되어 있으며 강릉단오제 주신(主神)으로 추앙받고 있다.

오대산 월정사(月精寺)는 대한불교 조계종 제4교구 본사로서 《삼국유사》에 나타난 창건 유래에는 자장(慈藏)이 당(唐)에서 돌아온 643년(신라 선덕여왕 12) 오대산이 문수보살(文殊菩薩)이 머무는 성지라고 생각하여 지금의 절터에 초암(草庵)을 짓고 머물면서 문수보살의 진신(眞身)을 친견하고자 하였다고 한다. 월정사 적멸보궁(寂滅寶宮)은 부처님의 진신 사리를 봉안한 곳으로 조선 시대 암행어사 박문수가 천하의 명당이라 감탄했던 곳이기도 하다. 고성 통일전망대는 북녘과 금강산을 바라볼 수 있으며 휴전선 동쪽 끝, 최북단에 위치하고 있다. 고성 DMZ 박물관은 DMZ 속에 묻혀있는 역사적 문화유적들과 반세기 이상 잘 보존된 자연생태계의 생생한 모습, 전쟁의 주요 사건 사고, 민통선 사람들의 삶 등 DMZ에 녹아있는 시간적 역사성과 공간적 존재들이 전시되어 있다. 인제 한국 DMZ 평화생명동산은 2009년 9월 18일 개관식을 갖고 본격 운영에 들어갔는데

---

1) 통일신라 경문왕 3년(863) 범일국사(梵日國師)가 창건해 그해 극락삼성(極樂三聖)은 나무로 관음이위(觀音二位)는 돌로 만들어 봉안하고 안양사(安養寺)라 하였다. 일제 강점기 철원 일대에서 가장 번성했던 사찰이고, 6·25전쟁으로 모두 불탔고 지금은 터만 남아 있다.

2) 신라 진덕여왕 원년(647)에 영원조사(靈源祖師)가 영주산에 영원사(靈源寺), 법화사(法華寺) 등과 함께 창건한 절로 초기에는 흥림사(興林寺)라 불렸다. 성덕왕 19년(720) 사냥꾼 이순석(李順碩)이 출가하여 석대암(石大庵)을 창건하고, 헌안왕 3년(859) 범일국사가 흥림사를 중건하고 1천불을 봉안하였다.

DMZ의 가치를 지역화와 전국화, 세계화하는 교육의 장으로서 평화와 통일, 생명, 생활 건강, 신문명, 자연 생태를 올바르게 알리는 다양한 교육 프로그램을 통해 전 세계에 평화와 생명 사회운동을 실현하는 메카 역할을 하고 있다. 화천 세계 평화의 종 공원은 제2차 세계대전을 비롯한 전 세계 분쟁지역에서 수집한 탄피를 기증받아 제작한 종을 한국전쟁 당시 치열한 전투가 벌어졌던 백암산과 평화의 댐 일원에 전시하는 사업으로 시작됐다. 화천군이 남북대치의 상징물인 화천 평화의 댐 인근에 조성한 종 공원은 평화 기원의 근원지와 역사교육의 장으로 재구성해 세계적인 평화 순례 명소로 재탄생했다.

6. 6·25 격전지 전몰장병 위령제(팔관회)

궁예왕에 대한 국민의 관심을 높이고 철원을 중심으로 국가적인 행사로 추진할 수 있는 것이 팔관회이다. 고려 시대의 팔관회(八關會)는 태조 원년(918)부터 마지막 임금인 공양왕 대까지 475년간 왕실의례로 행해졌다. 불교를 건국이념으로 삼은 왕건은 후대 왕들에게 남긴 유언 『훈요(訓要)』에서 연등회(燃燈會)를 불교 행사로 팔관회를 천령(天靈) 등을 받드는 속신(俗信) 행사로 규정하였다. 팔관회의 원류는 석존(釋尊) 시대부터 행해진 팔계재(八戒齋) 수행에서 비롯한다. 신라 진흥왕은 고구려 망명승 혜량(惠亮)을 승통(僧統)에 임명하고 서기 572년 전사한 장병을 위해 7일간 팔관회를 호국 행사로 거행했다. 신라 말에 이르면 팔관회는 왕의 이국치세(理國治世)를 상징하는 왕실가례(王室嘉禮)로 정착되었고, 태봉국 궁예왕도 실시하였으며, 고려 태조는 이를 수용해 정례화하였다. 이런 행사에는 태자를 비롯한 만조백관과 국내외 사신, 상객들의 조하(朝賀)가 이뤄지고, 이들에 대한 진다의례(進茶儀禮) 등이 행해져 태평성대와 함께 국왕의 위상이 내외에 과시되었다. 역대 왕들이 거대한 비용을 감당하면서 즉위년이나 이듬해에 주로 팔관회를 설행한 이유가 여기에 있었다.

철원군은 한반도의 중심지이고 지정학적으로 중요한 요충지라서 역사적 부침(浮沈)이 매우 심했다. 통일시대에는 번영을 구가한 반면 분열 시대에는 쇠퇴를 면치 못했다. 삼국시대에는 백제, 고구려, 신라가 100년을 주기로 이 땅을 차지하기 위해 쟁패하였고, 이후 후삼국 시대에도 전란이 끊이지 않았다. 조선 시대 임진왜란 때는 왜군의 진격로였고, 병자호란 때는 청나라 군대의 침략로였다. 1945년 일제로부터 해방은 되었지만 분단으로 인해 북한의 최전방이었고 6·25전쟁 때는 밤낮으로 점령자가 바뀌고 치열한 고지전이 벌어져 완전히 폐허가 되고 수많은 군인들이 전사하였다. 전쟁 와중에 주민들이 영문도 모른 채 이데올로기 대립으로 인해 무수히 희생되었다. 수복지구와 접경지역으로서 철원군만큼 현대사에 있어 급격한 변화와 희생이 발생한 고장도 없을 것이다. 1,100년 전에는 번성한 태봉국 수도였지만 70년 전에는 한국전쟁으로 시신이 산야를 덮는 생지옥 같은 땅이었다. 이에 이들을 위로하는 전국적인 위령제 행사 팔관회를 철원에서 개최할 것을 제안한다.

IV. 전망과 기대효과

역사문화권 정비사업은 동 법 제2조에 역사문화권의 역사적 가치를 조명하고 역사문화환경을 대상으로 조사·연구·발굴·복원·보존·정비·육성함으로써 지역의 문화발전 및 지역경제 활성화를 등에 기여하는 사업이라고 되어 있다. 정비사업에서 공간환경 정비는 주변 지역과 조화되는 도시환경의 조성 및 개발을 유도하여 도시기능의 확충·보완 및 도시관리의 효율성을 제고하기 위한 정비를 의미하며, 토지·건축물, 기반시설 등 물리적 환경 및 사회·경제·문화 등 비물리적 현황을 분석하여 장래의 개발수요에 효과적으로 대응하기 위한 정비를 의미한다. 육성사업은 역사문화권을 연계하여 지역의 산업·경제·문화 등의 관련 분야를 발전시키는 것을 의미하며, 역사문화권과 연계한 지역 발전, 역사문화권과 관련된 산업의 육성, 역사문화권 가치 인식 제고 및 가치발굴을 위한 교육사업 등 역사문화권과 연계되는 지역 브랜딩 사업 등을 의미한다. 역사문화권 기반의 도시재생사업, 관광자원화 및 관광특화사업, 지역개발사업, 도시개발사업 등이 해당한다.[3]

　최근 철원에 한탄강 잔도(棧道)가 설치되고 고석정 주변에 대규모 꽃밭이 조성되면서 수도권은 물론 남쪽 지방에서도 관광객들이 많이 찾고 있다. 사실 이러한 관광은 아름다운 경관과 명승지를 들러보는 코스이다. 이러한 부류의 관광은 재방문율이 떨어질뿐더러 오랜 기간 유지되기 어려운 점이 있다. 그러한 단점을 보완하는 것이 테마가 있는 맞춤식 관광 프로그램의 개발이다. 철원군은 분단과 전쟁의 상흔이 많이 남아 있는 곳이다. 수복지구이면서 접경지역으로서 주민들의 세세한 삶의 흔적이 오롯

---

3) 제1차 역사문화권 정비 기본계획(2022~2026) 2022.4. 문화재청

철원역사문화공원

이 새겨져 있다. 한마디로 스토리텔링이 무궁무진한 곳이라고 할 수 있다. 그 대표적인 장소가 노동당사 인근 철원역사문화공원과 소이산 전망대이다. 신생대 화산폭발로 이루어진 철원평야 생성의 단면을 한눈에 볼 수 있는 세계지질공원의 대표적인 명소이기도 하다. 또한 그곳 일대는 궁예가 896년 처음 철원에 도착했을 때 치소(治所)로 삼았던 동주산성이 있고, 그 언저리에서는 왕건의 사저 터로 추정되는 유물이 출토된 곳이기도 하다. 월정리역 인근에 조성된 태봉국 궁예왕 역사공원과 연계해 철원군 일대를 '역사문화권 정비육성 선도사업'으로 추진한다면 철원군 관광은 더욱 다양하고 밀도 있는 프로그램으로 거듭날 것이다.

'역사문화권 정비육성 선도사업' 지원 대상은 지역분석의 충실성, 지자체의 추진 의지와 역량, 정비구역의 가치와 의미, 사업추진을 통한 파급효과와 지역 발전에 기여 등을 고려하여 선정한다. 지원방식은 공모를 통해 선정하는데 「역사문화권정비법」에 따른 정비구역 지정 및 시행계획 승인, 실시계획 수립, 사업비 지원 등 법에 따른 정비사업 절차를 이행하고 실행체계를 점검한다. 지원내용은 유적 주변부 특화경관 조성, 역사문화 향유공간 발굴 및 공간환경 정비사업(HW)과 역사문화관광 콘텐츠 발

굴, 디지털 콘텐츠 제작, 주민참여프로그램 개발·운영, 홍보·브랜딩 등의
프로그램(SW)을 지원한다. 관광산업 활성화의 경우 역사문화권의 역사문
화환경과 지역특산물, 설화와 이야기의 스토리텔링 등을 활용한 축제, 로
컬푸드의 상품화 방안, 역사문화권 고유의 특성과 지역 자원을 활용한 기
념품(굿스) 개발이 가능하다.

　　[역사문화권 정비육성 철원군 선도사업 예정 대상지]

　　① 태봉국 철원도성

　　② 태봉국 궁예왕 역사공원(전시관, 표준영정, 사당, 미니어처)

　　③ 철원역사문화공원

　　④ 동주산성

　　⑤ 왕건사저터(월하분교 일대)

　　⑥ 도피안사

　　⑦ 천황지(철원읍 화지리 일대)

　　⑧ 금학산

　　⑨ 동송읍 마애불상

　　⑩ 만가대(동송읍 오지리 일대)

　　⑪ 보개산성

　　⑫ 성동리산성

　　⑬ 파주골·강씨봉

　　⑭ 명성산(명성산성)

　　⑮ 궁예로·태봉로

제2부

태봉 연구의 회고와 현황

태봉역사문화권의 설정과
철원군

BASIC STUDY ON
THE HISTORICAL CULTURAL ZONE OF
TAEBONG KINGDOM
泰封國 歷史文化圈 基礎研究

태봉 목간의 소개

조인성

경희대학교 사학과 명예교수

목차

Ⅰ. 개관

2023년 10월 경기도 양주시 소재 대모산성 내 원형 집수시설에서 목간 1점이 출토되었다. 원형집수시설의 전체 지름은 18m, 잔존 깊이는 3.6m 이상이며, 내부 호안 석축의 상부 지름은 11m이다. 현재 4개의 단이 확인되며, 원래 5개의 단으로 축조되었을 것으로 판단된다. 단이 바뀔 때마다 약 25㎝정도 들여 쌓기하여 단면은 계단식이다(사진 1).

원형집수시설 내 7지층 이하의 퇴적된 내부토에서 매몰된 석재들과 함께 통일신라시대(9~10C)의 기와가 다량 확인되었다. 최하층(10지층) 내부토에서는 명문와를 비롯한 선문·격자문·복합문기와 등이 출토되었다. 목간은 최하층 바닥면(10-5지층)에서 발견되었다. 공반 유물로는 경질토기, 가공된 건축자재와 절구공이 등 생활 도구의 일부로 추정되는 목기들과 배 모양의 목기(주형목기) 등이 있다(사진 2).[1]

목간은 길이 30.8㎝의 막대형으로 총 8면으로 이루어져 있다. 참나무류의 원통형 목재를 종방향으로 모를 줄여가면서 면을 깎아 다듬었다. 각 면의 너비는 균일하지 않다.[2] 한 면은 비어 있는데, 그 옆 상대적으로 넓은 면에 인물 형상을 그리고, 문자를 적었다. 이로 보건대 이 면부터 시계방향으로 돌려 가며 문자를 썼던 것으로 추정된다. 즉 인물 형상이 있는 면이 Ⅰ면, 비어 있는 면이 Ⅷ면이 된다. Ⅱ면·Ⅲ면·Ⅳ면·Ⅵ면·Ⅶ면에는 1행씩, Ⅴ면에는 3행의 문자가 써져 있다(사진 3).[3]

목간에는 123자 이상이 묵서되어 있다. 본문은 "政開三年丙子四月九日"(Ⅱ면)로 시작된다. 궁예는 911년 국호를 태봉, 연호를 水德萬歲로 바꾸었다. 914년에는 연호를 고쳐 政開元年이라고 하였다. '정개'는 태봉의 마지막 연호이며, 정개 3년 병자는 916년이다. 이것은 태봉 때 만들어진 것이다. 이에 태봉 목간이라고 부르기로 한다. 단, 앞으로 태봉 때 만들어진 목간이 더 발견된다면 이 목간은 '정개 3년 목간' 등으로 이름을 바꾸어야 할 것이다.[4]

---

1) 이상 김병조·고재용, 2024, 「양주대모산성 원형집수시설 출토 목간-양주대모산성 13차 발굴조사-」, 『木簡과 文字』 32, 228~230쪽.

2) 김병조·고재용, 2024, 앞의 논문, 234쪽.

3) 이재환, 2024, 「양주 대모산성 목간1의 인물 형상에 대한 검토」, 『木簡과 文字』 33, 217쪽.

4) 조인성, 2024, 「'태봉목간' 단상」, 한국목간학회 제 45회 정기발표회 자료집, 7쪽. 이재환은 앞의

목간 연구에 있어 판독과 해석이 중요함은 물론이다. 현재 태봉 목간에 대해서 4종의 판독안과 2종의 해석안이 제시되었다. 그런데 아직 분명하지 않은 글자들이 여럿 있다. 해석안의 경우 일부분을 제외하고는 문맥이 잘 닿지 않는다. 이에 목간의 용도와 인물 형상의 정체에 대한 논의를 먼저 정리하고, 판독안과 해석안은 뒤에 제시하려고 한다.

2024년에는, 태봉 목간이 출토된 원형 집수시설에서 목간 4점이 더 발굴되었다. 이것들은 태봉 목간과 같은 층에서 출토되었다. 태봉 목간은 정중앙부에, 목간 4점은 정중앙부에서 약간 서쪽으로 치우친 곳에 있었다.[5] 목간들의 서체도 유사하다고 한다. 2024년 출토 목간 4점도 태봉 때 만들어졌을 가능성이 있다.[6] 하지만 아직 본격적인 연구는 없다. 또 이것들이 신라 때 만들어졌을 것이라는 견해도 있다.[7] 이에 이 글에서는 다루지 않기로 한다.

Ⅱ. 태봉과 대모산성

양주 대모산성은 양주시 백석읍 일대의 대모산(해발 213m) 정상부에

논문, 216쪽 주 1)에서 오택현·이재환, 2023, 「백제·신라 목간의 집계와 범례의 제안」, 『木簡과 文字』 30, 240쪽에서 제시한 제안 호칭의 기준에 따라 이 목간을 '양주 대모산성 목간1'로 표기한다고 하였다. 이런 표기 방식은 출토된 공간에 대한 정보를 담고 있다. 그런데 만들어진 시기를 구체적으로 알 수 있는 목간을 이렇게 명명하는 것이 타당할 것인지에 대해서는 논의가 더 필요하지 않을까 한다.

5) 김병조·고재용, 2025, 「양주대모산성 원형집수시설 출토 목간-양주대모산성 14차 발굴조사-」, 『木簡과 文字』 34, 255쪽.

6) 김병조·고재용, 2025, 앞의 논문, 261쪽.

7) 손환일, 2025, 「양주 대모산성 新출토 목간 자료 소개」 『新羅史學報』 63.

조성된 테뫼식 석축산성이다. 둘레는 약 1.4㎞, 내부 면적은 57,742㎡이다.[8]

　양주 지역은 고대로부터 고려 전기에 이르기까지 한강과 임진강을 남북으로 가로지르는 교통의 요지였다.[9] 이 지역의 관방 체계를 고려할 때 대모산성은 임진강·한탄강 유역과 한강 북안을 연결하는 주요 교통로 상에 있다.[10]

　대모산성은 8세기 중후반 이후에 대규모로 수축되고, 그 후 신라 말 고려 초까지 활발히 점유·운영된 것으로 보인다고 한다.[11] 우선 대모산성은 통일신라 來蘇郡의 치소성이었던 것으로 여겨진다.[12] 관인으로 생각되는 청동제 인장과 문서의 봉함 등에 사용되었을 것으로 추정되는 납석제 인장이 출토되었다.[13] 신라 말에는 호족이 웅거하였을 것으로 짐작된다. 출토된 다량의 기와 중 상당 부분은 신라 말 이후의 것들이라고 한다.[14]

　궁예는 896년 철원을 도읍으로 삼고, 국가 건설을 꿈꾸었다. 898년 7월에는 송악군으로 도읍을 옮겼다. 이 해에 공암·검포·혈구 등의 성을 격파하였다. 898년에는 양주와 견주를 쳤다. 양주는 지금 서울의 광진구

---

8) 김병조·고재용, 2024, 앞의 논문, 220쪽.

9) 정요근, 2005, 「7~11세기 경기도 북부지역에서의 간선교통로 변천과'長湍渡路'」,『韓國史研究』131, 196~197쪽, 203쪽 및 206쪽 참고.

10) 백종오, 2024, 「한국고대 성곽문화의 결절지, 양주」,『先史와 古代』74, 66~69쪽.

11) 김용, 2024, 「양주 대모산성의 조사성과와 변천양상」,『先史와 古代』74, 271~272쪽.

12) 박성현, 2013, 「양주 대모산성의 성격과 역사적 위상」,『양주 대모산성의 재조명』, 한림대학교 출판부, 47~48쪽.

13) 김용, 앞의 논문, 272~273쪽.

14) 박성현, 앞의 논문, 48~49쪽.

(혹은 종로구), 견주는 양주시로 비정된다. 이때부터 대모산성은 궁예의 세력권에 포함되었을 것이다.

궁예는 899년(897년이라는 설도 있음) 양길을 격파하였다. 이어 900년 광주·충주·당성·청주(혹은 청천)·괴양 등을 확보하였다. 궁예는 양길의 세력권을 흡수하여 판도를 충북 일대까지 확대하였다. 이때 동원된 군대는 북으로부터 견주와 양주를 거쳤으리라고 여겨진다.[15] 궁예는 남으로 세력을 확장하면서 대모산성을 중시하였을 것이다.

한편 대모산성은 북으로 공격해 오는 세력을 막는 데 있어서 중요한 역할을 하였을 것이다. 궁예는 철원도성을 건설하고, 905년 송악에서 이곳으로 도읍을 옮겼다. 도성의 남쪽 방어성으로 포천의 성동리 산성, 반월산성이 거론되고 있다.[16] 여기에 대모산성도 더할 수 있을 것이다. 출토된 명문 기와류와 원형 석축 집수시설, 현문식 성문과 2차 성벽 등은 10세기 초반으로 편년되며, 태봉과 관련될 것이라고 한다.[17]

대모산성에는 태봉 중앙정부의 지배력이 상당히 강하게 미쳤을 것으로 여겨진다. 태봉 목간에 '정개' 연호가 등장하는 것은 이러한 사정과 무관하지 않을 것이다. 목간 Ⅳ면에는 신해년(891)에 태어나 정개 3년 당시 26세였던 茂登(혹은 茂金)이라는 인물이 등장한다. 그는 대모산성의 성주로서 궁예에게 충성을 바쳤던 인물일 가능성이 있다.[18]

태봉 멸망 이후 대모산성이 어떻게 되었는지에 대한 기록은 찾을 수

---

15) 정요근, 앞의 논문, 208쪽.

16) 김호준, 2023, 「태봉국 철원도성의 남쪽 방어체계 연구」, 태봉학회·철원군 편, 『태봉의 문화유산』(태봉학회 총서 5), 316~317쪽.

17) 백종오, 2024, 앞의 논문, 50쪽. 그는 "후고구려(태봉) 고고학"을 주창하였다. 같은 논문, 74~78쪽.

18) 조인성, 앞의 발표문, 11쪽.

없다. 그런데 925년 9월 왕건에 귀부를 청하였다는 買曹城 장군 能玄을 주목하는 견해가 있다. 능현의 본거지가 양주 일대였다고 하는 설에 따라 능현을 대모산성을 중심으로 활동한 호족세력으로 추정하기도 한다.[19]

Ⅲ. 목간의 용도와 인물 형상의 정체

8~9세기에 조성된 신라의 연지, 우물 등에서 출토되는 용왕명 목간이나 주술 목간은 기우제 등에서 사용되었다고 한다. 이 견해에서는 태봉 목간 Ⅱ면에 '大井'과 더불어 '大龍'이라고 적혀 있음을 들어 이것이 기우제 등에서 사용되었을 것으로 추정한다.[20]

물을 관장하는 용이 연못이나 우물에서 살고 있었다고 여겨졌다는 점에서 우물이나 집수지 등에서 출토되는 주술 목간은 용왕 제사와 관련되었을 가능성이 크다고 한다. 태봉 목간이 "城의 한우물(大井)에 살고 [계신] 大龍에게" 무언가를 바치는 제사에 사용된 것으로 보고,[21] 목적은 기우였을 것으로 추정하는 견해가 있다.[22]

태봉 목간과 같이 발굴된 유물로 주형 목기가 있다(사진 2). 이물은 뾰족하고, 고물의 돌기부에 구멍이 있다. 일본에서 주형 목기를 땅에 꽂아서 사용한 사례가 있다고 한다. 이것은 龍神(水神)께 바치는 것, 또는 사악한

---

19) 김용, 앞의 논문, 274쪽. 능현과 관련해서는 조인성, 앞의 발표문, 11~12쪽도 참고.

20) 김재홍, 2024, 「新羅 저수시설 출토 呪術木簡의 성격」, 『木簡과 文字』 32, 46~47쪽.

21) 李東柱, 2024, 「고대 연못 유물의 주술적 의미」, 『震檀學報』 142, 12쪽 및 20쪽.

22) 이동주, 2025, 「한국 고대 주술목간 연구의 동향과 향후 과제」, 『동서인문』(경북대학교 인문학술원) 28, 346쪽.

기운을 갖고 있는 인형을 태워서 저 세상으로 멀리 떠나게 하는 것이라고 여겨지고 있다고 한다. 이를 염두에 두고 제사나 의례에서 주형 목기를 목간과 함께 어딘가에 꽂아서 또는 어딘가에 매달았을 것으로 추정하는 견해가 있다. 목간과 주형 목기가 집수시설에서 출토된 점, 동물 뼈가 출토된 사례가 있다는 점 등을 보면 태봉 목간은 기우제에 사용되었을 가능성이 크다고 한다.[23]

기우제와의 관련성을 인정하면서도 질병의 퇴치 등을 비는 의식에 사용되었을 것이라는 견해도 있다. 중국 측 자료를 보면, 목간 Ⅴ면 2행의 '咎'가 '殃'·'禍' 등과 더불어 '鬼'와 같은 존재에 의해 초래되는 재앙을 가리키는 데 자주 사용되었다고 한다. 이에 '咎' 다음의 글자가 '殃'으로도 판독이 가능하다고 본다.[24] 또 종래 '閑'(혹은 '閉')과 '人'으로 보거나, '閑'과 '人'의 合字로 읽었던 Ⅴ면 3행의 첫 번째와 두 번째 글자를 '鬼'로 판독하였다.[25]

이 견해에서는 태봉 목간이 山城의 大井에 사는 大龍에게 咎殃을 초래한 귀신을 잡아먹어 그것을 소멸시켜 달라는 내용을 담고 있을 것으로 추정한다. 이 재앙에는 무금(혹은 무등)이라는 실존 인물의 질병이거나 城 혹은 태봉 전체를 위협하던 전염병 혹은 전쟁이나 가뭄 등 다른 재난적 상황 등이 포함될 수 있다고 보았다. 목간이 儺禮와 같이 마을이나 지역의 수호신인 용에게 주기적으로 消咎를 요청하는 의식에 사용되었을 가능성

---

23) 방국화, 2024, 「양주대모산성 출토 목간과 주형토기」, 한국목간학회 제 45회 정기발표회 자료집 20~21쪽.
24) 이재환, 앞의 논문, 221쪽.
25) 이재환, 앞의 논문, 231쪽.

도 있다고 하였다.[26]

태봉 목간이 도교적 제의 의식에 사용되었을 것으로 보는 견해도 있다. Ⅰ면의 부적 인물화의 존재, Ⅱ·Ⅲ면에서의 용왕께 소원을 비는 장면, Ⅴ면 2행에서의 "幻史"의 등장 등을 근거로 들었다.[27] '환사'가 幻術師와 동의어로 도술이나 불법의 이적을 행하는 자를 뜻한다고 보고, 부적 인물화로 보건대 도술을 행하는 자일 것으로 추정하였다.[28]

한편, 태봉 목간을 일견했을 때 많은 글자 외에도 눈길을 끄는 것이 Ⅰ면의 인물 형상이다(사진 4). 535년 울주 천전리 서석 을묘명에 토착 신앙 주관자로 衆士와 仙人이 등장하는 바 무등(혹은 무금)의 역할이 이와 유사하다고 보고, 인물은 그를 그린 것이라는 견해가 있다.[29]

한반도 고대 주술 유물에 묘사된 인물 형상에 대한 분석과 일본·중국의 예와의 비교를 통해 인물 형상의 정체를 밝히려는 논의가 있다. 우선 Ⅳ면에 등장하는 무금(무등)을 희생물로 용왕에게 바쳐진 가상의 인간이며, 인물 형상은 그를 표현한 것으로 볼 수도 있다고 한다. 다만, 이어지는 내용이 그의 희생에 관한 것으로는 여겨지지 않는다는 점, 무금(무등)이 신해년 즉 891년에 태어나 (정개 3년에) 26세임을 밝히고 있다는 점에서 그럴 가능성은 조금 낮다고 보았다.[30]

인물 형상은 유두를 드러낸 나체로 보인다. 이 점에서 神을 그린 것으

---

26) 이재환, 앞의 논문, 232~233쪽.
27) 權仁瀚, 2025, 「태봉국의 이두를 찾아서-양주 대모산성 목간1을 중심으로-」 제 53회 한국목간학회 정기발표회 발표문, 18쪽.
28) 권인한, 앞의 발표문, 15쪽.
29) 김창호, 2025, 「양주 대모산성 출토 태봉 목간의 토착신앙」 『신라의 목간과 금석문』, 혜안, 545쪽.
30) 이재환, 앞의 논문, 230쪽.

로 보기는 어렵다고 하였다. 또 긴 꼬리와 긴 목, 긴 주둥이와 뿔 등 용을 상징하는 형상을 찾을 수 없다는 점에서 용을 그린 것은 아니라고 보았다.[31]

鬼의 모습이 묘사된 呪符들을 모아둔 중국 측 자료에서 상반신이 나체이거나 얼굴과 문자가 섞여 있는 鬼의 형상을 찾을 수 있다. 鬼를 驅逐하는 부적들임에도 별도의 神이나 인간의 묘사 없이 鬼만 그려진 경우가 많다. 이러한 점들을 고려할 때 목간의 인물 형상은 재앙을 가져오는 鬼를 표현한 것으로 볼 여지가 있다고 한다.[32]

태봉 목간의 인물 형상을 사람으로 보는 견해도 있다. 鬼는 눈이 크고 위로 올라갔거나 튀어나온 모양으로 그려지는 경우가 많은데, 이런 특징이 보이지 않는다는 것이다. 머리 위에는 曲線 형태의 선이 보이는데 일본에서 출토된 인형 중 남성의 머리카락이 이런 형태로 그려진 사례가 있다고 한다. 이 점과 인물 형상의 가슴을 그린 모양도 함께 고려해 보면 이 인물은 남성일 가능성이 크다고 본다.[33] 단 실존 인물이 아니라 제의와 관련된 가상의 인물로 본 듯하다. 일본 고대 제의에서 확인되는 '木人'과 유사한 인간 대체물로서 문자와 결합되어 의례적 도구로 활용되었음을 보여주는 사례라는 견해도 있다.[34]

---

31) 이재환, 앞의 논문, 228쪽.
32) 이재환, 앞의 논문, 233~234쪽.
33) 방국화, 앞의 발표문, 18~19쪽.
34) 이동주, 2025, 앞의 논문, 359쪽.

Ⅳ. 판독안과 해석안

1. 김창호의 안[35]

(1) 제 1단락(제 2면)

政開三年丙子四月九日城大井住名大龍亦牛

정개 3년 병자(916) 4월 9일에 城의 큰 우물에 살고 있는 것의 이름은 대룡이었고 역시 소였다.

(2) 제 2단락(제 3·4면)

(民)口送肉手灸味亦祭者能△△△者辛亥歲廿六茂登 此人孤者使弥用教矣

백성의 입으로 고기를 손으로 엇갈리게 하는 맛 또한 제사하는 자와 ---자와 신해(891)에 태어나 26세인 무등이라. 이 사람이 홀로 있는 자에게 시키며 쓴 教이다.

(3) 제 3단락(제 5면의 1행)

△(化)强(共)(內)(城)(廿)(人)△追手人几肉△△△

---되어 강하게 함께 內城의 20인과 △追手人이 무릇 고기를---.

(4) 제 4단락(제 5면의 2·3행)

今月此時以咎△(幻)史九重齊教德云閑人当不爲弥用教△(九)△(如)下

---

35) 김창호, 앞의 논문, 535~536쪽.

금월(4월)의 이 시각으로써 허물을 따라서 ---하고, 미혹하는 역사를 아홉 겹 가지런히 한 敎의 德에 이르되 閑人이 마땅히 아니하며 쓴 敎는 △(九)△하여 ---아래와 같았다.

(5) 제 5단락(6면과 7면)

月朔井一者(十)(日)(而)(不)△△陰內去者午牛買△人△夅本人ᄼ內年半夅

4월 1일에 우물에 한 사람이 10일 동안에 아니 ---하고 음으로 안으로 간 자는 午時에 소고기를 사고 어떤 사람은 감추어서 本이고, 사람들이 內의 年에 (고기를) 반이나 감추었다.

2. 권인한의 안[36]

(1) Ⅰ면

覺! ------[如][律]令!

覺醒! ------如律令![呪文; 율령처럼!]

(2) Ⅱ면

政開三年 丙子 四月 九日城 大井 住在爲(爲在-ᄒ견) 龍[37] 亦中(-여긔)

政開 3년 (916) 丙子 4월 9일 城의 大井에 住하신 龍왕님께

이 면의 제 15자는 '爲', '在', '所' 등으로 추정되었는데, 이를 '在+爲'의

---

36) 권인한, 앞의 발표문, 10~18쪽.
37) 大龍일 것이다.

합자로 판독하고, 이두의 문법적으로는 '爲+在'의 합자로 보았다. 만약 그렇다면 이 글자는 태봉국 특유의 합자가 될 것이다.[38] '爲在'(-ㅎ견)는 爲/동사+在/조동사+(ㄴ/동명사어미)로 분석되는 이두토로 문맥상 후행하는 龍을 수식하는 '住하신'으로 해석된다. '爲在'의 가장 이른 사례라고 할 수 있다.[39]

'亦中'(-여긔)은 처격조사로 분석되는 이두토로 의미상 '-에게', '-께'의 여격조사가 된다. '龍亦中'은 '용왕님께' 정도로 해석된다. 여격 용법의 '亦中'의 가장 이른 사례로 보인다.[40]

(3) Ⅲ면

[民]口逆內手 爻味亦在等者(-여겨든 온) 能[筆]生彼者

백성들[民口]이 거역하여 손을 거두어들이는 것이[內납手] 爻辭의 意味[爻味]라고 한 까닭이라면, 능히 筆로써 저 사람을 살려주소서!

'亦在等者'(-여겨든 온)는 亦/서술격조사+在/조동사+(ㄴ/동명사어미)+等/의존명사+(ㄴ/동명사어미)+者/연결어미로 분석되는 이두토로 보고, '까닭이라면'이라고 해석한 것이다. 신출 이두토가 되는데, 이에 대해서는 앞으로 논의가 더 필요하다.

---

38) 권인한, 앞의 발표문, 4쪽.
39) 권인한, 앞의 발표문, 18쪽.
40) 권인한, 앞의 발표문, 18쪽.

(4) Ⅳ면

辛亥歲 卄六 茂[金] 此人[孤]者 使弥用教矣.

신해년(891)에 태어난 26세 茂金, 이 사람은 孤兒이나, (그로) 하여금(/ 使(者)로) 널리 쓰라는 教였다.

(5-1) Ⅴ면-1행

□(化)/■[凡]强兵力 滅□八在 追二入 凡內□矣

~화된/무릇 강병력으로 □八在를 멸하고, 추가로 둘을 넣었으나, 다 합쳐서 모두(/단지) 內□였다.

(5-2) Ⅴ면-2행

今日 此時 以[咎]□[告][幻][史] 九重[大]川 教德云

오늘 이 시각 재앙/근심거리[咎□]로 幻史에게 告하니 九重大川의 教 德으로 이르기를

(5-3) Ⅴ면-3행

{閉人} [當]不爲使弥[用]教[矣]耳. 九□內外

閉人은 마땅히 (그로) 하여금(/使(者)로) 널리 쓰라는 教를 행하지 못할 따름이다. 9□내외

(6) Ⅵ면

月朔共者 十日以下 把內去等者(-안걸둔)

이 달 초하루부터 함께 한 자(/이바지한 자/ 직무를 행한 자)를 10일 이후

에도 틀림없이 지킨[把守](/잡은) 것은

'*內去等者*'(-안걸둔)는 內/조동사+(ㄴ/동명사어미)+去/보조어간+(ㄹ/동명사어미)+等/의존명사+者/보조사로 분석될 수 있는 이두토를 상정하고, '틀림 없이 ~한 것은'으로 해석한 것이다. 신출 이두토가 되는데, 이에 대해서는 앞으로 논의가 더 필요하다.

(7) Ⅶ면

午*中*(-긔) [買]□[停]棄 本入斤內半棄

午時에 買□停에서 버리되, 본래 들인 斤 안의 반을 버릴지어다(/버리라)!

'*中*'(-긔)은 알려진 바와 같이 처격조사로서 '-에', '-중에'로 해석된다.

이 면의 제 5자는 [停]으로 추독하였다. 통일신라의 지방 군사 조직인 10停의 존재를 고려하면 '[買]□[停]'은 태봉국 당시 양주 혹은 양주 인근에 설치된 군사 조직의 주둔지 지명에 해당하는 것은 아닌지 향후 논의가 필요할 듯하다. 이는 양주의 옛 지명인 買省縣(고구려), 양주로 비정되기도 하는 買肖城, 買蘇川城을 고려한 추정이기도 하다.[41]

위의 해석을 보면 전체적인 내용을 알기 어렵다. 이와 관련하여 "판독상의 오류, 한문 해석상의 미숙 또는 알 수 없는 태봉국의 한문 구사력 등

---

41) 권인한, 앞의 발표문, 10쪽.

복합적인 요인 외에 용왕을 대상으로 하는 제의문이 지니는 주술적 언술의 사용이 또 다른 요인이 아닐까 한다. (중략) 주술적 언술이란 (중략) 일상의 언어와는 다른 단어의 사용 또는 문장의 구사가 이루어지기 때문에 일상의 문법으로는 해석에 어려움이 있을 수밖에 없을 것"이라고 한다. 이러한 한계에도 불구하고, "茂金은 26세의 고아임에도 공직자로 널리 쓰라는 교시가 있었지만, 백성들과 조정 간의 불화로 인한 병력 동원의 내란적 상황에서 閉人 이상의 상처를 입어 이를 치유하기 위하여 幻史를 모셔 놓고 政開 3년(916) 음력 4월 9일에 大井의 용왕신께 그의 소생을 비는 제의 의식 및 그 사후 처리 과정을 담은 것"으로 목간의 내용을 추정하였다.[42]

---

42) 이상 권인한, 앞의 발표문, 18쪽.

참고문헌

權仁瀚, 2025, 「태봉국의 이두를 찾아서-양주 대모산성 목간1을 중심으로-」, 제 53
회 한국목간학회 정기발표회 발표문.

김병조·고재용, 2024, 「양주대모산성 원형집수시설 출토 목간 - 양주대모산성 13
차 발굴조사 -」, 『木簡과 文字』 32.

김병조·고재용, 2025, 「양주대모산성 원형집수시설 출토 목간 - 양주대모산성 14
차 발굴조사 -」, 『木簡과 文字』 34.

김용, 2024, 「양주 대모산성의 조사성과와 변천양상」, 『先史와 古代』 74.

김재홍, 2024, 「新羅 저수시설 출토 呪術木簡의 성격」, 『木簡과 文字』 32.

김창호, 2025, 「양주 대모산성 출토 태봉 목간의 토착신앙」, 『신라의 목간과 금석
문』, 혜안.

김호준, 2023, 「태봉국 철원도성의 남쪽 방어체계 연구」, 태봉학회·철원군 편,
『태봉의 문화유산』(태봉학회 총서 5).

박성현, 2013, 「양주 대모산성의 성격과 역사적 위상」, 『양주 대모산성의 재조명』,
한림대학교 출판부.

방국화, 2024, 「양주대모산성 출토 목간과 주형토기」 한국목간학회 제 45회 정기
발표회 자료집.

백종오, 2024, 「한국고대 성곽문화의 결절지, 양주」, 『先史와 古代』 74.

손환일, 2025, 「양주 대모산성 新출토 목간 자료 소개」, 『新羅史學報』 63.

오택현·이재환, 2023, 「백제·신라 목간의 집계와 범례의 제안」, 『木簡과 文字』 30.

李東柱, 2024, 「고대 연못 유물의 주술적 의미」, 『震檀學報』 142.

이동주, 2025, 「한국 고대 주술목간 연구의 동향과 향후 과제」, 『동서인문』(경북대

학교 인문학술원) 28.

이재환, 2024, 「양주 대모산성 목간1의 인물 형상에 대한 검토」, 『木簡과 文字』 33.

정요근, 2005, 「7~11세기 경기도 북부지역에서의 간선교통로 변천과 '長湍渡路'」, 『韓國史硏究』 131.

조인성, 2024, 「'태봉 목간' 단상」, 한국목간학회 제45회 정기발표회 자료집.

부록 1: 사진[1]

<사진 1> 원형 집수시설

<사진 2> 주형 목기 출토 상황

1> 사진 자료는 김병조·고재용, 2024, 「양주대모산성 원형집수시설 출토 목간 -양주대모산성 13차 발굴조사-」 『木簡과 文字』 32에 수록된 것을 편집하여 실었다.

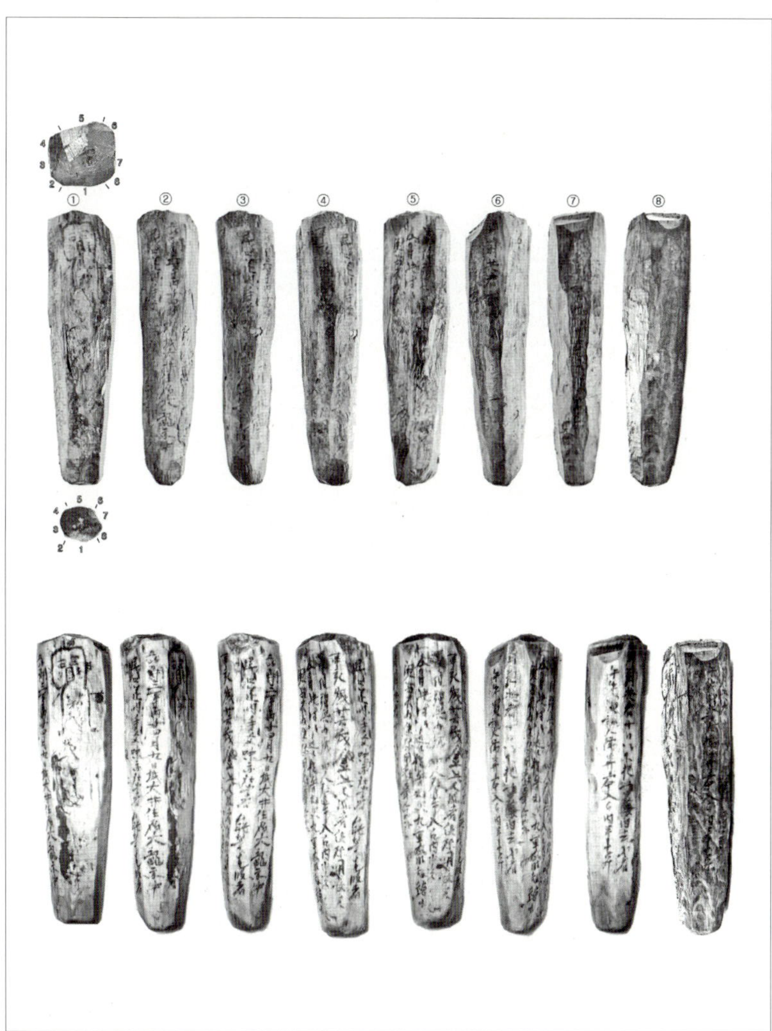

<사진 3> 태봉 목간의 형상

<사진 4> 인물 형상

1. 김병조·고재용, 이재환, 權仁瀚 판독안 비교표

2023년 11월 20일부터 21일까지 1박 2일의 일정으로 발굴기관인 기호문화유산연구원에서 태봉 목간 긴급판독회가 열렸다. 권인한·방국화·백종오·윤용구·이재환·조인성·주보돈이 참여하였다. 2024년 1월 19일 국립중앙박물관에서 열린 한국목간학회 제43회 정기발표회에서 자유토론 형식의 2차 판독이 진행되었다. 2024년 1월 27일에는 한국목간학회 제43회 정기발표회의 내용을 기반으로 한 이용현의 판독 시안이 제시되었다.[2] 발굴기관 보고자들의 판독안을 기본으로 하고, 판독에 참여하였던 이재환·권인한의 판독안을 종합하여 비교표를 만들었다.

1. 태봉 목간 판독안 비교표는 김병조·고재용, 2024, 「양주대모산성 원형집수시설 출토 목간 -양주대모산성 13차 발굴조사-」, 『木簡과 文字』 32, 236쪽의 '표 2. 목간 판독안'; 이재환, 2024, 「양주 대모산성 목간1의 인물 형상에 대한 검토」, 『木簡과 文字』 33, 219~220쪽의 '표 1. 양주 대모산성 목간 판독표'; 權仁瀚, 2025(10), 「태봉국의 이두를 찾아서-양주 대모산성 목간1을 중심으로-」, 제 53회 한국목간학회 정기발표회 발표문, 3~10쪽의 목간 판독안을 종합한 것이다.

2> 김병조·고재용, 2024, 「양주대모산성 원형집수시설 출토 목간-양주대모산성 13차 발굴조사-」, 『木簡과 文字』 32, 237쪽.

2. 판독 순서는 김병조·고재용/이재환/권인한 순임.

3. { }: 합자, [ ]: 추독자, □: 판독 불능자, ( ): 가능 글자, ■: 글자 없거나 지운 곳, △: 합자 혹은 획의 일부일 가능성 있음.

4. 판독에 따라 각 면, 각 행의 글자 수는 차이가 있을 수 있음.

5. Ⅰ면의 문자는 이재환의 안에 의함. 김병조·고재용은 문자의 존재에 대한 언급이 없고, 권인한은 우측 뺨의 竟(覺)과 좌·우측 가슴아래 [如] [律]슈만 문자로 인정함.

VII면	VI면	V면 3행	V면 2행	V면 1행	IV면	III면	II면	I면	
午	月	□/鬼[8]/{閉人}(閑閉)	今	□/□/□(最昇罜足還環)[3]	辛	□/□/[民](最昇罜足)	政		1
牛/牛/中	朔	人/△/△	□/月/日	乙/□/■[4](ㄹ)	亥	□	開		2
買/買/買/[買]	共(井八)[9]	□/当/[当](与)	此	□/□/[化],[凡](几)	歲	□/送/逆(波)	三		3
□(蠻寇)	者	不	時	强	廿	內(肉)	年	눈:□[1]	4
停/□/[停]	十	爲	以	□/□/[兵][宍](惡喪畏)	六	手	丙	귀:日	5
弃	日	使	咎/咎/[咎]	□/□/[力](九)	茂	爻	子	우측뺨:□(竟)	6
本	以	弥	□/殃[6]/□(從促)	□/□/[滅](歲)	登/金[2]/[金]	味	四	코+입:□(日)	7
入	下	□/用/[用](同)	□/□/告(兵齋)	□/□/□(此四)	此	亦	月	코:[水]	8
斤(之ㄹ凡)	□/把/把(杷)	敎	□/□/[幻](相拜)	人/八/八	人	祭/祭/在ホ	九	좌측뺨:□	9
內(肉)	■/□/■	□/□/[矣]耳(葺莘)	□/史/[史](只)	在(存)	孤/□/[孤](派)	者	日	입:□	10
半(羊)	■/□/■	九/[九]/[九]	九	追[5]	者	能	城	우측가슴:厶	11
弃	內(肉)	□/□/□(日川)	重	二/二/[二](丁)	使	□/□/[筆](等幸)	大	좌측가슴:[厶]	12
	去	□/[如]/內	大/齋[7]/[大]	入	弥	□/□/生(主至)	井	□(如)	13
	□/省/ホ者(登等眷)	□/下/外(不)	川/△/川(冗,州)	几	用	□/□/彼(段波收吸歸汲)	住	□([律])	14
		敎	內(肉)	敎	者	者	□/□/{在+爲}([爲]在所)	□([令])	15
		德	□(小少中水)	矣	矣		大	□	16
		云	矣/□/[矣]				龍	□	17
							亦		18
							□/□/中(牛)		19

<1> 눕힌 日이라는 의견 있음.
<2> 왾으로 판독하였다가 夤으로 다시 판독하였음.
<3> Ⅲ면 첫 번째 글자와 같은 글자라는 의견 있음.
<4> 글자가 없거나 첫 번째 자의 하부 획의 일부일 가능성 있음.
<5> 앞의 在와 합쳐서 祭라는 의견 있음.
<6> 본래는 從이라고 판독하였으나 殊으로 다시 판독함.
<7> 뒤의 川(兀: 측천문자의 天 , 혹은 州)과 합쳐서 齋라고 봄.
<8> 본래는 {閑人}이라고 판독하였으나 다음의 人을 획의 일부로 보아 鬼라고 다시 판독함.
<9> 井八 두 글자로 봄.

2. 김창호 판독안[3]

제7면	제6면	제5면			제4면	제3면	제2면	제1면	
		제③행	제②행	제①행					
午	月	閑	今	△	辛	民	政		1
牛	朔	人	月	(化)	亥	口	開		2
買	井	尐	此	强	歲	送	三		3
△	一	不	時	(共)	廿	(肉)	年		4
人	者	爲	以	(內)	六	手	丙		5
△	(十)	弥	咎	(城)	茂	爻	子		6
弄	(日)	用	從	(廿)	登	味	四		7
本	(而)	敎	△	(人)	此	亦	月		8
人	(不)	△	(幻)	△	人	祭	九	상면에 남자 인물상	9
᷂	△	(九)	史	(山) 追	孤	者	日		10
內	△	△	九	二 手	者	能	城		11
年	陰	(如)	重	人	使	△	大		12
半	內	下	齊	几	弥	△	井		13
弄	去		敎	肉	用	△	住		14
	者		德	△	敎	者	(名)		15
			云	△	矣		大		16
							龍		17
							亦		18
							牛		19

이 판독안은 『연합뉴스』 인터넷판 2023. 11. 28일 자의 판독문과 판독 전문가들의 판독문을 자료로 한 것으로 되어 있다. '판독표'에서는 제 5면 제 ①행의 10번째 글자와 11번째 글자를 (山), 二라고 하였으나, 해석에서는 각각 追와 手라고 하였다.[4]

3> 김창호, 2025, 「양주 대모산성 출토 태봉 목간의 토착신앙」, 『신라의 목간과 금석문』, 혜안, 534~535쪽.
4> 김창호, 앞의 논문, 535쪽.

태봉고고학의 조사 현황과 전망

심재연

한림대학교 한림고고학연구소 연구교수

I. 들어가는 말

태봉고고학은 과거 문헌에서 확인되는 궁예 관련 사찰을 확인하려는 단속적인 시도에서 시작되었다. 이후, 강원지역 산성 가운데 궁예의 철원 정도 과정에서 걸쳐 지나간 여러 지역의 산성을 조사하는 과정에서 언급되기도 하였다. 그러나 이러한 언급은 궁예의 성장에 따른 변화상을 논의하는 것으로 실제 고고학적 접근의 필요성은 제시되지 않았다.

이후, DMZ 내에 소재하는 태봉국 철원도성에 대한 연구가 남북 화해 분위기와 함께 급속도로 진행되었다. 그러나 현지 조사가 불가능하다는 한계로 인하여 문헌사적 연구와 일제강점기에 촬영한 유리건판 및 공문서 등을 통하여 도성의 모습을 복원하려는 시도가 이어져 왔다.

태봉고고학은 사실 미술사적 측면에서 집중적으로 연구됐으며 그 성과는 괄목할 만하다. 이에 비하여 태봉고고학은 그 개념과 시기에 대한 논의 조차도 활발하지 못하다.

Ⅱ. 태봉 고고유적 조사 현황

현재까지 지표조사나 발굴조사를 통하여 태봉시기 전·후와 관련된 유적은 다음과 같다.

1. 흥교사지

흥교사지는 3차례의 발굴조사[1]와 세미나[2]가 개최되었다. 3차례에 걸친 발굴조사에서 통일신라시대까지 소급되는 유구층은 확인되었으나 3차례 모두 시굴조사라는 한계로 인하여 건물의 배치 양상을 파악할 수 있는 자료는 확보되지 않았다. 그러나 3차 조사에서 통일신라시대 유물포함층이 확인되어 궁예와 관계가 있는 시기까지 소급되는 것을 확인할 수 있다.

---

1) 中部考古學硏究所, 2014, 『寧越 興敎寺址Ⅰ-영월 농어촌도로204호(흥교~흥월간) 도로 건설 공사부지 내 유적-』.
　中部考古學硏究所, 2014, 『寧越 興敎寺址Ⅱ-영월 흥교사지 주변 유적 부지 내-』.
　中部考古學硏究所, 2015, 『寧越 興敎寺址Ⅲ-영월 흥교사지 2차 조사 부지 내-』.
2) 영월군·中部考古學硏究所, 2013, 『영월 흥교사의 고고·역사적 가치와 보존 및 활용 방안』, 2013년중부고고학연구소 제1차 학술대회 자료집.

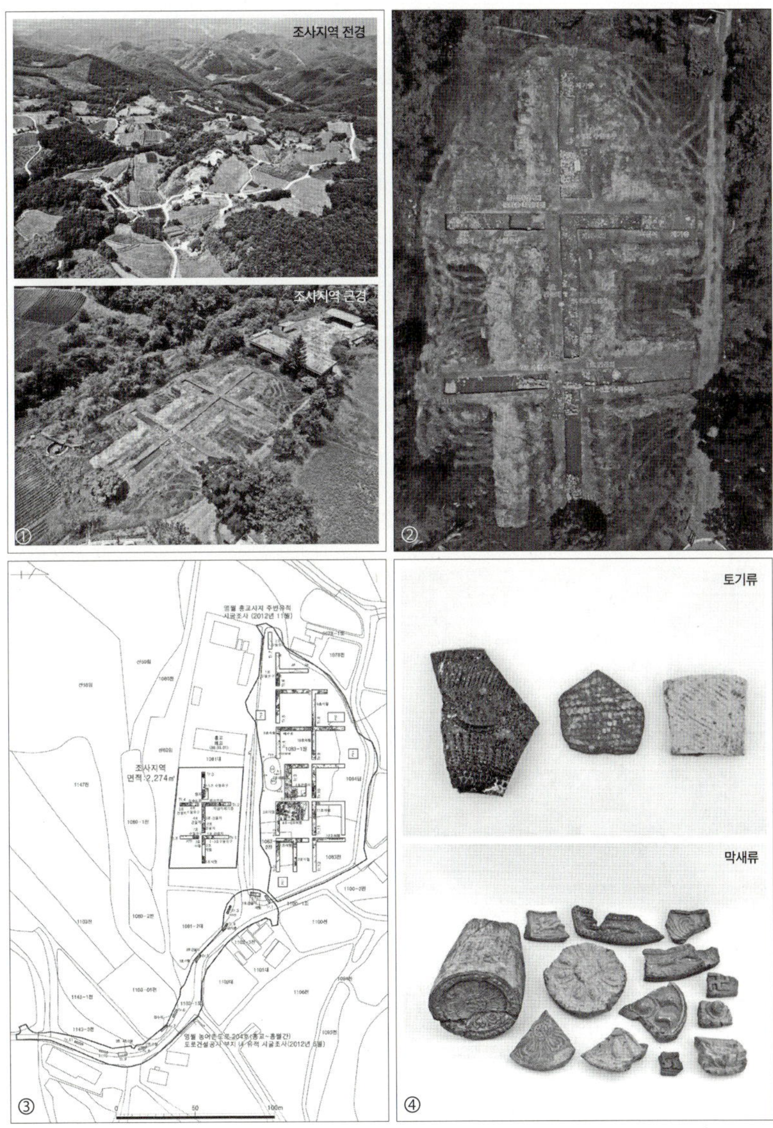

<그림 1> 영월 흥교사지(①조사지역 공중사진 ② 2차 시굴지역 현황 ③흥교사지 일원 조사현황도 ④흥교사지 출토 유물)(中部考古學研究所, 2015)

홍교사는 2013년 조사 이후로 더 이상의 조사는 진행되지 않고 있어 사역의 범위와 초축 연대를 정확히 밝히기에는 한계가 있다. 2013년 조사에서 탑지와 통일신라시대로 소급되는 문화층이 확인되어 적어도 문헌 기록과 접점을 찾을 수 있는 단서는 마련하였다.

2013년 홍교사지 발굴 성과를 기초로 학술세미나나 개최되어 다양한 논의가 전개되었다. 이 당시 홍교사와 궁예와의 관련 성과 함께 복원의 대상 시기에 대한 진지한 검토가 필요하다는 의견도 개진된 바 있다. 적어도 중장기적인 계획이 필요하다는 점이 제시되었음에도 구체적인 중장기 조사계획은 수립되지 않았다.

향후, 태봉역사문화권의 활성화를 위하여 구체적인 계획 수립이 필요하다.

2. 석남사지[3]

강원역사문화연구원의 두 차례의 발굴 조사가 실시되었다. 지표조사를 통하여 이미 "석남사"의 명문기와가 수습[4]되었고 두 차례의 조사에서도 동일하게 동반 출토되었다. 발굴 조사 결과, 7기의 건물지, 집석유구 등이 확인되었다. 광범위한 시굴 조사가 진행되었으나 정밀발굴 조사 범위가 협소하여 전체 사역의 규모는 판단하기 어렵다. 조사단은 집석유구를 석탑의 기초 부분으로 추정하기도 하지만 1호 건물지와의 관계가 고려되어야 한다. 따라서 현재까지 확인된 건물지의 배치 상황으로 볼 때 석남사

---

3) 강원도문화재연구소, 2021, 『원주 석남사지-원주 석남사지 발굴조사 보고서-』.
   강원문화재연구소, 2023, 「원주 석남사지(2차)발굴조사 약식 보고서」.
4) 신종원, 1994, 「雉岳山 石南寺址의 推定과 現存民俗」, 『정신문화연구』 17-1, 한국학중앙연구원.

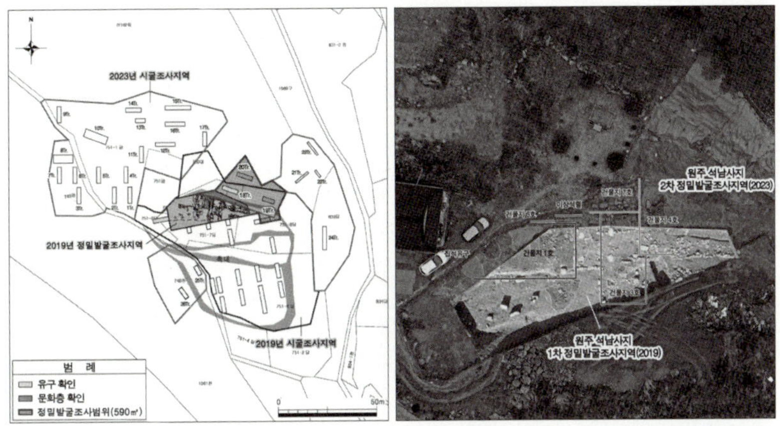

<그림 2> 1·2차 조사 유구 배치도(강원문화재연구소, 2023)

의 운영 시기와 규모를 파악하기 위한 추가 조사가 필요하다.

향후, 북쪽 민묘 지역에 대한 추가 발굴 조사와 남쪽 부분에 대한 조사를 통하여 건물지와 부속 건물에 대한 양상을 파악할 필요가 있다.

3. 강릉 명주산성

강릉시 성산면 금산2리 산7번지 일원에 위치하는 산성으로 그동안 신라의 주치소(州治所)와 호족 세력의 세거지로 유력하게 언급되던 곳이다.

그러나 산성의 대략적인 현황은 관동대학교 박물관의 지표조사[5]를 통하여 확인되었다. 지표조사 내용으로 보면 일부 신라토기로 추정되는 것이 확인되고 있어 문헌에서 언급되는 강릉 김주원의 기사와도 함께 논의될 수 있는 산성으로 추정된다. 그러나 2009년 정비 복원을 위한 지표

---

5) 關東大學校 博物館, 2009, 『江陵 溟州山城 地表調査 報告書』.

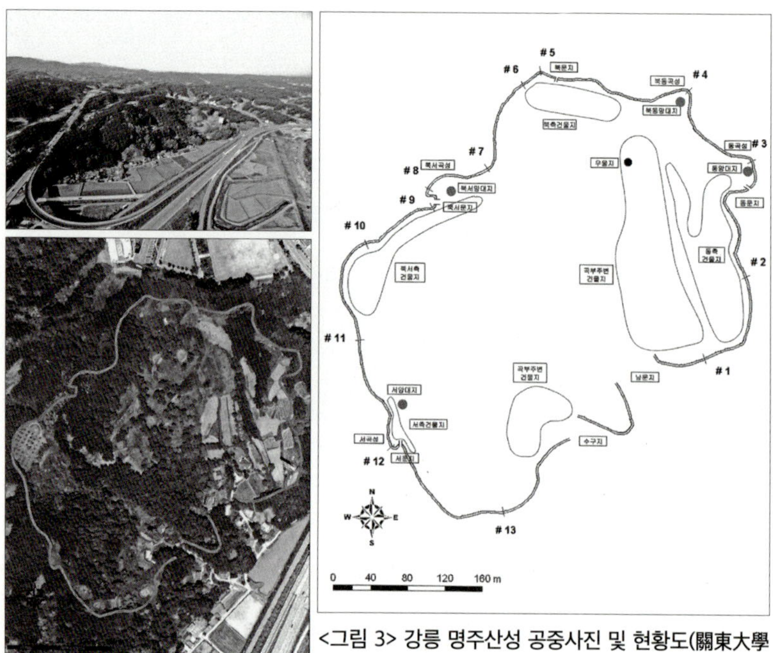

<그림 3> 강릉 명주산성 공중사진 및 현황도(關東大學校 博物館, 2009)

<그림 4> 강릉 명주산성 출토 와당 및 토기류(關東大學校 博物館, 2009)

조사가 진행되었음에도 더 이상의 학술적인 조사가 진행되지 않아 산성
의 영위 연대를 파악하기에는 한계가 있다.

이후, 2018년 명주성 북동쪽 외곽 홍제동 1009번지 일원에 2018년 평
창동계올림픽 쇼트트랙 보조경기장 건립이 계획되어 시굴 조사가 진행[6]

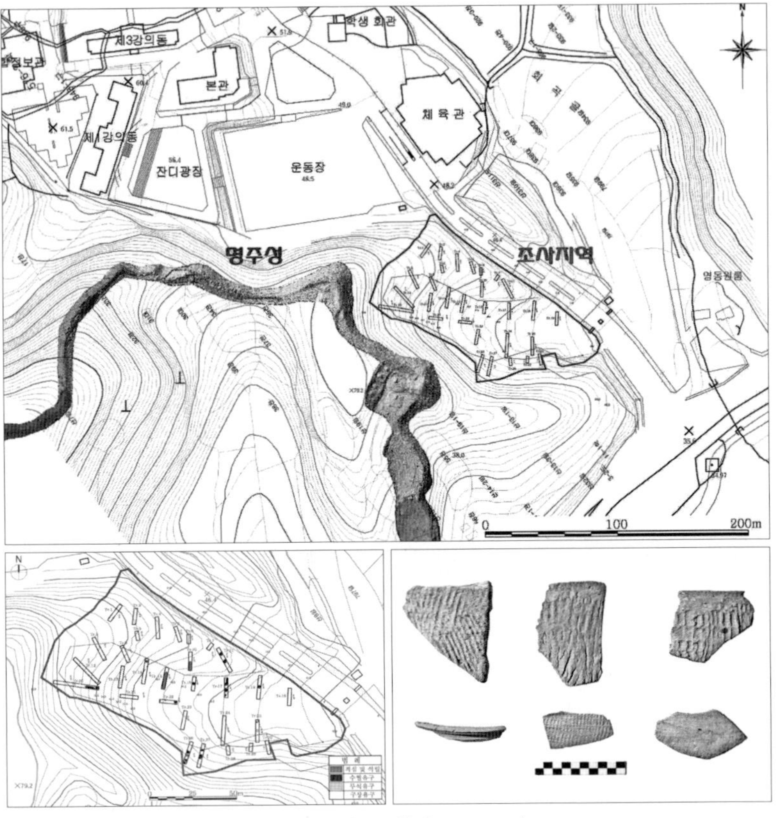

<그림 5> 강릉 명주성 외곽 조사 현황(국강고고학연구소, 2014)

6) 국강고고학연구소, 2014, 「강릉 영동대학교 쇼트트랙 보조경기장 건립부지 내 문화재 시굴조사
약보고서」.

되었다. 조사 결과, 명주성 축조 축조 및 운용 시기와 관련된 구상유구가 확인되었고 통일신라시대로 소급되는 토기·기와편이 수습되었다.

향후, 명주성 내·외곽 지역에 대한 고고학적 조사가 진행된다면 성 외곽에 분포하는 마을의 양상을 파악할 수 있는 단서가 확인될 가능성이 크다고 추정된다.

4. 태봉국 철원도성[7]

철원도성은 DMZ 내에 자리 잡고 있어 현지 조사가 제한되어 있다. 국립춘천박물관의 조사 이후, 국립문화재연구원의 주도로 2019년과 2020년 현지 조사가 진행되었다. 조사 지점은 이전 조사보다 증가하였다. 하지만 트렌치 조사, 추정 성벽 토층조사, 3D 스캔, 지상 LiDAR 탐사 등이 진행되었으나 사진 이외에는 실측도나 조사 내용이 소개되어 있지 않다. 보고된 내용을 살펴볼 때 조사가 이루어진 지점은 철원도성과 관련이 있다고 보기에는 한계가 있다.

지금까지 고고학적 조사를 제외한 다양한 연구 방법을 통하여 도성의 구조를 논의하였으나 정확한 양상을 파악하기 위한 고고학적 조사가 절실한 부분이라고 할 수 있다.

아울러 남쪽에 자리 잡고 있는 봉선사지에 대한 현지 조사도 진행될 필요가 있다.

---

7) 국립문화재연구원, 2020, 「태봉국 철원도성」『한반도 비무장지대 2020 실태조사』, 108~113쪽.
　국립문화재연구원, 2022, 「제3차 태봉국 철원도성」「12-3 철원도성(보완조사)」, 『한반도 비무장지대 2020-2021 실태조사 보고서』, 90~99쪽; 220~221쪽.

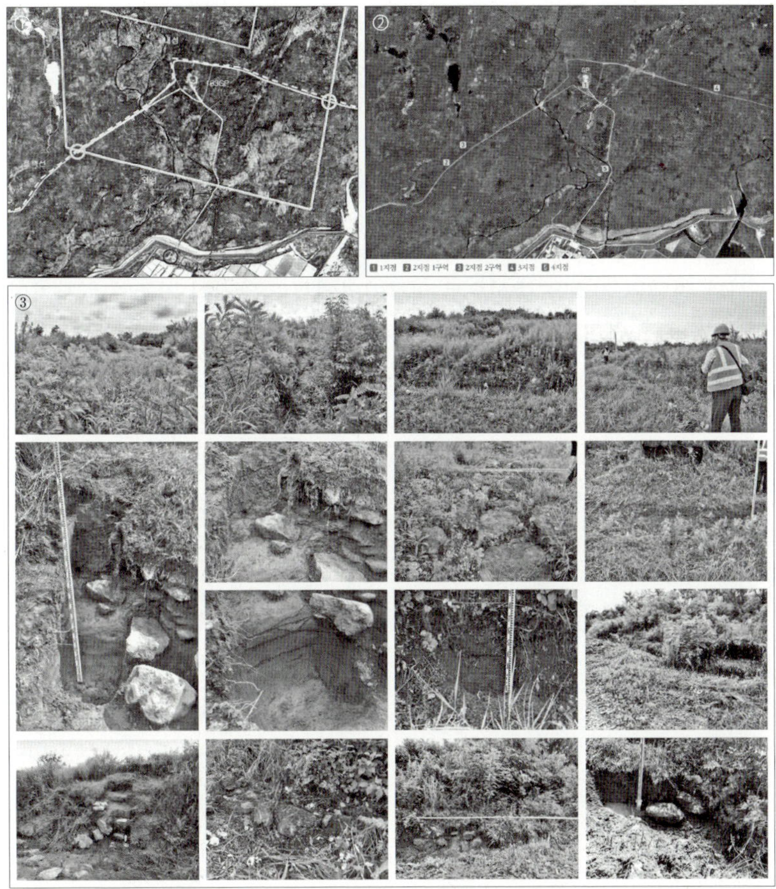

<그림 6> 태봉국 철원도성 조사 지점 및 성벽(①국립중앙박물관 ②③국립문화재연구원, 2022)

5. 傳 왕건사지(구철원향교지)

전 왕건사지는 옛 철원향교지에 관련된 문헌에 왕권이 살던 곳이라는 기사를 근거로 그 가능성이 제기[8]된 곳이다. 이후 강원대학교 중앙박물관에서 조사[9]를 실시하면서 왕건 사저일 가능성이 높다고 주장되기도 하였다. 그러나 조사 내용을 살펴볼 때 왕건이 거주하던 시기의 유물로 특정할 수 있는 유물들이 불분명하고 유구 및 유물에 대한 부정확한 내용으로 인하여 적극적으로 수용되지 않았다[10].

최근 강원역사문화연구원의 전체 부지에 대한 시굴 조사 결과, 토성으로 주장되던 지점은 토성이 축조된 흔적은 확인되지 않았고[11] 2004년 조사가 진행된 지점을 중심으로 외부지역에서도 왕건이 거주하던 시기의

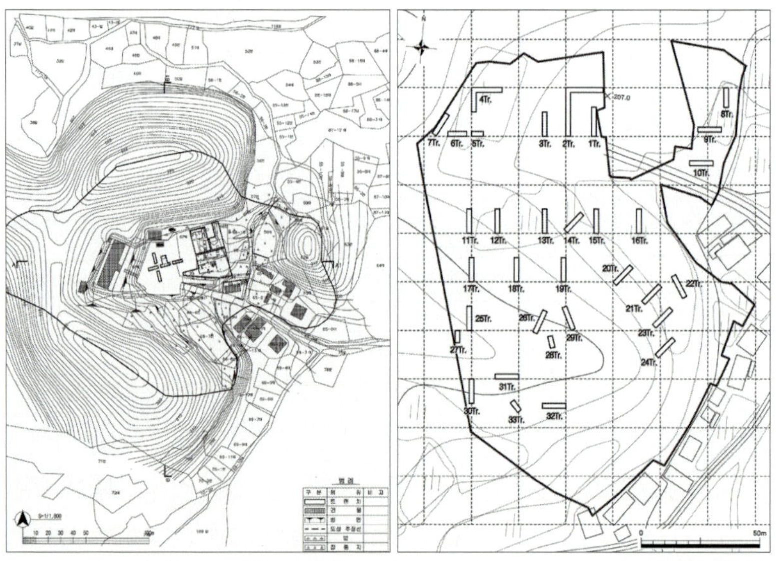

<그림 7> (좌)철원향교지 시발굴Tr 배치도(강원대학교 중앙박물관, 2008) (우)철원향교지 2025년 시굴Tr. 배치도(강원역사문화연구원, 2025)

---

8) 유재춘, 2005, 「철원의 高麗太祖 王建 舊宅址說에 대한 검토」, 『江原文化史硏究』 10, 강원향토문화연구회.

9) 江原大學校 中央博物館, 2008, 『(舊)鐵原鄕校址-試·發掘調査報告書』.

10) 심재연, 2023, 「왕건 사저와 봉선사」, 『태봉의 문화유산』, 태봉학회 총서 5, 태봉학회·철원군.

11) 강원역사문화연구원, 2025, 「철원향교지 정비사업부지 내 유적 시굴조사 학술 자문회의 자료」.

유구나 유물이 확인되지 않고 있다. 적어도 조선시대 철원향교가 있던 곳이라는 점에서 추가 조사를 통하여 향교 담장과 2004년 조사된 건물지의 정확한 선·후 관계와 조성 시기에 대한 조사가 필요하다고 판단된다. 특히, 2004년 조사에서 통일신라시대로 추정되는 와편이 다량으로 출토된 바 있어 2004년 조사 부분에 대한 재조사는 반드시 필요하다.

6. 철원도성 방어 체계상의 산성

태봉국 철원도성을 방어하기 위한 방어체계로서 철원을 중심으로 분포하는 산성에 대한 조사가 필요하다는 점은 여러 차례 제시되었다. 그러나 실질적으로 도성 방어체계에서 중요한 기능을 하였을 것으로 추정되는 산성에 대한 조사는 없다는 점에서 향후, 체계적인 조사 방안이 수립될 필요가 있다.

특히, 태봉국의 성립 과정에서 중요한 역할을 하였던 것으로 추정되는 동주산성일원에 대한 중장기 발굴 조사가 필요하다. 최근 양주대모산성의 연차 발굴 결과, 태봉시기의 연호를 실제 사용한 목간이 출토되기도 하여 학계의 주목을 받은 바 있다.

따라서 태봉도성보다 현실적으로 실행 가능성이 높은 도성 방어에 활용된 동주산성 등에 대한 정밀 실측 조사후 중장기 발굴 조사와 활용 방안에 대한 계획 수립이 필요하다.

7. 견훤성[12)]

강원도 원주시 문막읍 후용리 산 2, 3번지 일대에 위치한다. 이곳은 남한강으로 흘러가는 섬강의 평야지대에 연접한 구릉에 조성되어 주변의 평지와 섬강 일대가 잘 조망되는 곳이며, 동편으로 섬강에 유입되는 궁촌천이 흐르고 있다.

1940년판 『강원도지(江原道誌)』 권3 고적 명소 원주조에 "건등면 후용리에 있는데 견훤이 성을 쌓고 군사를 주둔시켰으며 고려 태조와 싸워서 패망한 유지(遺址)이다."라 기록되어 있고, 『조선보물고적조사자료(朝鮮寶物古蹟調査資料)』에는 "건등면 월진리 사유림, 견훤산성이라 칭하며, 괴정부락(槐亭部落)의 남쪽 작은 구릉 위에 있다. 석성(石城)으로서 주위 약 5정(町)이며 거의 폐퇴했다. 고려 초기 견훤이 고려와 싸워 이곳에 병사를 주둔한 곳이라 전한다."이라 하였으며, 『전국유적목록(全國遺蹟目錄)』에는 "문막면 월진리, 국유, 괴정부락의 남쪽 작은 구릉 위에 있으며, 석축성으로 속칭 견훤성이라 부른다."라고 하였다. 또한 후백제의 견훤군이 왕건과 싸워 승리를 거두게 되었으나 군량이 떨어져 곤란할 때 견훤이 꾀를 내어 강물에 석회를 풀었는데 왕건성에서는 쌀 씻은 물인 줄 알고 먹었다가 병사들이 죽어 패퇴하였다고 하는 이야기가 전해온다. 이 산성은 삼국시대에 축조된 것으로, 사용 시기는 명확하지 않지만, 원주 지역 고대사와 관련하여 매우 중요한 성곽 유적으로 알려져 있다[13]고 알려져 왔다. 하지만 삼국시대로 소급되는 이유는 빠져 있다.

이후, 2015년 강원고고문화연구원의 지표조사 결과, 성 북쪽 부분에서 인화문토기, 고려도기, 기와 편이 수습[14]되었고 궁촌리 1169번지에서는 통일신라시대 단각고배 구연부 편, 연질토기 동체부 편이 수습되었다[15].

---

12) 강원고고문화연구원, 2015, 「원주화훼특화관광단지 조성사업 예정부지 문화재 지표조사 보고서」
13) 國立文化財研究所, 2011, 『韓國考古學專門事典:城郭·烽燧篇』.
14) 강원고고문화연구원, 2015, 같은 보고서, 27쪽.

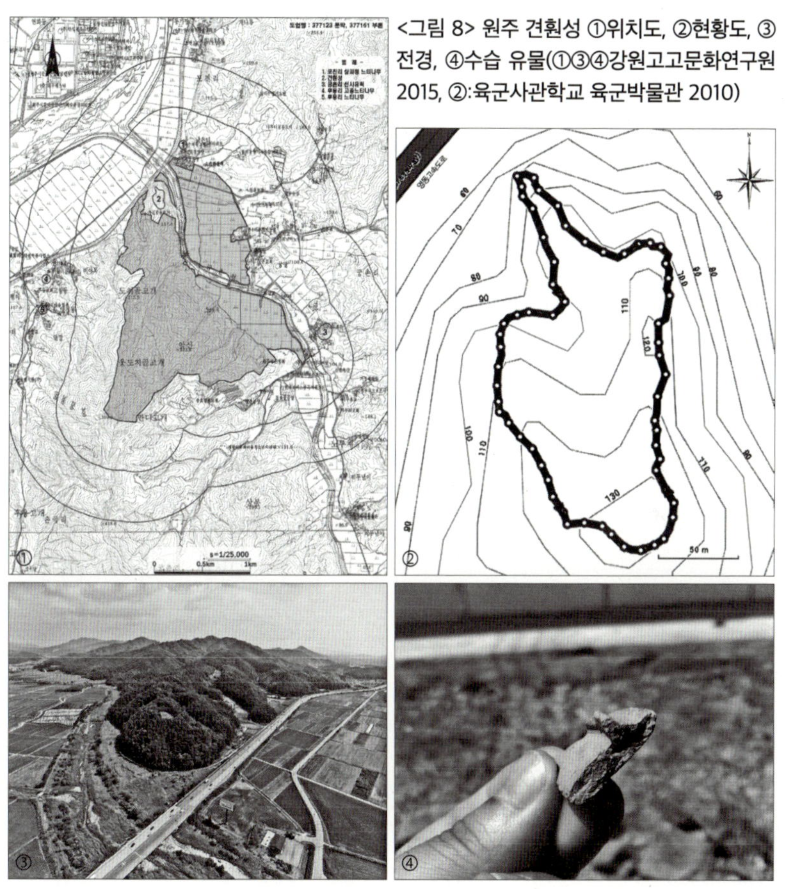

<그림 8> 원주 견훤성 ①위치도, ②현황도, ③ 전경, ④수습 유물(①③④강원고고문화연구원 2015, ②:육군사관학교 육군박물관 2010)

    따라서 견훤성의 초축 시기를 고려시대로 보는 것보다 2018년 강원고고문화연구원의 조사 결과를 참고하여 축성 시기를 소급할 필요가 있다. 문막지역이 삼국시대 고구려의 남진(원주 건등리유적)과 관련하여 요충지에 해당하고 양길의 주 근거지[16]가 원주 지역이었다는 점에서 주목할 필

15) 강원고고문화연구원, 2015, 같은 보고서, 28쪽.

요가 있는 산성으로 판단된다. 하지만 현재까지 지표조사에서 수습된 유물이 소량이라는 점에서 향후, 후삼국시대 궁예와 관련된 물질 자료의 추가 확인이 필요하다고 판단된다.

8. 발어참성(勃禦槧城)

발어참성은 왕건의 아버지인 용건(龍建)이 궁예가 철원에 도읍을 정한 896년 귀부한 이후, 송악에 성을 쌓아 자신의 아들인 왕건을 성주로 삼아야 한다고 하여 쌓은 성이다. 궁예는 898년 송악을 수도로 정한 후, 901년에는 국호를 '고려'로 고치기도 하였다. 904년 궁예는 국호를 '마진(摩震)'으로 고치고 철원에 도읍을 정한 후, 905년 철원으로 천도하였다. 이후 왕건이 고려를 건국한 이후, 개경으로 천도하면서 왕건이 궁예의 명으로 쌓은 발어참성을

<그림 9> 개성의 성곽(조선유적유물도감편찬위원회, 2000)

<그림 10> 개경의 궁성(박종진, 2022)

---

16) 『(新增)東國輿地勝覽』에는 영원산성을 근거지로 활용한 것으로 알려져 있으나 최근 조사로 보면 해미산성(금대산성)일 가능성이 대두되고 있으나 추가 조사가 필요하다.

토대로 궁성을 만든 것으로 알려져 있다.

남과 북은 지금까지 8차(2007~2018년)에 걸쳐 공동 조사를 실시하였지만 궁예의 명에 의하여 축조된 발어참성의 형태는 파악하기 어렵다[17]. 따라서 남북공동발굴조사가 속개된다면 최상층의 개경의 모습부터 가능한 범위에서 궁예의 명에 의하여 축조된 발어참성의 전모를 규명하려는 시도가 필요하다.

Ⅲ. 태봉고고학의 활성화를 위하여

태봉고고학은 현재까지 그 문화 양상을 특정할 수 있는 정도로 조사가 진행된 곳은 거의 없다고 할 수 있다. 이러한 배경의 근저에는 지금까지 태봉 시기에 해당하는 유적이 설사 고고학적 조사가 실시되어도 통일신라, 라말여초 등으로 해석하는 것이 대부분이었기 때문이다. 따라서 이 과도기적 양상을 새롭게 분류, 통합하여 개념화할 필요가 있다.

이와 함께 최근 조사가 진행되고 있는 철원향교지의 경우도 "왕건 사저", "호족의 거주지"인지 논의 중인 중요 핵심유적이다. 그런데도 불구하고 지방자치단체에서 진행하고 있는 조사 목적이 "철원 향교지 정비"라는 점에서 태봉고고학에 대한 현실을 보여주고 있다. 따라서 태봉고고학의 활성화를 위해서는 광역자치단체와 지방자치단체의 적극적인 관심과 협

---

17) 박성진, 2016, 「개성 고려궁성 남북공동발굴조사의 최신 조사성과」 『서울학연구』 63, 1~18쪽.
　　남창근, 2020, 「고려 본궐 만월대 주요전각 위치와 배치체계」 『중앙고고연구』 32, 105~140쪽.
　　박종진, 2021, 「고려왕조의 수도 개경의 특징과 위상」 『서울학연구』 83, 1~32쪽.

조가 필요하다고 판단된다. 그리고 태봉국 철원도성이 핵심유적에 해당되고 있어 선도적인 사업 시행이 필요하다. 이를 위하여 현실적으로 조사가 가능한 동주산성과, 옛 철원향교지에 대한 중장기 조사 및 활용에 대한 계획 수립이 시급하다고 생각된다.

참고문헌

강원고고문화연구원, 2015, 「원주화훼특화관광단지 조성사업 예정부지 문화재 지표조사 보고서」.

江原大學校 中央博物館, 2008, 『(舊)鐵原鄉校址-試·發掘調查報告書』.

강원도문화재연구소, 2021, 『원주 석남사지-원주 석남사지 발굴조사 보고서-』.

강원문화재연구소, 2023, 「원주 석남사지(2차)발굴조사 약식 보고서」.

강원역사문화연구원, 2025, 「철원향교지 정비사업부지 내 유적 시굴조사 학술 자문회의 자료」.

關東大學校 博物館, 2009, 『江陵 溟州山城 地表調查 報告書』.

국강고고학연구소, 2014, 「강릉 영동대학교 쇼트트랙 보조경기장 건립부지 내 문화재 시굴조사 약보고서」.

國立文化財研究所, 2011, 『韓國考古學專門事典:城郭·烽燧篇』.

국립문화재연구원, 2020, 「태봉국 철원도성」, 『한반도 비무장지대 2020 실태조사』.

국립문화재연구원, 2022, 「제3차 태봉국 철원도성」, 「12-3 철원도성(보완조사)」, 『한반도 비무장지대 2020-2021 실태조사 보고서』.

남창근, 2020, 「고려 본궐 만월대 주요전각 위치와 배치체계」, 『중앙고고연구』 32.

박성진, 2016, 「개성 고려궁성 남북공동발굴조사의 최신 조사성과」, 『서울학연구』 63.

박종진, 2021, 「고려왕조의 수도 개경의 특징과 위상」, 『서울학연구』 83.

조선유적유물도감편찬위원회, 2000, 『북한의 문화재와 문화유적』 4, 서울대학교 출판부.

박종진, 2022, 『개경, 고려왕조의 수도』, 눌와.

신종원, 1994, 「雉岳山 石南寺址의 推定과 現存民俗」, 『정신문화연구』 17-1, 한국

학중앙연구원.

심재연, 2023, 「왕건 사저와 봉선사」, 『태봉의 문화유산』, 태봉학회 총서 5, 태봉학
　　회·철원군.

영월군·中部考古學研究所, 2013, 『영월 흥교사의 고고·역사적 가치와 보존 및
　　활용 방안』, 2013년중부고고학연구소 제1차 학술대회 자료집.

유재춘, 2005, 「철원의 高麗太祖 王建 舊宅址說에 대한 검토」, 『江原文化史研究』
　　10, 강원향토문화연구회.

中部考古學研究所, 2014, 『寧越 興教寺址Ⅰ-영월 농어촌도로204호(흥교~흥월간)
　　도로 건설 공사부지 내 유적-』.

中部考古學研究所, 2014, 『寧越 興教寺址Ⅱ-영월 흥교사지 주변 유적 부지 내-』.

中部考古學研究所, 2015, 『寧越 興教寺址Ⅲ-영월 흥교사지 2차 조사 부지 내-』.

후삼국시기 미술사 회고와 현황

정성권

단국대학교 동양학연구원 초빙교수

목차

Ⅰ. 머리말

후삼국시기 미술사 연구는 '나말여초'기라는 포괄적인 용어에 가려 그 정체성이 뚜렷이 드러나지 않았다. 후삼국시기에 대한 문헌사 분야의 다양한 연구성과가 축적되자 미술사 분야에서도 후삼국시기 연구의 필요성이 제기되었다. 이러한 문제의식을 바탕으로 1990년대 중반부터 후삼국

* 본 글은 정성권, 2021, 「태봉의 불교조각과 철원 동송읍 마애불」 『문화사학』 56, 한국문화사학회; 정성권, 2024, 「후백제의 불교조각과 합천 죽고리 석조비로자나삼존상」 『동양학』 97, 단국대 동양학연구원의 글을 근간으로 하여 후삼국시기 미술사 관련 내용을 보완하였다.

시기 미술에 대한 주목할 만한 연구성과가 축적되기 시작하였다. 후삼국 시기 미술사연구는 후백제 불교조각에 관한 연구부터 시작되었다. 완주 봉림사지 삼존석불이 후백제에 의해 조성되었음을 밝히는 연구 성과와 함께 후백제 불교조각의 특성을 살피는 연구가 1994년에 나왔다.[1] 후 백제 미술사에 대한 구체적인 연구성과에 이어 태봉 미술사에 관한 연구 도 동일한 연구자에 의해 진행되었다. 최성은은 철원도성내에 있었던 勃 颯寺 熾盛光如來像과 鎭星塑像에 대한 기록을 통해 궁예정권기 불교미술 의 단면을 보여주었다. 이밖에 태봉시대를 중심으로 하여 그 전후기에 조 성되었을 것으로 생각되는 중부 지역의 나말려초 불상들을 소개하였다.[2]

2010년대 이후부터는 후백제와 태봉의 불교조각에 대한 다양한 연구 성과가 축적되며 후삼국시기 미술사에 대한 연구가 심화되는 모습을 보 여주었다.[3] 후삼국시기 미술사는 태봉과 후백제 미술을 중심으로 연구가 진행되었다. 태봉과 후백제의 미술은 재료적 특성상 석불, 석탑, 석등, 승 탑과 같은 석조미술 위주로 연구가 진행되었다. 후삼국시기 미술은 명문 이나 기록을 통해 태봉이나 후백제에서 조성되었다는 것을 확실히 알 수 있는 사례가 매우 드물다. 특히 태봉의 수도였던 철원경의 경우 휴전선 내 에 자리하고 있어 접근 자체가 불가능한 현실이다. 후백제의 수도였던 전

---

1) 최성은, 1994, 「봉림사지 석조삼존불상에 대한 고찰 -후삼국시대 조각의 일례-」, 『불교미술연구』 1, 동국대학교 불교미술문화재연구소, 45~61쪽; 1994, 「후백제지역 불교조각 연구」, 『미술사학연구』 204, 한국미술사학회, 33~69쪽.

2) 최성은, 2002, 「나말려초 중부지역 석불조각에 대한 고찰 -궁예 泰封(901~918)지역 미술에 대한 시고」, 『역사와 현실』 44호; 최성은, 2006, 「나말려초 중부지역의 불교조각과 泰封」, 『泰封國 역사문 화유적』.

3) 후삼국시대 미술사 연구는 최성은에 의해 시작되었으며 이후 후백제 미술사에 관한 연구는 주로 진정환에 의해서, 태봉 미술사에 관한 연구는 정성권에 의해서 주로 진행되었다.

주의 경우 후백제에서 활용하였던 주변 산성은 남아 있으나 도성이 있었던 전주 시내는 도시화가 진행되어 후백제 도성의 흔적을 찾기가 쉽지 않은 상황이다. 이러한 제약으로 인해 후삼국시기 미술사는 통일신라시대나 고려시대 미술사에 비하여 연구성과가 상대적으로 부족한 실정이다.

후삼국시기 미술사는 대부분의 연구대상이 '나말여초'기, 또는 고려시대 조성된 작품으로 이해되어 온 사례가 많다. 근래의 연구성과는 그동안 구체적인 조성시기가 밝혀지지 않았던 작품들을 중심으로 태봉시기 또는 후백제시기 조성된 작품임을 밝히는 연구성과가 꾸준히 축적되고 있다. 후삼국시기 미술사가 본격적으로 시작된지 약 30년이 지났다. 이 글에서는 후삼국시기 미술사가 본격적으로 진행된 지 한 세대가 지난 시점에서 후삼국시기 미술사의 연구성과를 종합적으로 정리하고자 한다. 이 글에서는 논문을 통해 후삼국시기 조성된 작품으로 연구된 미술품을 중심으로 연구성과를 살펴보고자 한다. 이를 통해 후삼국시기 미술사의 외연이 확장된 범위를 확인할 것이며 후삼국시기 미술사가 본격적으로 제기된 이후 축적된 연구성과의 현황을 살펴볼 것이다.

Ⅱ. 태봉의 미술

1. 풍천원 석등

태봉의 미술 중 연구자들에 의해 확실하게 궁예 정권기에 조성된 작품임을 인정 받았던 것으로는 풍천원 석등이 있다. 풍천원 석등은 일제강점기 촬영된 유리원판 사진에서만 확인할 수 있다. 그 이유는 철원도성이 군사 분계선 한가운데 자리하고 있기 때문이다. 일제강점기 철원도성 내부를 찍은 유리원판 사진에는 도성 내부의 성벽 전경과 더불어 석등 2기와 귀부 1기를 찍은 것이 남아 있다. 사진 속에서 확인되는 석등은 팔각을 기본으로 하는 일반형 석등 1기와 고복형 석등 1기이다. 봉선사지 석등으로도 불리는 일반형 석등은 정명호에 의해 간략한 현황이 고찰된 바 있다.[4] 풍천원 석등으로 알려진 고복형 석등 역시 정명호에 의해 간략한 현황이 고찰되었다.[5] 이후 풍천원 석등에 대한 구체적인 연구는 필자에 의해 진행되었다. 이 연구에서 풍천원 석등의 양식적 특징, 조성배경 등을 고찰하였으며 풍천원 석등을 조성한 장인이 명주 출신 장인집단일 가능성이 높다는 점을 논증하였다. 이와 더불어 풍천원 석등의 조성 책임자가 명주 대호족 김순식의 아버지 허월 이었음을 추정하였다.[6]

근래에도 풍천원 석등에 대한 연구가 진행되었으며 기존의 연구 성과와 다른 주장이 제기되어 주목된다.[7] 이 논문에서는 풍천원 석등 각 부의 비례와 하대석 안상과 귀꽃 형식 등이 장흥 보림사 석등과 보조선사창성탑 등 가지산문의 석조물과 유사하다는 주장을 하였다. 특히, 보조선사탑의 권운문이 조각된 중대석 받침과 편구형의 중대석은 풍천원 석등에 그대로 투영되었다고 주장하였다. 이러한 이유로 풍천원 석등은 전라남도 장흥 보림사(가지산문)의 석조물을 모델로 제작되었다는 의견이 제시되었

---

4) 鄭明鎬, 1997, 「석등」, 『북한문화재해설집』, 국립문화재연구소.

5) 鄭明鎬, 2001, 「鐵原 固闕里 石燈」, 『석등조사보고서Ⅱ』, 국립문화재연구소.

6) 丁晟權, 2011, 「泰封國都城(弓裔都城)내 풍천원 석등 연구」, 『韓國古代史探究』 7호, 韓國古代史探究學會, 177~204쪽.

7) 진정환, 2020, 「후백제와 태봉 불교석조미술품의 특징과 영향」, 『東岳美術史學』 27, 東岳美術史學會, 126~152쪽.

다. 이와 함께 가지산문이 있는 장흥 일대가 903년 이후부터 태봉의 영향권에 속해 있었던 곳이며 912년에는 가지산문 출신인 형미가 궁예도성으로 처소를 옮기기까지 했다는 점을 강조하였다. 이를 통해 풍천원 석등은 태봉국 도성 내 형미가 주석한 선종사원에 조성되었던 것으로 보인다는 의견이 개진된 바 있다.[8]

<사진 1> 철원 풍천원 석등　　<사진 2> 양양 선림원지 석등　　<사진 3> 강릉 굴산사지 승탑　　<사진 4> 장흥 보림사 보조선사승탑

이와 같이 근래의 연구는 풍천원 석등이 가지산문의 석조미술로부터 영향을 받았다는 주장을 하였다. 그 주요 근거로 풍천원 석등이 보림사 석등 및 보조선사창성탑 등과 유사하다는 점을 들었다. 그러나 이 주장은 동의하기 어려운 부분이 있다. 풍천원 석등의 중대석은 화문이 양각된 편구형 석재이다. 이에 반해 880년경 조성된 보조선사 탑의 중대석은 배가 불러있기는 하지만 각 면마다 안상이 음각되어 있는 평면 팔각의 중대석이다. 또한 보림사 석등의 간주석은 팔각간주석이며 귀꽃은 풍천원 석등의

<hr>

8) 진정환, 앞의 글, 137쪽.

귀꽃과 전혀 닮지 않았다. 오히려 명주지역이었던 양양 선림원지의 석등은 간주석이 고복형으로 풍천원 석등과 유사성이 있다. 또한 선림원지 석등 귀꽃과 풍천원 석등의 귀꽃은 자방 주변의 꽃술대까지 동일하다 할 정도로 유사한 모습을 보이고 있다. 즉 가지산문의 석조미술과 풍천원 석등의 조형적 관계는 전체적인 외형뿐만 아니라 세부적인 측면에서도 명주지역 석조미술과 풍천원 석등의 관계에 비해 유사점 보다 차이점이 확연하다.

가지산문의 석조미술과 풍천원 석등의 조형적 유사점은 명주지역 석조미술보다 많지 않다. 이밖에 당시의 역사적 상황을 살펴보면 가지산문과 태봉미술이 직접적인 영향관계에 있었다고 말하기 어렵다. 궁예정권이 903년 처음 확보한 나주 지역은 현재 나주를 중심으로 한 10여개 군·현이었다.[9] 935년경 태조 왕건이 한 말 중에 '나주계 40여군'이라는 표현이 『고려사』에 나온다.[10] 이러한 점으로 보아 남해안과 접해 있는 장흥 일대는 태봉국 도성이 완성되는 905년에는 아직 궁예정권의 영역이었다고 보기 어렵다. 장흥 일대가 태봉의 통치 영역에 포함된 것은 912년 덕진포 해전 승리 이후이다. 후백제 견훤은 덕진포 해전 당시 목포에서 덕진포에 이르기까지 머리와 꼬리를 서로 물고 수륙 종횡으로 군사를 거느렸다는 기록이 있다.[11] 이러한 기록을 통해 보았을 때 왕건이 903년 나주를 확보한 후에도 912년까지 영산강 이남 지역은 아직 견훤의 후백제 영역이었음을 알 수 있다. 가지산문이 있는 장흥 일대가 912년까지 후백제의 통치 영역

---

9)『高麗史』卷1 世家1 태조총서.

10)『高麗史』卷92, 列傳5 庾黔弼.

11)『高麗史』卷1 世家1 태조총서.

<사진 5> 철원
풍천원 석등

<사진 6> 철원
풍천원 석등 귀꽃

<사진 7> 양양
선림원지 석등 귀꽃

<사진 8> 양양
보림사 석등 귀꽃

에 포함되었다면 905년경 건립된 풍천원 석등의 조성에 가지산문 석조미
술이 영향을 줄 수 있는 상황은 아니었다.

즉, 풍천원 석등은 905년경 선림원지 석등과 굴산사지 승탑을 만든 명
주 출신 장인들에 의해 조성된 석등이며 총 책임자는 명주 대호족 김순식
의 아버지이자 당시 철원도성 內院에 머물렀던 승려 허월로 추정할 수 있
다.[12]

2. 철원 동송읍 마애여래입상과 이평리 사지 석물

철원 동송읍 마애여래입상은 철원의 진산인 금학산 동쪽 4부 능선에
있는 마애불이다. 마애불이 건립된 곳은 이평리 사지로도 알려져 있다. 마
애불상의 전체 크기는 5.76m에 달하는 웅대한 규모이며, 그 위치가 지면
보다 높게 우뚝 솟아 있어서 마치 천계에서 하강하는 여래의 모습을 연
상하게 한다. 마애불은 1995년 강원대학교박물관에 의해 학계에 개괄적

---

12) 丁晟權, 2011, 「泰封國都城(弓裔都城) 내 풍천원 석등 연구」, 『韓國古代史探究』 7, 韓國古代史探
究學會, 177~204쪽.

으로 소개되었다.[13] 마애불에 대한 기존의 연구성과는 나말여초기 조각적 특징과 마애불이 위치하고 있는 입지여건을 종합해 볼 때 동송읍 마애불입상은 태봉의 미륵사상과 연관지어볼 수 있는 불상으로 추정하고 있다.[14]

동송읍 마애여래좌상 앞에는 연화문이 조각되어 있는 대석 2개가 있으며 그 아래쪽으로 탑신석과 옥개석 등 석탑부재가 있다. 그동안 연화문 대석은 석등의 하대석이나 승탑의 기단 등으로 알려져 왔다. 그러나 필자의 조사 결과 이 연화문 대석은 동송읍 마애여래좌상 앞에 세워졌던 석탑의 기단부임을 알 수 있었다. 이 기단부와 더불어 부근에 있는 석탑의 탑신석과 옥개석을 통해 보았을 때 철원 동송읍 마애여래입상 앞에는 도피안사 삼층석탑과 유사한 형태의 대좌형 기단을 갖춘 석탑이 세워져 있었음을 알 수 있다. 대좌형 기단을 갖춘 석탑은 상대석 앙련문을 통해 보았을 때 원주 봉산동 석불좌상 대좌와 유사한 점을 알 수 있다. 마애불과 석탑의 조성시기는 태봉국 도성이 완공되는 905년부터 궁예가 왕위에서 축출되는 918년 사이로 조성한 것으로 추정할 수 있다.

철원 동송읍 마애여래좌상에서 주목해야 할 특징 중의 하나는 마애불의 입이다. 동송읍 마애여래좌상은 안성 기솔리 석불입상과 마찬가지로 입을 크게 벌리고 있으며 입술의 중심을 가로지르는 세로의 돋을선이 조각되어 있다. 다른 불상에서 찾아볼 수 없는 벌린 입 위에 새겨진 세로의 돌출선은 태봉의 궁예정권기 조성된 것으로 여겨지는 안성 기솔리 석불입상, 나주 철천리 석불입상과 더불어 철원 동송읍 마애여래입상의 입

---

13) 1995, 江原大學校博物館, 『鐵原郡의 歷史와 文化遺蹟』, 79쪽.
14) 최성은, 앞의 글, 54쪽.

에서도 확인되고 있다. 삼국시대부터 근·현대의 불상조각에 이르기까지 대부분의 불상은 입을 정연하게 다물고 있는 상태로 표현된다.[15] 철원 동

<사진 9> 철원 동송읍 마애여래입상

<사진 10> 철원 동송읍 마애여래입상 탁본

<사진 11> 송읍 마애불 앞 석탑 기단부
(이평리 사지)

<사진 12> 석탑기단부 상대석 상면

15) 정성권, 2021, 「태봉의 불교조각과 철원 동송읍 마애불」 『문화사학』 56, 한국문화사학회, 52~58쪽.

송읍 마애여래입상에 대한 탁본 조사를 통해 불상 입모양의 특징을 확인한 점과 이러한 입모양의 형식이 '궁예 미륵'으로 추정되는 석불입상에서 공통적으로 나타나고 있다는 점을 밝힌 점은 중요한 학술적 성과라 할 수 있다. 이평리 사지 석물이 궁예 정권기 조성된 석탑일 가능성이 높다는 점을 확인한 점 역시 학술적으로 중요한 의미가 있다.

3. 포천 철불좌상

포천 철불좌상은 경기도 포천군 이동면 백운동 계곡에서 1925년 국립중앙박물관으로 옮겨온 불상이다.[16] 전체높이는 133cm이며 넓은 무릎 폭과 좁고 긴 허리를 갖고 있는 장신형의 좌상이다.

포천 출토 철불좌상은 신라 하대 9세기 말 불상의 특징을 볼 수 있는데 신라 하대 865년에 조성된 철원 도피안사 철조비로자나불좌상과 비교해보면, 두 상은 불상의 크기에 비해 불두를 작게 표현한 것이 공통적이고 육계가 그다지 우뚝하지 않으며 불신도 평평하고 오른쪽 무릎 아래에서 세 가닥의 옷 주름이 올라오는 점도 일치한다. 그러나 포천 출토 철불좌상은 도피안사 철조비로자나불좌상보다 얼굴이 더 사실적이고 허리가 더 길다. 이처럼 허리가 길고 좌폭이 넓은 장신형의 불신 표현은 불국사 금동비로자나불좌상과 금동아미타여래좌상, 증심사 철조비로자나불좌상 같은 9세기 말의 불상양식이 반영된 것으로 이해된다.[17]

포천 철불좌상이 태봉의 궁예정권시기 조성된 철불일 가능성이 높은

---

16) 강건우, 2019, 「국립중앙박물관 소장 포천 출토 철조여래좌상에 대한 소고」, 『美術資料』 96, 국립중앙박물관, 213~215쪽.
17) 최성은, 2008, 「태봉지역 불교미술에 대한 試考」, 『궁예의 나라 태봉』, 일조각, 190쪽.

<사진 13> 포천 출토 철불좌상

이유는 불상이 출토된 지정학적 위치와 불상의 양식적 특징 등을 통해 파악할 수 있다. 이 철불좌상이 출토된 지역은 현재의 포천시 이동면 도평리 흥룡사이다. 이곳은 명성산의 동남쪽에 해당하는 곳이다. 명성산에는 궁예가 쌓았다고 알려진 명성산성이 위치해 있다.[18]

포천 철불좌상이 출토되었던 사지(현 흥룡사)는 남쪽에서 올라오는 길과 화천 및 춘천 등에서 철원도성으로 향하는 길이 교차하는 지점에 해당한다. 포천 철불좌상이 봉안된 사찰은 철원도성에서 출발했을 때 한반도 남쪽과 동쪽으로 향하는 길이 나누어지는 중요한 교통의 결절지에 해당한다. 이러한 지점이라면 국가적 관심 하에 사찰을 창건하고 불상을 주조하여 봉안할 수 있는 자리라 할 수 있다. 깊은 산속에 위치한 계곡 내의 좁은 산길을 주요 교통로로 이용하고자 시도했던 나라는 지정학적 위치를 고려한다면 태봉국이 가장 유력하다 할 수 있다.

---

18) 이재, 2008, 「철원 지역 성곽의 성격」, 『궁예의 나라 태봉』, 일조각, 141쪽.

4. 원주 봉산동 석불좌상

　원주 봉산동 석불좌상은 원주 봉산동 신선암 석조보살입상과 멀지 않은 곳인 봉산동 산 46-6에 있었다.[19] 원주 봉산동 석불좌상은 현재 원주시립박물관에 이전되어 전시되고 있다. 봉산동 석불좌상은 대좌와 광배를 모두 갖추고 있으나 대좌는 상대석과 중대석만 있으며 하대석 이하는 결실되어 있다. 봉산동 석불좌상은 머리는 결실되었으나 신체와 옷주름이 유려한 솜씨로 조각되어 있다.

　봉산동 석불좌상의 조성시기에 대한 견해는 태봉시기인 10세기 초 조성되었다는 의견과 11세기중반~후반에 만들어졌다는 의견이 제시된 바 있다. 봉산동 석불좌상이 태봉시기 제작되었다는 보는 견해는 봉산동 석불좌상의 세밀한 옷주름으로 가득찬 화려한 대의와 사실적인 세모꼴 가사장식 등의 요소를

<사진 14> 원주 봉산동 석불좌상

---

19) 김성찬, 1997, 「원주의 불교유적」 『原州의 歷史와 文化遺蹟』, 원주시, 173쪽; 林玲愛, 2001, 「고려 전기 원주지역의 불교조각」 『美術史學硏究』 228·229, 韓國美術史學會, 47~49쪽; 최성은, 2002, 「나말려초 중부지역 석불조각에 대한 고찰 -궁예 泰封(901~918)지역 미술에 대한 시고」 『역사와 현실』 44, 44쪽.

주목하고 있다. 옷주름과 가사장식 등에서 섬세함과 장식적인 표현을 읽을 수 있으며 이러한 요소는 풍천원 석등에서 볼 수 있는 태봉시대 미술의 특징과 어느 정도 일치한다고 생각되기에 봉산동 석불좌상의 조성시기를 태봉시기일 가능성이 높다는 의견이다.[20] 또한 봉산동 석불좌상은 9세기 후반 석불의 양식적 특징과 함께 10세기 전반 석불에서 일반적으로 볼 수 있는 머리와 신체의 유기적 조화와 해체, 포초골 석불좌상 등 경기일대 10세기 석불의 둔중한 비례 등을 복합적으로 보여주고 있으며 특히 과한 장식성에서 풍천원 석등과 같은 조형의식을 읽을 수 있다는 의견이 있다.[21]

원주지역 불상에서 확인되는 세밀하고 촘촘한 옷주름과 화려한 장식적인 요소는 양길에 의해 만들어 졌을 가능성도 고려할 필요가 있다. 봉산동 석불좌상은 기존의 연구성과를 통해 밝혀진 바와 같이 태봉의 궁예정권시기 조성되었을 가능성도 있다. 그러나 봉산동 석불좌상같이 밀집된 옷주름 형식을 갖고 있는 불상은 나말여초기 주로 원주지역에서 유행하였고 다른 지역으로 크게 확산되지 않은 점을 고려한다면 나말의 시기 양길에 의해 조성되었을 가능성 또한 고려할 필요가 있다.

5. 해남 대흥사 북미륵암 마애여래좌상

해남 대흥사 북미륵암 마애여래좌상은 해남 두륜산 서쪽 7부 능선에 있다. 2004년 목조전실이 해체되기 이전까지 고려초의 불상으로 개론서

---

20) 최성은, 2002, 앞의 글, 45쪽.

21) 진정환, 2020, 「후백제와 태봉 불교석조미술품의 특징과 영향」, 『東岳美術史學』 27, 東岳美術史學會, 139쪽.

에 간단히 언급된 마애불이다.[22] 2004년 목조전실 해체되었으며 불상이 온전히 들어나게 됨에 따라 북미륵암 마애여래좌상에 대한 학술조사가 실시되었다. 이후 대흥사 북미륵암에 대한 다양한 의견이 개진되었다.

학술조사 후 간행된 보고서에서는 북미륵암의 조성시기를 기존에 알려진 바와 같이 고려 초기보다 상향된 9세기 말의 시기로 파악하고 있다. 조성시기를 9세기 말로 본 이유는 북미륵암의 조각 양식과 도상면에서 전적으로 통일신라 하대 불상 양식을 직접적으로 반영하고 있다는 것이 주된 이유이다.[23]

기존의 연구는 북미륵암 마애여래좌상을 9세기 후반으로 비정한 것이

<사진 15> 해남 대흥사
북미륵암 마애여래좌상

<사진 16> 해남 대흥사
북미륵암 마애여래좌상 전경

---

22) 진홍섭, 1980, 『한국의 불상』 일지사, 293~294쪽; 황수영 편, 1984, 『國寶2』, 예경, 174쪽; 이태호·이경화, 2002, 『한국의 마애불』 다른세상, 430~432쪽.

23) 김춘실 외, 2005, 「대흥사 북미륵암 마애여래좌상의 도상과 양식」, 『대흥사 북미륵암 마애여래좌상 조사보고서』 동국대학교박물관, 65~81쪽; 성춘경·이영숙, 2005, 「대흥사 북미륵암 마애여래좌상의 고찰」, 『대흥사 북미륵암 마애여래조상 조사보고서』 동국대학교박물관, 103쪽.

주류를 이루었다. 이와 다른 의견으로 북미륵암 마애불이 10세기 초 궁예 정권에 의해 조성되었을 가능성을 제기한 연구가 있어 주목된다. 이 연구는 대흥사 북미륵암의 현상과 양식적 특징을 우리나라 중부지역의 불상과 비교하였다.[24]

대흥사 북미륵암 마애여래좌상을 궁예정권과 연결시킬 수 있는 근거로 마애불상의 대의 왼쪽 어깨 위에서 내려오는 술 장식을 비롯해서 마치 초상조각을 연상시키는 인간적인 상호와 부드러운 양감 표현에 주목하였다. 이러한 표현은 여주 계신리 마애여래입상, 여주 포초골 석조여래좌상, 국립춘천박물관의 원주 학성동출토 철조약사여래좌상, 원주 봉산동 석조약사여래좌상과 같은 남한강으로 연결되는 원주, 여주지역의 나말여초기 불상들에서 나타나는 요소로서, 북미륵암 마애불상과 중부지역 불상들 사이의 연관성을 보여준다고 하였다. 이를 통해 북미륵암 마애여래좌상의 조성배경에 중부지역을 지배했던 태봉과 연결될 수 있는 가능성이 있음을 추정하였다. 특히, 서남해안 일대가 911년 이후 태봉의 지배권 안에 들어갔으며, 북미륵암 마애여래좌상이 위치한 해남 두륜산 일대는 전략적으로 매우 중요한 지역이었을 것으로 여겨 북미륵암 마애여래좌상은 결국 국가적인 祭儀를 위해 군사전략과 관련된 방어시설과 함께 건립된 사찰의 주존으로 조성된 불상으로 추정하였다.[25] 즉, 이 견해에 따르면 대흥사 북미륵암 마애여래좌상은 태봉의 궁예정권기에 조성된 10세기 초반의 마애불이 된다.

---

24) 최성은, 2012, 「해남 대흥사 북미륵암 마애여래좌상에 대한 고찰」, 『선사와 고대』 37, 한국고대학회, 249~271쪽.

25) 최성은, 앞의 글, 269~270쪽.

그러나 대좌 간엽의 장식문이 고려초기에 조성된 하사창동 철불좌상의 대좌와 923년경 조성된 봉림사지 심희의 승탑에서도 확인되고 있다. 근래의 연구성과는 하사창동 철불좌상과 해남 대흥사 북미륵암 마애여래좌상의 조성시기를 고려 초 혜종대 조성된 것으로 논증하는 연구도 있다.[26] 이러한 점을 통해 보았을 때 대흥사 북미륵암 마애여래좌상의 태봉시기 조성설에 대해서는 추가적인 논의가 필요한 상황이다.

6. 장흥 용화사 석불좌상

장흥 용화사 석불좌상은 하체와 오른손이 파손되어 있으나 조각솜씨가 매우 유려한 불상이다. 이 석불좌상은 나말여초기 조성된 것으로 알려져 왔으나 근래의 연구에서는 이 석불이 태봉의 궁예정권기 조성된 불상이라는 주장이 제기되었다. 주장의 근거는 다음과 같다. 장흥 용화사 석불좌상은 단정하고 둥근 형태미와 섬세한 장식성에서 원주 봉산동 석불좌상과 동일한 특징을 보이는 것으로 보아 장흥 용화사 상은 9세기 후반 통일신라 불상 양식을 바탕으로 섬세함과 장식성을 더한 태봉의 불상으로 여겨진다는 것이다.[27] 전혀 다른 계통의 불상에서 동일한 특정 형식을 공통적으로 보이는 것이 곧 특정 형식이 만들어진 지역과 밀접한 관계가 있음을 이야기한다고 했을 때, 용화사 상은 태봉의 불상일 가능성이 높다는 주장이다.[28]

---

26) 정성권, 2022, 「해남 대흥사 북미륵암 마애여래좌상의 조성 시기와 배경」, 『보조사상』 64, 보조사상연구원, 203~237쪽.

27) 진정환, 2015, 「후백제 불교조각의 대외교섭」, 『백제연구』 61, 충남대학교 백제연구소, 163쪽.

28) 진정환, 2020, 「후백제와 태봉 불교석조미술품의 특징과 영향」, 『동악미술사학』 27, 동악미술사학회, 129쪽.

장흥 용화사 석불
좌상을 태봉의 불상
으로 본 근거는 원주
봉산동 석불좌상을
태봉의 불상으로 인
정할 수 있다고 보았
기 때문이다. 이 주장
은 원주 봉산동 석불
좌상이 태봉의 불상
일 가능성이 높다고
한다면 충분히 타당

<사진 17> 장흥 용화사 석불좌상[29]

성이 있는 주장이다. 다만 앞서 살펴보았듯이 원주 봉산동 석불좌상은 나
말의 시기 양길에 의해 조성되었을 가능성이 있으며 고려초에 만들어졌
을 가능성 또한 있다. 이러한 점을 고려한다면 장흥 용화사 석불좌상이 태
봉의 불상일 가능성이 높다고 주장하기에는 아직 충분한 근거가 있다고
보기 어렵다.

7. 안성 기솔리 석불입상

안성 기솔리 석불입상은 안성시 삼죽면 기솔리 쌍미륵사 경내에 있다.
기솔리 석불입상은 높이 약 5.7m의 석주형 석불이며 11m 정도의 거리를
두고 2기가 세워져 있다. 안성 기솔리 석불입상에 대해서는 고려시대, 고

---

29) 최성은, 2003, 『석불 돌에 새긴 정토의 꿈』 한길아트, 245쪽 사진 전재.

려전기, 13세기 등 다양한 의견이 제시되었다.[30] 그러나 각 논문에서는 안성 기솔리 석불입상을 개괄적으로만 다루고 있으며 조성시기를 판단하는

<사진 18> 안성 기솔리 석불입상 전경
(경기문화재단, <미륵의 땅, 안성> 화면 캡쳐)

<사진 19> 기솔리
석불입상(향좌측)
(<미륵의 땅, 안성> 화면 캡쳐)

<사진 20> 기솔리
석불입상

<사진 21> 개태사
석조삼존불입상(우협시)

<사진 22> 개태사
석조삼존불입상(좌협시)

 태봉역사문화권의 설정과 철원군

근거나 다른 불상들과의 양식 비교가 구체적으로 제시되지 않았다. 안성 기솔리 석불입상을 주제로 다룬 연구에서는 기솔리 석불입상의 조성시기를 태봉의 궁예정권기로 비정하였다.[31]

이 글에서는 안성 기솔리 석불입상의 신체를 구성하는 형태틀과 상자 같은 발 모양이 936~940년경 조성된 개태사 석조삼존불입상과 매우 유사함을 밝히고 있다. 이를 통해 안성 기솔리 석불입상은 개태사 석조삼존불입상이 건립되는 전후의 시기에 조성되었을 가능성이 있다는 점을 밝히며 논거를 전개하고 있다. 안성 기솔리 석불입상은 조성 시기 추정이 가능한 경기 남부 석불과 비교 분석하면 기솔리 석불입상은 개태사 석조삼존불입상보다 조성시기가 앞선 10세기 초반의 불상임을 알 수 있다.

<사진 23> 기솔리 석불입상 상호와 벌린 입

<사진 24> 기솔리 석불입상 상호와 벌린 입

30) 홍윤식, 1993, 「安城 雙彌勒寺佛蹟의 性格」『素軒南都泳博士古稀紀念 歷史學論叢』, 민족문화사, 219쪽; 진정환, 2020, 앞의 논문, 145쪽; 오호석, 2005, 「高麗前期 竹州地域의 石佛에 대한 一考察」『博物館誌』14, 충청대학 박물관, 76쪽.

31) 정성권, 2012, 「안성 기솔리 석불입상 연구 -궁예 정권기 조성 가능성에 대한 고찰-」『新羅史學報』25, 신라사학회, 351~399쪽.

구체적인 조성시기와 조성배경은 기솔리에 전하는 궁예 관련 구비전승을 분석하였다. 안성 기솔리에는 기솔리 석불입상이 있는 산록의 정상부인 국사봉에서 궁예가 무예를 닦았으며 쌍미륵사에서 설법을 하였고 궁예의 설법을 듣고 그를 존경하게 된 사람들이 미륵을 세웠다는 전설이 전하고 있다.[32] 기솔리에는 궁예관련 구비전승이 전할 뿐만 아니라 안성 기솔리 석불입상 자체가 궁예미륵으로 알려져 있다. 궁예관련 구비전승의 특징은 집중성, 구체성, 통일성 등이 있다.[33] 이는 궁예관련 구비전승이 사실성이 높다는 것을 보여준다. 더군다나 궁예미륵으로 불리는 석불은 전국에 안성 기솔리와 포천 구읍리 단 두 곳에만 전해진다.[34] 사실성과 더불어 희소성을 갖춘 안성 기솔리 석불입상은 태봉의 궁예정권기 조성된 '궁예미륵'일 가능성이 높다. 이밖에 주목되는 부분은 기솔리 석불입상 중 향우측의 불상의 입 모양이다. 향 우측의 불상은 입을 활짝 벌리고 있

---

32) 경기도박물관, 2004, 『경기민속지』 VII, 221쪽.

33) 이재범, 2010, 「철원 지역의 궁예 전승과 고려 재건에 대한 평가」, 『高麗 建國期 社會動向 硏究』, 京仁文化社, 175쪽.

34) 정성권, 2012, 「'궁예미륵'석불입상의 구비전승적 연구」, 『民俗學硏究』 30, 국립민속박물관, 93~115쪽. 필자는 '궁예미륵' 전설의 사실성을 인정하고 있다. 이에 반해 진정환은 궁예미륵 전설이 만들어진 이유를 몽골의 침입과 연결시키고 있다. "몽골의 침입에도 무기력했던 고려 왕실과 무신정권에 대해 실망했던 안성과 포천의 민중들은 지역에 전승되던 궁예를 자신들을 구원해줄 메시아로 인식하였을 것이며, 그를 형상화한 불상을 조성하기에 이르렀던 것으로 보인다"(진정환, 2020, 앞의 논문, 146쪽). 그러나 안성 기솔리 석불입상의 경우 안성, 이천 및 충주 지역의 석주형 석불들과 비교했을 때 13세기 불상으로 볼 수 없다. 특히 이 논문의 주장대로라면 몽골침략기 안성 기솔리에 거대한 석불을 2기나 조성했다는 논리가 성립된다. 몽골 침략기 당시 전국에 급조된 피난성의 허술한 모습을 통해 보았을 때 몽골 침략기에 높이 6m에 가까운 거대한 석불을 2기나 세울 수 있는 사회적 여건이 조성되었을지 의문이 든다. 이밖에 안성의 경우 몽골침략기 죽주산성에서 몽골군을 격퇴한 송문주 장군을 숭배하는 전통이 있다. 심지어는 광종대 조성된 안성 매산리 석불을 송문주 장군을 기리기 위해 만들었다는 전설이 내려오기까지 한다. 이러한 지역에서 몽골침략기 이후 갑자기 궁예를 메시아로 인식했다는 내용은 현존하는 송문주 장군 숭배사상을 놓고 보았을 때 성립하기 어려운 주장이다.

는 형태이다. 입을 벌리고 있을 뿐만 아니라 벌린 입 중앙을 세로로 돌출된 선이 가로지르고 있다.

우리나라에서 입을 벌리고 있는 불상은 기솔리 향우측 석불입상 이외에 다른 불상에서는 거의 찾을 수 없다. 당시 사람들에게 절대적 존재로 숭앙되었을 불상을 조각함에 있어 기존에는 없었던

이러한 시도를 불상조각에 적용하기 위해서는 합당한 이유가 있어야 할 것이다. 만약 당시 장인들이 불상에서 가장 중요한 상호를 조각할 때 전례가 없음에도 불구하고 특별한 이유 없이 절대적 존재인 불상의 입을 벌린 후 입술 중앙에 돌출선을 만들도록 지시를 받았다면 분명 그 주문에 반발하였을 것이다. 장인들이 그 지시에 반발하지 않고 작업을 계속하게 만들기 위해서는 합당한 교리적 이유를 제공하거나 지시를 거부할 수 없는 강력한 권위자의 명령이 뒷받침 되어야 할 것이다. 그 권위자로는 우리나라 역사상 王卽佛을 표방한 유일한 국왕인[35] 궁예를 상정할 수 있을 것이다.[36]

안성 기솔리 석불입상의 조성배경은 기솔리 석불입상이 '궁예미륵'으로 불리고 있는 점에서 궁예 정권기 벌어진 역사적 사건과 관계가 있는 것으로 추정되고 있다. 그 역사적 사건은 궁예가 중부지역 패권을 놓고 자웅을 겨룬 비뇌성 전투와 관련이 있는 것으로 여겨진다. 비뇌성은 죽주산성으로 알려져 있다.[37] 비뇌성 전투는 공성전이 아니라 궁예가 주둔하고 있던 양길을 기습하여 승리한 전투이다.[38] 죽주산성(비뇌성)에서 보았을

---

35) 남동신, 2005, 「나말려초 국왕과 불교의 관계」 『역사와 현실』 56, 한국역사연구회, 85쪽.

36) 정성권, 2012, 앞의 글, 378쪽.

37) 이도학, 2007, 「궁예의 북원경 점령과 그 의의」 『東國史學』 34, 동국사학회, 196~198쪽.

때 북쪽과 동쪽 및 남쪽은 넓은 평야지대로 구성되어 있어 한 눈에 조망되는 지역이다. 이에 반해 서쪽은 산지로 막혀 있으며 죽주산성의 조망권에서 벗어난 지역이다. 안성 기솔리 석불입상이 세워진 장소는 죽주산성의 서쪽에 해당되며 비뇌성 전투가 벌어졌던 전장지일 가능성이 높다는 의견이 제시된 바 있다.[39] 이러한 점을 고려한다면 안성 기솔리 석불입상은 궁예가 비뇌성 전투 승리 후 이를 기념하고 자신의 권위를 보여주고자 세운 '궁예미륵'이라 할 수 있다.

8. 나주 철천리 석불입상

나주 철천리 석불입상은 나주시 봉황면 철천리에 있는 낮은 야산의 정상 남쪽에 세워져 있다. 완만한 능선위에 있는 철천리 석불입상의 정면은 야산의 봉우리로 막혀 있으며 석불의 우측(동쪽) 하단에는 근래에 새롭게 만들어진 미륵사가 있다.

철천리 석불입상에 대한 기존의 연구는 불상 상호에서 비만감이 느껴지며, 전체적으로 괴체화된 몸체 등을 갖고 있다는 점을 들어 10세기에 조성된 불상으로 추정되었다.[40] 이 밖에 신흥 고려의 기운을 타고 각 지방에서 대대적으로 제작되었던 일련의 거불 조각 가운데 하나로 10~11세기경에 조성된 것으로 여겨지기도 하였다.[41] 나주 철천리 석불입상의 조성배경은 고려 제2대 혜종(943~945)의 원찰이었던 나주 흥룡사를 건립한 후

---

38) 『三國史記』卷50 列傳10 궁예.

39) 정성권, 2012, 「弓裔와 梁吉의 전쟁, 비뇌성 전투에 관한 고찰」 『軍史』 83, 199~200쪽.

40) 진홍섭, 1980, 『한국의 불상』 일지사, 304쪽.

41) 최성은, 2004, 『석불 마애불』 예경, 350쪽.

원세력에 의해 제작된 것으로 간주되기도 하였다.[42]

　이밖에 나주 철천리 석불입상이 금동불을 모방한 석불이며, 북향하여 나주를 바라보고 있다는 이유로 후백제에 의해 조성된 불상으로 보는 견해도 있다. 금동불을 모방한 이유는 927년 견훤이 경주를 침공하여 당시 포로로 뛰어난 장인들을 잡아왔으며 이들이 철천리 석불의 조성에 참여했기 때문이라고 보고 있다. 나주 철천리 석불입상이 북향한 이유는 929년경 후백제가 나주일대를 재탈환한 후 나주에 여전히 건재하고 있던 친고려 세력들에게 견훤의 권위를 드러내고자 했기 때문이라는 주장이다.[43]

<사진 25> 안성 기솔리 석불입상

<사진 26> 나주 철천리 석불입상
(3D 모델링 : 정성혁)

---

42) 성춘경, 2006, 「나주 만봉리 석불입상에 대한 고찰」『전남의 불상』, 학연문화사, 143~144쪽.

43) 진정환, 2020, 「후백제와 태봉 불교석조미술품의 특징과 영향」『동악미술사학』27, 동악미술사학회, 132쪽.

그러나 금동불을 모방하여 석불을 조성한 사례는 전국에서 다수 확인된다. 나주 철천리 석불입상이 나주를 바라보기 위해서는 야산의 정산부근에 불상을 세워야 하나 현재 나주 철천리 석불입상 정면은 야산으로 막혀있다. 나주 철천리 석불입상을 후백제 견훤에 의해 조성되었다고 주장하기 위해서는 금동불을 닮았다는 의견이나 북향하고 있다는 내용 이외에 구체적인 근거나 방증이 더 필요하다.

나주 철천리 석불입상만을 집중적으로 다룬 단독 논문에서는 나주 철천리 석불입상을 태봉의 궁예 정권기 조성된 석불로 주장하고 있다.[44] 나주 철천리 석불입상은 영산강 유역에 조성된 불상임에도 불구하고 경기·충청지역 거석불들과 유사한 조형적 특징이 확인된다. 특히 안성 기솔리 석불입상과 조각적 친연성을 보여준다. 안성 기솔리 석불입상과 나주 철천리 석불입상은 광배와 상호의 모습, 신체의 외형 등에서는 공통점보다 차이점이 먼저 눈에 들어온다. 제작 기법을 통해 보았을 때 두 불상을 제작한 장인집단은 동일한 집단이 아님을 알 수 있다. 나주 철천리 석불입상의 경우 나주 일대에서 활동하였던 조각장인이 참여하였을 가능성이 높다. 그러나 서로 다른 장인집단이 만들었음에도 불구하고 두 불상은 형식적 공통점을 공유하고 있는 점이 특이하다. 표현 방법은 같지 않으나 공통된 형식 요소로는 방형의 상호와 얼굴만큼 폭이 굵은 목, 불상 전면의 'U'자형 옷주름, 아육왕상 형식 옷주름을 갖추고 있는 불상임에도 불구하고 抱腹式佛衣에서만 나타나는 한 쪽 팔을 넘기는 옷자락 표현 등이 공통적으로 나타나고 있다. 이밖에 크기에서 차이는 나지만 두 불상의 발은 모두

---

44) 정성권, 2014, 「나주 철천리 석불입상의 조성시기와 배경」, 『新羅史學報』 31, 新羅史學會, 252~266쪽.

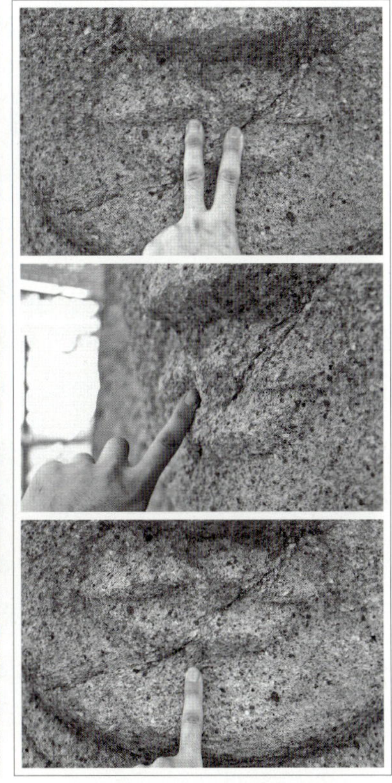

<사진 27> 나주 철천리 석불입상
(3D 모델링 : 정성혁)

<사진 28> 나줄 철천리 석불입상
입 중앙과 입술 하단의 돌출된 세로선

상자형 발이라는 점 역시 공통점이다.

　나주 철천리 석불입상과 안성 기솔리 석불입상에서 모두 확인되는 공통적인 형식요소 중 두 불상의 제작을 후원한 세력이 동일한 존재임을 추정할 수 있게 해주는 요소는 입의 표현이다.

　나주 철천리 석불입상은 안성 기솔리 석불입상 만큼 입을 크게 벌리고 있지는 않는다. 그러나 나주 철천리 석불입상의 살짝 벌리고 있는 입술 중앙에는 세로의 선이 도드라지게 조각되어 있다. 세로의 돋을선은 입술을 가로질러 아랫입술 밖으로까지 뻗어있다. 안성 기솔리 석불입상과 나주 철천리 석불입상에서는 다른 불상에서 찾아 볼 수 없는 입을 벌린 모습이 표현되었을 뿐만 아니라 인체에 존재하지 않는 입술 중앙을 가로지르는 입술 아래까지 돌출되게 뻗은 선을 선명하게 조각해 놓고 있다.

나주 철천리 석불입상의 입술 중앙에 안성 기솔리 석불입상에서 볼 수 있는 것과 같은 인체에 존재하지 않는 수직의 돌출선이 표현되었다면 이는 안성 기솔리 석불입상을 만든 조성주체에 의해 나주 철천리 석불입상 또한 만들어진 것으로 추정할 수 있을 것이다. 안성 기솔리 석불입상이 궁예에 의해 조성된 것으로 파악된 것임을 고려한다면 나주 철천리 석불입상 역시 궁예에 의해 조성되었을 가능성이 높다고 할 수 있다. 궁예가 나주 철천리 석불입상을 현재의 자리에 세운 이유는 912년에 벌어진 덕진포 해전의 승리와 깊은 관련이 있는 것으로 파악되고 있다.[45]

Ⅲ. 후백제의 미술

1. 완주 봉림사지 삼존석불 및 석탑, 석등

완주 봉림사지 삼존석불은 현재 전북대학교 박물관에 전시되어 있다. 봉림사지 삼존석불은 나말여초기 불교조각 중 후백제시대 조성된 것으로 가장 먼저 연구된 불상이다. 봉림사지 삼존석불이 출토된 완주군 고산

---

45) 정성권, 2014, 앞의 논문, 252~266쪽.

면 삼기리 봉림사지에는 삼존석불 이외에 5층 석탑과 간주석에 용이 부조된 석등이 있었으나 석탑과 석등은 군산 발산초등학교에 옮겨져 있다. 봉림사지 석탑과 석등이 군산으로 옮겨진 이유는 일제강점기 일본인 시마타니(島谷)에 의해 반출되어 자신의 농장 조경물로 이용되었기 때문이다. 봉림사지 석등과 석불이 시마타니에 의해 군산으로 반출된 시점은 1910년대 초 이전이었거나 1920~1930년대 사이로 추정되고 있다.[46]

완주 봉림사지 삼존석불은 1961년 5월 18일 삼기초등학교 교사 이승철씨와 5학년 학생들로 구성된 '향토연구자료수집 모임'에 의해 발견되었다. 이들은 삼기초등학교(현 완주군 지역경제순환센터) 뒷산인 봉림산(인봉산) 기슭에서 삼존석불의 본존불과 대좌 상대석 및 중대석, 협시보살상 1구를 발견하여 전북일보에 제보하였다.[47] 봉림사지 석불이 대중에게 알려진 이후 이 석불을 학계에 처음 소개한 이는 정영호이다. 그는 1962년 삼기초등학교를 방문하여 봉림산에서 옮겨온 석불과 협시보살 및 대좌 부재를 조사한 내용을 1964년 발표하였다. 이 글에서 정영호는 봉림사지 석불을 고려초에 조성된 우수한 작품으로 평가하였다.[48]

봉림사지 삼존석불에 대한 심도 있는 연구를 통하여 이 삼존석불이 후백제시기 조성된 불상임을 밝힌 이는 최성은이다. 그는 봉림사지 본존불이 우견편단 형식으로 착용한 대의가 어깨 부근에서 삼각형 부채꼴을 이루고 있으며 결가부좌한 두 다리 위에 새겨진 사선식 옷주름이 직선적으

---

46) 이종철, 2016, 「군산 발산리 석등의 원형에 대한 시론」, 『전북사학』 49, 전북사학회, 8쪽.

47) 전북대학교박물관·완주군, 2019, 『완주 봉림사지 Ⅱ』, 54쪽.

48) 정영호, 1964, 「完州郡 三奇里의 石佛 二軀」, 『考古美術』 5-3(통권 44), 한국미술사학회, 502~504쪽.

<사진 29> 완주 봉림사지 삼존석불

<사진 30> 봉림사지 석탑
(현 군산 발산리 소재)

<사진 31> 봉림사지 석등
(현 군산 발산리 소재)

<사진 32> 봉림사지 석등
간주석

로 표현된 것에서 봉림사지 본존상이 9세기말 조각의 전통을 이어받았으나 점차 도식화되어 변화한 것으로 보았다. 또한 대좌 기단부의 조각에 가릉빈가가 조성된 사례는 일부 9세기말 불상 대좌 및 승탑과 고려초기 승탑의 기단부에서만 확인되고 있다는 점을 논하였다. 보살상의 경우 평면적이면서도 선적인 유려함이 표현되어 있어 940년경 조성된 개태사 삼존석불입상보다 앞서 조성된 것으로 파악하였다. 또한 봉림사지 삼존석불 중 좌우협시보살상의 경우 고식의 정적인 자세와 단구형 비례감, 평면적인 조형감 등에서 五代初 後唐代의 보살상과 유사하다는 점을 논하였다. 이러한 점을 고려하여 봉림사지 삼존석불을 900년경부터 935년사이 조성된 후백제 불교조각으로 파악하였다.[49]

봉림사지 삼존석불이 후백제시기 조성된 작품임이 밝혀진 이후 봉림사지 삼존석불을 비롯하여 봉림사지 출토 석탑과 석등에 대한 종합적인 연구가 진정환에 의해 진행되었다. 그는 봉림사지 삼존석불의 세부 형식에서 안동지역, 팔공산지역, 문경지역의 독특한 형식이 반영되었음을 밝히며 이러한 형식이 불상에 나타나게 된 이유는 견훤의 출생지 혹은 전투를 치른 지역의 조각 유파가 후백제로 유입되었기 때문으로 분석하였다.[50]

완주 봉림사지는 후백제 왕실의 후원하에 조성된 사찰로 알려져 있다. 후백제 왕실에서 봉림사지에 삼존석불을 비롯하여 석탑과 석등 등 다양한 석조미술을 조성하며 적극적인 후원을 한 이유는 봉림사지가 주요 교

---

49) 최성은, 1994, 「봉림사지 석조삼존불상에 대한 고찰 -후삼국시대 조각의 일례-」 『불교미술연구』 1, 동국대학교 불교미술문화재연구소, 48~51쪽

50) 진정환, 2010, 「후백제 불교미술의 특징과 성격」 『東岳美術史學』 11, 동악미술사학회, 180쪽; 진정환은 후백제에 의해 조성된 석탑에 대해서도 다양한 연구를 진행하였다. 그는 익산 왕궁리 오층석탑, 구례 화엄사 동오층석탑, 완주 봉림사지 오층석탑, 경주 능비봉 오층석탑 등이 후백제에 의해 조성된 것으로 파악하고 있다. 완주 봉림사지 오층석탑이 후백제에 의해 조성되었다는 견해는 학계의 의견이 일치하고 있다. 이밖에 다른 석탑에 대해서는 다양한 이견이 존재하고 있어 후백제 조성설에 대해서는 추가적인 논의가 필요한 상황이다.

통로와 밀접한 관련이 있기 때문이다. 봉림사지는 전주의 북동쪽인 완주군 고산면 읍내리에서 대둔산 쪽으로 2.4㎞ 떨어진 구 삼기초등학교 뒷산의 남쪽 줄기에 자리 잡고 있다. 이곳 앞으로는 국도가 지나고 있는데 이 길은 전주에서 금산으로 가는 최단거리의 길이다. 한편 금산에서는 견훤의 출생지인 상주, 문경으로 가는 길이 잘 연결되어 있다. 이러한 경로는 후삼국기 당시에도 그러했을 것으로 추정되므로, 봉림사는 후백제에서 신라로 가는 북방로의 비보사찰 역할을 하였을 것으로 여겨진다.[51]

2. 남원 실상사 편운화상탑

후백제 미술 중 명문을 통해 후백제 작품임을 알 수 있는 사례는 실상사 편운화상탑이 있다. 편운화상탑은 3단의 기단부,5 탑신과 옥개석으로 이루어진 탑신부, 상륜부로 구성되어 있는데, 각 부재의 형태가 원형이며, 탑신은 아래가 좁고 위가 넓다. 옥개석은 처마부분에 약간의 각을 주어 팔각형을 의도한 듯하지만, 윗면에 마루가 표현되지 않아 전체적으로는 원형처럼 보인다. 상륜부는 금속공예품의 寶珠形 손잡이와 유사 한 형태를 보인다.[52]

편운화상 부도는 제작 기법이 우수한 익산 미륵사지 출토 향로와 부분적으로 친연성을 보이고 있으며, 청주 사뇌사지에서 출토된 향로들과는 형태적으로 닮은 점이 많다. 또한 편운화상 부도의 구조와 양식은 고려초기에 제작된 것으로 추정되는 광주 춘궁리 출토 청동삼족향완, 청주 사뇌

---

51) 진정환, 2010, 위의 글, 163쪽.

52) 진정환, 2019, 「후백제 불교미술품과 고고자료의 검토」, 『호남고고학보』 61, 호남고고학회, 115~116쪽.

사지 출토 청동삼족향완, 안성 봉업사지 출토 삼족향완 등을 비롯하여 여러 박물관에 소장되어 있는 청동삼족향완들과 강한 친연성을 보이고 있다. 이러한 친연성은 편운화상 부도의 조형적 원류가 香垸이었음을 강력하게 시사하고 있다.[53]

한편, 탑신에 「創祖洪陟弟子安峯創祖片雲和尙浮圖 正開十年庚午歲建」이라는 명문이 새겨져 있는데, 이로써 塔主는 실상산문 개산조 홍척의 제자이며 안봉사를 창건한 편운화상이라는 것과 「正開」 10년 경오년(910

<사진 33> 실상사 편운화상 부도
탑신석 명문 탑본(© 엄기표)

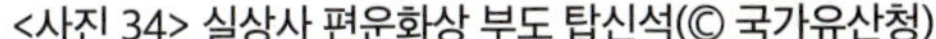

<사진 34> 실상사 편운화상 부도 탑신석(© 국가유산청)

<사진 35> 실상사 편운화상 부도

---

53) 엄기표, 2016, 「실사사 편운화상 부도의 명문과 양식에 대한 고찰」, 『전북사학』 49호 전북사학회, 45~47쪽.

년)에 조성되었음을 알 수 있다. 조성시기를 알 수 있는 「正開十年庚午」는 연호-간지-월일 순으로 기록한 고대의 조성시기 기록 방식과 동일한 구조를 보인다. 그런데 「正開」는 한국뿐만 아니라, 중국·일본에서도 사용된 적이 없는 연호이다. 다만, 「正開」와 유사한 「政開」라는 연호가 궁예가 건국한 태봉에서 914년부터 918년 6월까지 사용된 사례가 있으나, 경오년과는 차이가 있어 후백제의 연호일 가능성이 가장 높다.[54]

3. 완주 대아리 석불좌상·완주 음수리 석불좌상

완주 대아리 석불좌상은 봉림사지가 있는 삼기리에서 가까운 고산면 대아리 있었던 석불이다. 현재는 전북대 박물관으로 옮겨져 있다. 발견 당시 머리와 광배 및 대좌는 결실되어 있었다. 두부가 결실된 불상의 전체 높이는 67㎝이며 어깨폭은 55㎝이다.

대아리 석불좌상의 오른팔은 무릎 아래로 손을 내리고 있는 항마촉지인 자세를 취하고 있다. 결가부좌한 무릎의 아래까지 손가락을 내리고 있어 손이 바닥에 닿을 것처럼 깊이 내려와 있다. 이러한 모습은 봉림사지 본존불의 오른손 모양과 매우 유사하다. 결가부좌한 다리의 주름이 사선형태의 직선으로 표시된 점 역시 유사성이 있다. 대아리 석불좌상의 경우 왼쪽 어깨가 파손되어 있어 정확한 모습을 파악하기 어렵지만 왼쪽 어깨 부분의 옷자락이 삼각형 모양으로 접혀 있는 형태 역시 봉림사지 본존불의 왼쪽 어깨에 있는 삼각형 모양의 옷주름과 유사한 점이 있다. 수인의 표현 방법과 옷주름의 조각 방법 등에서 두 불상이 같은 조각 유파에

---

54) 진정환, 2019, 앞의 글, 115~116쪽.

의해 조성되었다는 점을 알게 해준다. 또한 편단우견을 착용한 불상임에도 내의를 착용한 모습으로 여래좌상을 조성한 방법 역시 유사한 점이 있다. 완주 봉림사지 본존불과 대아리 석불좌상은 모두 편단우견의 대의를 착용하고 있는데 대의 안에는 내의를 착용하였으며 내의의 끝단과 내의를 묶은 매듭이 표시되어 있다. 편단우견의 대의를 착용한 불상은 대부분 내의를 입지 않은 형태로 조성된다. 그런데 완주 봉림사지 본존불과 대아리 석불좌상은 비슷한 모습의 복식 착용 방법을 보여준다. 이러한 점을 통해서도 두 불상이 같은 장인 집단에 의해 조성되었을 가능성이 높다는 점을 파악할 수 있다. 봉림사지 삼존불과 대아리 석불좌상에서 보이는 양식은 기본적으로 통일신라말 9세기의 현실화된 조각전통을 이어받고 있으며 여기서 장식적인 요소나 지방적인 성격이 가미되었음을 알 수 있다.[55]

완주 음수리 석불좌상은 현재 전주교육대학교 박물관에 있다. 음수리 석불좌상은 봉림사지 삼존석불이 출토된 완주군 고산면 삼기리와 멀지 않은 동상면 음수리 산성동에서 옮겨온 불상이다.[56] 음수리 석불좌상은 X자형으로 교차되는 결가부좌 형태와 직선으로 그어진 다리 앞 사선 형태의 옷주름이 봉림사지 본존불과 대아리 석불좌상과 유사하다. 이밖에 음수리 석불좌상은 편단우견형 대의를 착용하고 있음에도 내의를 착용하고 있으며 오른팔 아래에는 사선의 옷주름이 표현된 점은 대아리 석불좌상과 유사한 면이 있다. 또한 오른손 손가락의 섬세한 표현은 봉림사지 본존불의 우아한 손가락 모습과 상통하는 면이 있다. 음수리 석불좌상의 왼쪽 어깨에 표현된 옷주름은 삼각형 모양으로 대의가 접혀 있지 않으나 옷주름의

---

55) 최성은, 1994, 「후백제지역 불교조각 연구」, 『미술사학연구』 204, 한국미술사학회, 46쪽.
56) 최성은, 위의 글, 46쪽.

<사진 36> 완주 대아리 석불좌상   <사진 37> 완주 음수리 석불좌상

간격을 넓게 만들어 마치 삼각형으로 접혀 있는 옷주름과 유사한 모습을 만들고 있다. 음수리 석불좌상은 불상의 신체비례, 손가락 및 옷주름의 표현 방법 등에서 봉림사지 본존불과 대아리 석불좌상과 유사한 면이 많으며 크게 보아 같은 조각 유파에 의해 조성된 것으로 추정할 수 있다.

완주 봉림사지 삼존석불은 정확한 출토지가 알려져 있으나 완주 대아리 석불좌상, 완주 음수리 석불좌상은 구체적인 출토 지점은 알려지지 않았다. 봉림사의 위치는 전주에서 대전이나 상주 문경 등으로 가는 최단 거리의 교통로에 있었던 사찰이었다. 대아리 석불좌상과 음수리 석불좌상의 출토된 지점은 정확히 모르나 이 불상들이 옮겨졌다는 대아리, 음수리 지역은 봉림사지에서 반경 5~6㎞ 내에 위치 한다. 전주에서 봉림사지까지의 거리는 도보로 한나절 거리이다. 후삼국시대 잦은 전쟁으로 군대의 출병이 빈번하였다는 점을 고려한다면 후백제 수도에서 북쪽 변경과 경상북도 북부 지역으로 가는 주요 교통로인 봉림사지 일대는 봉림사 이외에 통

행하는 많은 사람들에게 편의를 제공하는 또 다른 사찰이 후백제시대에
건립되었을 가능성이 높다고 생각한다.

4. 남원 개령암지 마애불상군

남원 개령암지 마애불상군은 남원시 산내면 덕동리 산215에 있으며
마애불상군이 있는 곳은 지리산 정령치로 알려져 있다. 개령암지 마애불
상군은 높이 6m의 절벽을 이룬 바위 위에 12구의 불상이 돋을새김과 선
각으로 조각되어 있다.

바위의 향 우측에는 높이 4.2m의 여래입상이 있다. 이 마애불은 개령
암지 마애불상군 중 가장 큰 마애불이다. 불상의 두 손은 마주잡은 拱手
형태이나 대의 자락에 손이 가려져 있는 점이 특징이다. 여래입상의 두 손
을 가린 옷자락은 소매가 아니라 몸 안쪽에서 양팔을 넘어온 대의 자락
형태의 천으로 가려져 있다. 이는 봉림사지 본존불 광배에 있는 3구의 화
불 중 정상의 화불과 향 좌측의 화불에 표현된 두 손 부근의 옷자락 형태
와 기본적으로 같은 형태이다. 석불입상의 왼팔 측면에는 "世□田明月智
佛"이라는 명문이 새겨져 있다.

개령암지 마애불상군 중 두 번째로 큰 마애불은 높이 약 3m에 이르는
여래좌상이다. 이 마애불은 가장 큰 마애여래입상의 오른쪽 어깨 위 부근
에 있다. 마애여래좌상의 신체에는 "毘盧遮邦佛 世田小□"이라는 명문이
있으며 왼쪽 무릎 측면에는 "天寶十□ 師士田□□"이라는 명문이 새겨져
있다.

개령암지 마애불상군에는 명문이 세 곳에 새겨져 있다. 앞서 설명한
두 곳의 명문 이외에 세 번째 명문은 크기가 가장 큰 마애여래입상에서

향 좌측으로 약 10m 떨어진 곳에 있다. 이 명문은 불상과 떨어져 새겨져
있으며 조상기 같은 내용으로 보인다. 명문 내용은 "千佛□滅罪陀羅 □女
他惡□普魯□伽惡普 卑□□阿明伽日和帝此 是□□□白阿衍 □他伽 □提

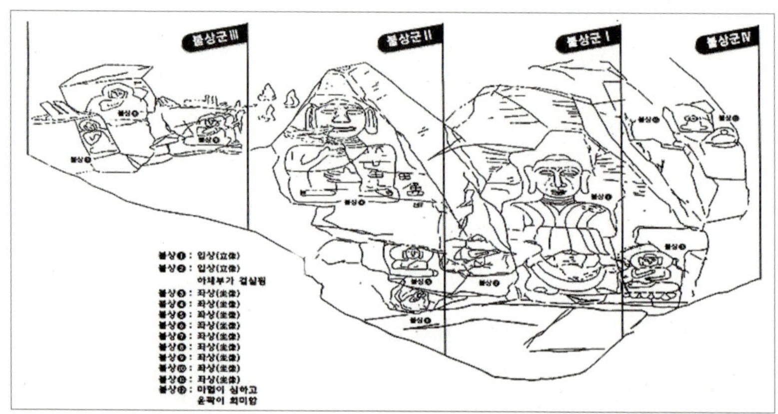

<사진 38> 남원 개령암지 마애불상군 배치도

<사진 39> 개령암지 비로자나불

<사진 40> 개령암지 여래입상

□詞"이며 개령암지 마애불상군에 천불신앙이 반영된 것을 알 수 있다.[57]

개령암지 마애불상군에서 확인된 "天寶十□"은 ""天寶十王"으로 해석한 견해도 있어 "天寶十□"의 명문은 天寶十年으로 볼 수 있다. 天寶 연호는 唐(742~756)·吳越(908~923)·南漢(958) 등에서 사용하였으며 조각의 양식적 특징을 고려한다면 天寶十年은 오월의 연호이며 917년으로 볼 수 있다. 이 시기는 후백제 견훤 26년에 해당한다.[58] 개령암지 마애불상군은 916년 후백제의 대야성 침공이 실패한 직후인 917년 조성되었다. 병참기지였던 운봉일대에 조성된 이 마애불상군은 후백제에 편입되기 원했던 토착세력이 주도하여 조성되었을 것으로 판단되기도 한다.[59]

5. 남원 신계리 마애여래좌상

후삼국시대 조성된 명문이 있는 불교조각은 매우 적다. 이러한 이유로 후삼국시대 조성되었음에도 정확한 조성시기를 알 수 없어 '나말여초'라는 뭉뚱그려진 연대로 조성시기를 편년하고는 하였다. 그러나 근래에 들어와 후삼국시대 불교미술에 대한 연구가 활발해지면서 특정한 작품을 후삼국시대 조성된 것으로 추정하는 연구가 활발하게 진행되고 있다. 남원 신계리 마애여래좌상 역시 근래에 새롭게 후백제의 의해 조성된 불상으로 조명받고 있는 마애불이다.

남원 신계리 마애여래좌상은 고부조의 마애불로서 탄력이 넘치는 상

---

57) 개령암지 마애불상군의 명문에 대해서는 황호균의 다음 논문을 참조하였다. 황호균, 1994, 「지리산 정령치 마애불상군의 조성배경」, 『불교문화연구』 4, 남도불교문화연구회, 77~78쪽.

58) 황호균, 위의 글, 77~78쪽.

59) 진정환, 2021, 「불교미술품으로 본 후백제 문화의 특성」, 『후백제와 견훤』, 국립전주박물관, 238쪽.

호에 뚜렷한 이목구비를 갖추고 있다. 법의는 편단우견형 대의를 착용하고 있으며 왼쪽 어깨에 걸친 옷자락이 삼각형으로 접혀 있다. 수인은 설법인과 유사한데 왼손은 결가부좌한 다리 위에 올려놓았으

<사진 41> 남원 신계리 마애여래좌상

며 오른손은 복부에 붙였는데 손가락이 섬세하게 조각되었다. 광배는 연꽃이 화려하게 핀 모양의 두광과 불꽃무늬가 외곽에 새겨진 신광으로 이루어져 있다. 두광의 바깥쪽과 신광의 안쪽에는 원형의 돌출된 돌기를 촘촘하게 배치하였는데 이는 보성 유신리 마애불의 두광과 신광의 원형 돌출 돌기 표현의 영향으로 추정된다.

남원 신계리 마애여래좌상의 조성시기에 대해서는 9세기 후반부터 10세기 전반 고려시대까지 다양한 의견이 개진되었다. 신계리 마애여래좌상을 9세기 후반으로 본 의견은 이 마애불을 통일신라 초반의 양식을 계승한 9세기 후반의 마애불로 파악하였다.[60] 신계리 마애불을 9세기 말로 추정한 견해는 이 마애불이 9세기 신라말 남원의 호족세력에 의해 조성된 불상으로 보았다.[61] 고려전기 불상으로 신계리 마애불을 추정한 의견은 신계리 마애여래좌상에 9세기 통일신라 불상 양식의 영향이 강하게

---

60) 박성상, 2002, 「남원 신계리 마애불좌상 소고」 『문화사학』 17, 한국문화사학회, 245~253쪽.
61) 이태호·이경화, 2001, 『한국의 마애불』, 다른세상, 115쪽.

남아 있는 가운데, 생략적이고 직선적으로 변하기 시작한 고려의 불상 양식이 반영된 것으로 판단하였으며 이러한 이유로 신계리 마애불을 10세기 전반기 조성된 것으로 추정하였다.[62]

신계리 마애여래좌상에 대한 다양한 견해 중 불상 양식의 영향 관계를 구체적으로 파악한 연구로는 진정환의 연구가 있다. 그는 신계리 마애여래좌상과 완주 봉림사지 본존불이 경북 북부지역 불상 양식과 밀접한 관련이 있음을 논하였다. 신계리 마애불의 경우 왼쪽 어깨를 덮은 넓은 옷자락, 다리 위 사선으로 새겨진 옷주름, 무릎 사이의 완만한 U자형 옷주름 등의 특징을 논의하며 9세기 후반에 조성된 팔공산 마애약사불좌상과 10세기 초에 조성된 봉림사지 본존불과 유사한 면모가 있음을 분석하였다. 이를 통해 신계리 마애여래좌상이 후백제 시대 조성되었을 가능성이 높다는 의견을 제시하였다.[63]

신계리 마애여래좌상의 조성시기를 추정한 다양한 의견 중 후백제 시대 조성되었을 것으로 추정한 견해가 타당성이 높다고 생각한다. 신계리 마애여래좌상은 좌상임에도 불구하고 바닥부터 광배 윗부분까지의 높이가 4m에 이르는 대형 불상이다. 불상의 조각 솜씨 또한 우수한데 부조상임에도 불구하고 마애여래좌상을 환조에 가깝게 조각하고 있다. 이러한 점을 고려한다면 격변의 시기였던 나말여초 시기에 남원지역에 우수한 솜씨로 대형 불상을 조성할 수 있는 세력은 대호족이나 또는 국가 단위의 후원을 상정할 수 있을 것이다. 9세기 후반경의 남원지역 일대는 민심이 이반 된 나말의 시기에 접어들고 있었기 때문에 신라의 후원을 기대하기

---

62) 박영민, 2023, 「고려시대 마애조상 연구」 동국대학교 박사학위논문, 76쪽.
63) 진정환, 2015, 「후백제 불교조각의 대외교섭」 『백제연구』 61, 충남대학교 백제연구소, 155~157쪽.

어려웠을 것이다. 9세기 말경은 후백제가 등장하는 시대이고 10세기 초반은 남원지역 일대에 후백제의 영역에 포함되어 있었던 때이다. 10세기 전반기는 후백제가 고려에 패배한 이후의 시대이다. 신계리 마애여래좌상과 같이 우수한 솜씨의 대형 불상을 조성하기 위해서는 강력한 후원세력이 필요하다. 이러한 점을 고려한다면 신계리 마애여래좌상은 후백제 왕실의 지원 하에 조성된 것으로 추정된다. 신계리 마애여래좌상과 같이 우수한 대형불상을 남원에 만든 이유는 후백제의 권위를 남원 일대의 호족에게 보여주기 위한 의도가 반영된 것으로 생각된다.

6. 합천 죽고리 석조비로자나삼존상

합천 죽고리 석조비로자나삼존상은 합천군 적중면 죽고리 산 37에 있다. 이곳은 죽고리 외죽마을 뒷산에 해당한다. 마을 뒷산은 해발 253m의 옥두봉이 있으며 이곳을 중심으로 산의 서쪽과 북쪽의 산자락 밖으로 황강의 지류인 산내천이 흐르고 있다. 죽고리 석조삼존상은 옥두봉에서 북쪽으로 흘러내린 능선과 외죽마을이 만나는 곳에 있다. 죽고리 불상은 현재의 위치가 본래의 위치는 아니다. 본래 이 삼존상은 마을 뒷산에 있었던 상이 뒷산 일대가 무덤이 조성되며 여러 차례 옮겨졌다고 한다. 죽고리 석조비로자나삼존상은 현재의 위치가 본래의 위치는 아니지만 외죽마을에 있었던 사찰에 봉안되었던 석불이라 할 수 있다. 현재 불상 뒤편으로 넓게 무덤이 조성되어 있어 사지는 확인할 수 없다.

합천 죽고리 협시보살상이 착용하고 있는 허리대를 포함한 삼존상의 양식적 특징은 죽고리 석조비로자나삼존상의 조성시기를 파악할 수 있게 해준다. 죽고리 삼존상은 대좌의 하대석과 상대석을 새롭게 조성하였으나

<사진 42> 합천 죽고리 석조비로자나삼존상

방형의 중대석을 통해 보았을 때 본래 봉림사지 본존불 대좌와 같은 평면 방형의 상대석과 중대석을 갖추었을 것으로 보인다. 죽고리 삼존상은 현재 분실되어 있으나 본존불의 등 부분 조각상태를 보면 광배가 있었음을 알 수 있다. 죽고리 삼존상과 봉림사지 삼존상은 모두 등신대보다 작은 협시보살상이 있으며 본존불과 협시불의 비율이 유사한 점과 협시보살상에서 국제적인 요소가 간취되고 있는 점을 통해 보았을 때 두 삼존상은 동일한 장인집단에 의해 조성된 것으로 보인다. 또한 중대석 후면은 조각을 생략한 점과 삼존상의 크기가 대형 불상이 아니라는 점을 고려하며 봉림사지와 죽고리 삼존상 모두 법당 안에 봉안하고자 하는 의도가 있었던 것으로 볼 수 있다.

봉림사지 석조삼존상은 통일신라 9세기 조각 전통을 이어받고 후백제지역의 지방적 요소가 엿보이며 唐末五代彫刻의 고식적인 경향도 발견된다.[64] 이와 마찬가지로 합천 죽고리 석조비로자나삼존상 역시 통일신라 불상의 상호와 유사한 얼굴을 하고 있는 점에서 통일신라 9세기 조각 전통을 이어받고 있다는 점을 알 수 있다. 또한 협시보살상이 중국 오대시기부터 유행한 허리대를 착용하고 있다는 점에서 당말오대조각의 경향이 확인된다. 특히 양 협시보살상이 착용하고 있는 허리대의 경우 우리나라에서는 죽고리 석조삼존상에서 처음 등장하는 특이한 불상 복식이다. 보살상이 허리대를 착용하는 사례는 중국에서도 희소하나 오대시기부터 등장하기 시작한 것으로 보인다. 우리나라에서는 등장한 사례가 없으며 중국에서도 크게 유행하지 않은 불상의 형식요소가 합천 죽고리 협시보살상에 나타나고 있는 점은 많은 것을 시사한다. 이는 죽고리 석조삼존상의 조성을 후원한 단월이 국제적 변화 양상을 민감하게 파악하고 있었던 세력이라는 점을 말해준다. 완주 봉림사지 삼존석불과 유사한 조각 양식을 보여주며 오대 시기에 유행하였던 희소한 보살상의 복장 형식이 죽고리 석조삼존상에 반영되었다면, 죽고리 석조비로자나삼존상을 조성한 집단은 후백제로 보아야 할 것이다. 오대 시기의 희소한 국제적 양식이 반영된 불상을 조성할 수 있는 세력은 지방호족 차원에서는 힘들기 때문이다.[65]

---

64) 최성은, 1994, 「봉림사지 석조삼존불상에 대한 고찰 -후삼국시대 조각의 일례-」, 『불교미술연구』 1, 동국대학교 불교미술문화재연구소, 56쪽.

65) 후삼국시대 후백제는 오월과 활발한 국제교류를 진행하였다. 후백제와 오월의 교류 관계에 대해서는 진정환, 2015, 「후백제 불교조각의 대외교섭」, 『백제연구』 61, 충남대학교 백제연구소, 147~175쪽; 이도학, 2015, 「후백제와 오월국 교류에서의 新知見」, 『백제문화』 53, 공주대학교 백제문화연구소, 101~116쪽; 허인욱, 2016, 「후백제의 대중국 교류 연구」, 『한국사학』 122, 한국사학회, 39~77쪽; 주경미, 2018, 「吳越國과 한반도의 불교문화 교류 신론」, 『역사와 경계』 106, 부산경남사학회,

좌협시보살상의 오른팔 아래의 지물을 밧줄로 본다면 좌협시보살상은 불공견삭관음보살이 된다. 일반적으로 문수보살과 보현보살이 비로자나불상의 협시보살이 된다. 합천 죽고리 석조삼존상의 좌협시는 우리나라에서는 찾아보기 어려운 특이한 지물을 오른팔에 갖추고 등장하며, 좌협시를 불공견삭관음보살로 해석할 수 있다면 이는 특별한 목적을 갖고 죽고리 석조삼존상을 제작한 것이 된다. 국제적이며 새로운 도상적 특징을 갖고 있는 불상을 주요 교통로에 세울 수 있는 집단은 지방적 차원의 세력이 아니라 국가적 차원의 후원이 있었야지만 가능하고 판단된다. 이러한 점을 고려한다면 합천 죽고리 석조비로자나삼존상은 후백제 견훤정권에 의해 후백제가 합천 대야성을 함락한 920년부터 후백제가 멸망하는 936년 사이에 만들어진 불상으로 파악할 수 있다.[66]

7. 남원 호기리 마애여래좌상·보성 유신리 마애여래좌상

후백제에 의해 조성된 불상 중 명문을 통해 확실한 건립연대를 알 수 있는 불상은 현재까지 알려진 바에 의하면 개령암지 마애불상군이 유일하다. 명문을 통해 조성시기를 알 수 있는 후백제의 또 다른 석조미술로는 남원 실상사 편운화상탑이 있다. 편운화상탑의 탑신에는 "創祖洪陟弟子 安峯創祖片雲和尙浮圖 正開十年庚午歲建"이라는 연호가 있어 이 승탑이 910년 조성된 것임을 알 수 있다. 이밖에 학계의 전문가들에 의해 후백제에 의해 조성된 것으로 인정받고 있는 불교조각은 완주 봉림사지 삼존석

203~241쪽 참조.

66) 정성권, 2024, 「후백제의 불교조각과 합천 죽고리 석조비로자나삼존상」 『동양학』 97, 단국대 동양학연구원, 14~24쪽.

불과 완주 대아리 석불좌상 등이 있다.

후백제 불교조각에 대한 근래의 활발한 연구는 나말여초기 조성된 것으로 알려진 남원 신계리 마애여래좌상이 구체적으로 후백제에 의해 조성되었을 가능성이 높다는 의견을 제시하기도 한다. 이밖에 남원 호기라 마애여래좌상, 보성 유신리 마애여래좌상, 나주 철천리 석불입상 역시 후백제에 의해 조성되었을 가능성이 제기되었다. 그러나 호기리, 유신리 마애여래좌상과 나주 철천리 석불입상의 경우 후백제시기 조성되 불교조각으로 보기에는 아직 충분한 논거가 있다고 보기 어렵다. 각각의 불상을 살펴보면 아래와 같다.

남원 호기리 마애여래좌상은 남원시 주천면 호기리 주천면 호기리 639-1 부근에 높이 3.5m 가로 4.5m 정도의 바위면 하단에 조각되어 있었다. 마애불은 대좌가 표현된 항마촉지인 수인의 여래좌상이다. 불상의 높이는 1.2m이며 대좌의 높이는 0.65m이다. 호기리 마애불은 남원-주천간 도로 확포장 공사로 인하여 2001년 기존의 위치에서 남쪽으로 50m 떨어진 곳으로 이전하였다.

호기리 마애여래좌상은 하대·중대·상대가 갖추어진 대좌 위에 항마촉지인을 취하고 있는 여래좌상이나 전체적으로 마모가 심하 옷주름이나 대좌의 문양 등을 확인하기 어렵다. 특히 상호는 이목구비를 확인할 수 없을 정도로 마모되어 있다. 대좌 중대석의 경우 양 측면에만 우주가 확인되고 있어 중대석이 방형의 모습으로 표현된 것 같다. 전체적으로 심한 마모로 인해 불상의 수인과 외형 이외에 구체적인 특징을 파악하기 어렵다. 통일신라 불상 대좌 중대석의 경우는 팔각형이 전통적인 모습이다. 그런데 호기리 마애불 대좌는 통일신라 전통의 영향에서 벗어난 형태로 보인다.

<사진 43> 남원 호기리
마애여래좌상

<사진 44> 보성 유신리
마애여래좌상

<사진 45> 보성 유신리
마애여래좌상 탑본

또한 후백제 불상으로 볼 수 있는 개령암지 마애불과도 형식과 양식적 측면 모두 유사한 점보다 차이점이 많아 보인다. 이는 조성시기의 차이로 인한 양식의 변화가 반영되었기 때문으로 생각된다.

호기리 마애여래좌상은 고려전기 조성된 것으로 고려시대 나타나는 남원지역 불상 중 토속화된 불상의 첫머리에 있는 작품으로 파악되었다.[67] 이후의 연구성과는 호기리 마애여래좌상이 신계리 마애여래좌상과 유사한 면모를 보이는 점이 있다는 것을 주목하여 후백제시대 조성된 것으로 추정하기도 하였다. 호기리 마애여래좌상이 완벽하지 않은 비례와 어색한 표현이 나타나는 것은 단순 모방에 따른 왜곡 현상으로 이해하고 있으며 남원지역 향도결사와 같은 民이 주도가 되어서 만들었기 때문으로 파악하고 있다.[68] 그러나 호기리 마애여래좌상을 후백제시대 조성한

67) 진정환, 2001, 「호기리 마애여래좌상에 대한 소고」, 『남원 호기리 마애여래좌상 이전복원보고서』, 전북대학교박물관, 107쪽.
68) 진정환, 2021, 「불교미술품으로 본 후백제 문화의 특징」, 『후백제와 견훤』, 국립전주박물관, 237쪽.

불상으로 추정하기에는 무리가 있어 보인다. 상호나 옷주름의 모습을 확인할 수 없을 정도로 마모가 심하게 진행되었기 때문이다. 또한 대좌 하대의 표현도 복련 형태가 아닌 간략한 형태로 표현된 모습을 고려한다면 호기리 마애여래좌상은 후백제 시대 조성되었다는 근거가 부족하기에 조성시기를 고려전기로 편년 하는 것이 무난하다고 생각된다.

보성 유신리 마애여래좌상은 보성군 유신리 尊帝山으로 올라가는 입구의 바위 한쪽 면에 새겨진 마애불이다. 현재 이곳은 일원사의 경내에 해당한다. 바위의 높이는 약 5m에 이르며 대좌와 광배의 끝까지 포함한 불상의 총고 역시 5m에 이른다. 마애여래좌상만의 높이는 2.1m이다. 유신리 마애불은 정제된 형식미를 갖춘 秀作으로, 轉法輪印 수인을 취한 형식적 특징으로 인해 주목된다.

유신리 마애불좌상에 대한 편년은 다양한 의견이 있다. 유신리 마애불에 대한 가장 이른 시기의 연구는 정영호의 연구가 있다. 그는 유신리 마애불에 나타난 양식적 특징을 신라 하대 남쪽 해안을 통해 중국 문화가 수용된 사례로 해석하였다. 특히 유신리 마애불의 통견 법의를 중국 북위대 불상에 연원을 둔 어깨걸치개차림으로 파악하였으며 유신리 마애불의 편년을 9세기 말로 비정하였다.[69]

유신리 마애불을 직접 다룬 논고는 아니지만 이 마애불을 화엄사 서오층석탑 출토 불상들과 비교하면서 유신리 마애불을 후백제 지역의 나말여초 상으로 보는 의견도 있다.[70] 본격적인 논문이 아닌 문화재 소개의 글

---

69) 정영호, 1988, 「寶城 柳新里 磨崖如來坐像-中國佛 「어깨걸치개」 樣式 傳播의 一例-」, 『孫寶基博士停年紀念 考古人類學論叢』, 知識産業社.

70) 崔聖銀, 2000, 「華嚴寺 西五層石塔出土 青銅製 佛像틀(范)에 대한 考察」, 『講座美術史』 15, 韓國佛敎美術史學會, 31쪽.

이나 현지 안내 간판, 문화재청 DB에서는 유신리 마애불을 고려 초기로 추정하고 있으나 구체적인 근거는 설명하지 않고 있다.[71] 비교적 근래의 연구 성과는 이경화의 논문이 있다. 그는 유신리 마애불을 851년 청해진 철폐 이후 이곳의 민심을 포용하기 위한 신라 중앙의 전략적 의도와 관련 짓고 있다. 이를 통해 유신리 마애불의 조성시기를 9세기 중반 경으로 추정하였다.[72]

유신리 마애불은 통일신라 전성기의 안정된 비례미를 계승한 중부조이다. 많은 수의 마애불이 광배와 대좌에 세심한 배려를 하지 않는 것에 비해 유신리 마애불은 격조 있는 장식미를 구사한 삼단의 대좌와 광배를 갖추어 상당한 솜씨를 보인다. 마애불의 典型이라 할 수 있다.

유신리 마애불의 세부 형식들을 살피면 상호는 양감이 팽창된 모습이며 코는 마모되어 있다. 머리는 소발이며 육계가 높고 명확하게 구분되었다. 수인은 轉法輪印으로 두 손을 가슴 앞으로 모아, 각각 엄지와 검지를 맞대어 두 개의 원을 그려 오른손 바닥과 왼손등을 밖으로 보여 맞닿게 하였다. 이는 說法印으로 불타가 鹿野苑에서 행한 설법을 암시한다. 법의는 통견으로 갖추어 입었으며, 가부좌한 자세에는 두 발이 드러나 있다. 두광에는 이중의 양각조선을 내원, 외원으로 하여 25개의 연주알을 닮은 원형돌기를 두었다. 그리고 신광을 두광의 화염문 뒤에서 시작하게 하고 8개의 원형돌기를 표현하였다.

보성 유신리 마애불은 7세기 후반 안압지 출토 통견·전법륜인 금동삼

---

71) 大韓佛教曹溪宗 總務院, 1998, 『佛教寺院址』下, 486쪽.

72) 이경화, 2006, 「9세기 보성지역과 유신리 마애불의 조성」, 『역사와 경계』 58, 부산경남사학회, 56~57쪽.

존판불을 계승하는 형식적 특징을 보인다. 안압지 출토 금동삼존판불의 본존 두광은 이중의 내원, 외원 안에 활짝 핀 25개의 꽃잎이 있다. 유신리 마애불의 경우도 두광 연주문이 25개이며 수인 또한 유사하다. 이러한 점에서 이 마애불이 안압지 출토 판불의 형식적 특징을 계승하고 있음을 알 수 있다.[73]

진정환은 보성 유신리 마애여래좌상을 후백제 시기 제작된 것으로 보았으며 남원 신계리 마애불의 영향을 받은 불상으로 추정하고 있다.[74] 그는 유신리 마애불의 경우 신계리 마애불의 영향을 받아 제작된 후백제 시기의 불상으로 파악하였다. 그러나 남원 신계리 마애불 옷주름의 선각이 유신리 보다 단순하고 상호의 표현에서 세속적인 모습이 보인다는 점에서 신계리 마애불이 유신리 마애불의 영향을 받은 것으로 생각된다. 신계리 마애여래좌상을 후백제시대 조성된 불상으로 추정하게 된다면 유신리 마애여래좌상의 조성시기 경우 기존의 연구 성과와 마찬가지로 9세기 후반으로 비정하여도 무리가 없다고 생각된다.

Ⅳ. 맺음말

후삼국시기 미술사는 태봉과 후백제 미술을 중심으로 연구됐다. 구체적인 연구성과는 1990년대 중반경부터 나오기 시작하였다. 후삼국시기 조성된 것으로 알려진 미술은 상대적으로 많지 않으며 연구자 수 역시 다

---

73) 이경화, 위의 글, 45~51쪽.
74) 진정환, 2021, 위의 글, 238~239쪽.

른 시대에 비해 소수에 머물러 있는 것이 현실이다. 후삼국시기 미술사는 불리한 환경 속에서 연구가 진행되어 온 것이 사실이나 이러한 환경 속에서도 한 세대 동안 큰 발전을 이루었다.

본문에서는 후삼국시기 미술사의 회고와 현황을 다루었으며 후삼국시기 조성된 작품으로 중심으로 개별 연구 현황을 살펴보았다. 먼저 풍천원 석등을 비롯하여 궁예정권기 조성되었을 가능성이 있다고 연구된 태봉의 미술을 검토하였다. 풍천원 석등은 연구자들이 모두 인정하는 태봉시기의 작품이다. 그러나 풍천원 석등을 조성한 장인집단에 대해서는 명주출신 장인집단이 주도가 되어 만들었다는 의견과 장흥 보림사를 중심으로 한 가지산문의 미술이 풍천원 석등에 영향을 주었다는 의견으로 나누어진다. 검토 결과 풍천원 석등이 조성되는 시점의 가지산문은 후백제의 영역이었던 것으로 파악되어 풍천원 석등을 조성한 장인집단은 명주출신 장인집단으로 보는 것이 타당한 것으로 파악되었다.

풍천원 석등과 더불어 태봉의 궁예정권시기 조성된 석불로 연구된 작품으로는 철원 동송읍 마애여래입상이 있다. 동송읍 마애불에 관한 구체적인 연구는 기존의 태봉 불교조각과 형식적으로 유사한 면이 있음을 밝히고 있다. 이화 함께 동송읍 마애불이 자리한 이평리 사지에서 그동안 석등 대석으로 알려져 있었던 석물이 대좌형 기단부를 갖고 있는 석탑임을 밝히고 있다. 동송읍 마애불 앞에 있었던 석탑이 태봉시기의 석탑이 맞다면 태봉의 석탑으로는 처음 알려진 석탑이 된다는 점에서 학술사적으로 의미있는 연구이다. 동송읍 마애여래입상 이외에 궁예정권기 조성된 것으로 연구된 불교조각은 포천 출토 철불좌상, 원주 봉산동 석불좌상, 해남 대흥사 북미륵암 마애여래좌상, 장흥 용화사 석불좌상, 안성 기솔리 석불입상, 나주 철천리 석불입상 등이다.

포천 출토 철불좌상은 불상이 자리한 위치의 지정학적 중요성과 불상의 상호에 나타나는 명주지역 불상의 특징 등을 고려할 때 궁예정권기 조성된 불상일 가능성이 높은 것으로 연구되었다. 원주 봉산동 석불좌상은 태봉의 궁예정권기 조성되었을 가능성이 높다는 의견과 11세기 원주지역 불상들이 일시에 조성되었을 때 만들어졌다는 주장이 제기되었다. 근래의 원주지역 불교미술 연구성과를 통해 보았을 봉산동 석불좌상은 기존의 주장대로 궁예정권기 조성되었을 가능성이 있다. 다만 제작시기를 궁예정권기로 주장하기에는 구체적인 근거가 아직 부족하며 양길이 활동했던 9세기 말기에 조성되었을 가능성과 고려초기에 제작되었을 가능성 또한 있는 것으로 보인다.

해남 대흥사 북미륵암 마애여래좌상은 9세기 후반기나 말기에 만들어졌다는 의견과 궁예정권기에 조성되었다는 의견이 개진된 불상이다. 북미륵암 마애불에 대해서는 대좌 간엽의 독특한 모양을 분석하여 이 불상의 조성시기가 9세기가 아닌 10세기 초반이나 전반기일 가능성도 제시된 연구가 있다. 이를 통해 대흥사 북미륵암 마애불은 궁예정권기 뿐만 아니라 고려초기에 조성되었을 가능성도 검토되어야 할 것으로 보인다. 장흥 용화사 석불좌상은 원주 봉산동 석불좌상과 양식적인 공통점을 공유하기에 태봉의 불상으로 볼 수 있다는 주장이 있다. 그러나 봉산동 석불좌상의 경우 9세기 말부터 태봉시기, 고려초기에 조성되었을 가능성도 현존하기에 용화사 석불좌상의 조성시기는 추가적인 연구가 필요하다.

안성 기솔리 석불입상과 나주 철천리 석불입상은 서로 멀리 떨어진 지역에 위치하며 불상의 모습이 서로 닮지 않은 모습도 있으나 형식적 요소에서 많은 공통점이 있는 불상이다. 안성 기솔리 석불입상은 궁예가 비뇌성 전투의 승리를 기념하기 위해 조성한 불상으로 추정한 연구가 있으며, 나주 철천리 석불입상은 궁예가 덕진포 해전에서 크게 승리한 장소에 세운 기념비적 불상으로 파악되고 있다. 안성 기솔리 석불입상과 나주 철천리 석불입상을 궁예정권기 조성한 '궁예미륵'으로 파악한 점은 주목된다. 이 불상의 조성배경에 대해서는 역사적 상황에 대한 방증을 바탕으로 추정한 것이기에 앞으로 추가적인 연구가 진행될 필요가 있다.

철원 도성이 휴전선 내에 있어 태봉 미술에 대한 연구는 제약이 심한 편이다. 그럼에도 철원 동송읍 마애여래입상과 더불어 안성 기솔리 석불입상, 나주 철천리 석불입상에 대해 개별 불상에 대한 심화 연구가 진행되었다는 점은 후삼국 미술사 연구가 지속적으로 발전하고 있음을 보여주는 현상이라 할 수 있다. 특히 태봉의 석불로 추정된 불상에서 다른 불교조각에서는 찾아볼 수 없는 동일한 형식적 요소가 보인다는 점은 앞으로 태봉의 불교조각을 연구할 때 중요한 참고 사례가 될 수 있을 것이다.

후백제 미술 역시 태봉의 미술과 마찬가지로 대부분의 연구대상이 나말여초기 조성된 것으로 알려져 왔다. 이러한 상황 속에서 소수 연구자들의 노고로 후백제 미술의 실체가 지속적으로 밝혀지고 있는 점은 학문의 연속성이라는 측면에서 볼 때 긍정적인 점이다. 후백제 미술은 기존 학계의 연구 성과를 통해 보았을 때 완주와 남원지역에 후백제시대 조성된 미술 작품이 건립되었음을 알 수 있었다. 완주지역 후백제 미술은 봉림사지 삼존석불을 비롯한 석탑과 석등, 대아리 석불좌상, 음수리 석불좌상이 후삼국시대 후백제에 의해 조성되었을 가능성이 높다는 점이 이른 시기부터 연구되었다. 완주 봉림사는 후백제가 북방으로 진출하는 주요 교통로

상에 건립한 사찰로 후백제 왕실의 적극적인 후원이 있었다는 점도 기존의 연구를 통해 밝혀졌다.

남원 실상사 편운화상탑의 경우 부도 탑신에 명문이 있어 이른 시기부터 후삼국시기의 미술로 주목되었다. 실상사 편운화상탑은 일반적인 부도와 다른 형태로 인해 후백제 미술의 보편성과 특수성을 엿볼 수 있는 작품으로 이해되고 있다. 남원지역의 다른 후백제 미술로는 개령암지 마애불상군과 남원 신계리 마애여래좌상이 후백제 시대 조성되었을 가능성이 높다고 여구 되었다. 개령암지 마애불상군은 기존 연구에서 밝혀진 연호명문을 통해 후백제 시기 조성된 불상임이 확인되었다. 신계리 마애여래좌상은 남원의 호족에 의해 조성된 것으로 파악되기도 하였다. 신계리 마애여래좌상에 대해서는 후백제 왕실의 권위를 보여주기 위해 왕실의 후원으로 조성된 불상일 가능성이 있다는 연구성과도 있다.

합천 죽고리 석조비로자나삼존상은 그동안 나말여초기 또는 고려시대 조성된 불상으로 알려져 왔다. 죽고리 석조삼존상에 대한 연구는 불상의 양식 분석과 완주 봉림사지 석조삼존상과의 비교를 통하여 죽고리 석조비로자나삼존상이 후백제 왕실의 후원으로 조성된 불상임을 밝혔다. 죽고리 석조삼존상에 관한 연구는 삼존상이 후백제시기 조성되었음을 밝히기 위해 죽고리 협시보살상의 중요한 형식적 특징인 허리대가 중국에서 등장하는 시기를 집중적으로 분석하였다. 그 결과 보살상이 허리대를 착용하는 시기는 五代 이후부터임을 밝혔으며 죽고리 삼존석불이 후백제 왕실의 후원으로 인해 국제적 최신 유행이 반영된 불상이 될 수 있었다는 점을 논증하였다. 이 연구는 후백제 시대 조성된 불상을 새롭게 밝혔다는 점에서 학술적 의의가 크다고 할 수 있다.

　　이밖에 기존의 연구에서 후백제 불상으로 추정되었던 남원 호기리 마애여래좌상, 보성 유신리 마애여래좌상은 후백제 불상으로 보기 어렵다는 의견도 있어 추후 이에 대한 논의는 계속 진행될 필요가 있다.

　　후삼국시기 미술사 연구는 기존에 나말여초기로 막연히 추정되었던 작품들을 새롭게 분석하여 태봉 또는 후백제에 조성되었음을 구체적으로 밝혀왔다. 이러한 연구는 후삼국시기 미술사의 외연을 확장하고 있다는 점에서 매우 긍정적인 현상이라 할 수 있다. 연구대상과 연구자가 소수에 머물고 있으나 지금까지의 연구성과를 보면 후삼국시기 미술사 연구는 앞으로도 지속적으로 발전할 수 있을 것으로 전망된다.

참고문헌

- 단행본·보고서 -

江原大學校博物館, 1995, 『鐵原郡의 歷史와 文化遺蹟』.

김용선 외, 2008, 『궁예의 나라 태봉』, 일조각.

동국대학교박물관, 2005, 『대흥사 북미륵암 마애여래조상 조사보고서』, 동국대학
　　　교박물관.

성춘경, 2006, 『전남의 불상』, 학연문화사.

신호철, 2008, 『후삼국사』, 개신.

이재범, 2007, 『後三國時代 弓裔政權 硏究』, 혜안.

이재범, 2010, 『高麗 建國期 社會動向 硏究』, 京仁文化社.

이태호·이경화, 2002, 『한국의 마애불』, 다른세상.

전북대학교박물관·완주군, 2019, 『완주 봉림사지Ⅱ』.

정성권, 2015, 『태봉과 고려 석조미술로 보는 역사』, 학연문화사.

정성권, 2021, 『고려와 조선 석조문화재로 보는 역사』, 학연문화사.

조인성, 2007, 『태봉의 궁예정권』, 푸른역사.

진홍섭, 1980, 『한국의 불상』, 일지사.

철원군, 2006, 『泰封國 역사문화 유적』.

최성은, 2003, 『석불 돌에 새긴 정토의 꿈』, 한길아트.

최성은, 2004, 『석불 마애불』, 예경.

태봉학회·철원군, 2019 『태봉 철원도성 연구』, 주류성.

황수영 편, 1984, 『國寶2』, 예경.

- **학술논문 -**

강건우, 2019, 「국립중앙박물관 소장 포천 출토 철조여래좌상에 대한 소고」, 『美術資料』 96, 국립중앙박물관.

이도학, 2015., 「후백제와 오월국 교류에서의 新知見」, 『백제문화』 53, 백제문화연구소

이재범, 1992, 「後三國時代 弓裔政權의 硏究」, 성균관대학교 박사학위논문.

이종철, 2016, 「군산 발산리 석등의 원형에 대한 시론」, 『전북사학』 49, 전북사학회.

鄭明鎬, 1997, 「석등」, 『북한문화재해설집』, 국립문화재연구소.

鄭明鎬, 2001, 「鐵原 固闕里 石燈」, 『석등조사보고서Ⅱ』, 국립문화재연구소.

정성권, 2011, 「泰封國都城(弓裔都城) 내 풍천원 석등 연구」, 『韓國古代史探究』 7, 韓國古代史探究學會.

정성권, 2012., 「'궁예미륵' 석불입상의 구비전승적 연구」, 『民俗學硏究』 30, 국립민속박물관

정성권, 2012, 「弓裔와 梁吉의 전쟁, 비뇌성 전투에 관한 고찰」, 『軍史』 83.

정성권, 2014, 「나주 철천리 석불입상의 조성시기와 배경」, 『新羅史學報』 31, 新羅史學會.

정성권, 2019, 「불교미술 분포를 통해 본 신라문화권의 북방한계」, 『新羅史學報』 46, 新羅史學會.

정성권, 2021, 「태봉의 불교조각과 철원 동송읍 마애불」, 『문화사학』 56, 한국문화사학회.

정성권, 2024, 「후백제의 불교조각과 합천 죽고리 석조비로자나삼존상」, 『동양학』 97, 단국대 동양학연구원.

정영호, 1964, 「完州郡 三奇里의 石佛 二軀」, 『考古美術』 5-3(통권 44).

조인성, 1991, 「泰封의 弓裔政權 硏究」, 서강대학교 박사학위논문.

진정환, 2001, 「호기리 마애여래좌상에 대한 소고」, 『남원 호기리 마애여래좌상 이전복원보고서』, 전북대학교박물관.

진정환, 2010, 「후백제 불교미술의 특징과 성격」, 『東岳美術史學』 11, 동악미술사학회.

진정환, 2015, 「후백제 불교조각의 대외교섭」, 『백제연구』 61, 충남대학교 백제연구소.

진정환, 2019, 「후백제 불교미술품과 고고자료의 검토」, 『호남고고학복』 61, 호남고고학회.

진정환, 2020, 「후백제와 태봉 불교석조미술품의 특징과 영향」, 『東岳美術史學』 27, 동악미술사학회.

진정환, 2020, 「후백제와 태봉 불교석조미술품의 특징과 영향」, 『東岳美術史學』 27, 東岳美術史學會.

진정환, 2021, 「불교미술품으로 본 후백제 문화의 특성」, 『후백제와 견훤』, 국립전주박물관.

진정환, 2022, 「남원 실상사 편운화상탑의 특징과 조성배경」, 『전북사학』 64, 전북사학회.

최성은, 1994, 「봉림사지 석조삼존불상에 대한 고찰 -후삼국시대 조각의 일례-」, 『불교미술연구』 1.

최성은, 1994, 「후백제지역 불교조각 연구」, 『미술사학연구』 204, 한국미술사학회.

최성은, 2002, 나말려초 중부지역 석불조각에 대한 고찰 -궁예 泰封(901~918)지역 미술에 대한 시고」, 『역사와 현실』 44호.

최성은, 2006, 「나말려초 중부지역의 불교조각과 泰封」, 『泰封國 역사문화 유적』.

최성은, 2008, 「태봉지역 불교미술에 대한 시고」, 『궁예의 나라 태봉』, 일조각.

최성은, 2012, 「해남 대흥사 북미륵암 마애여래좌상에 대한 고찰」, 『선사와 고대』 37, 한국고대학회.

최성은, 2024, 「후백제 불교조각 연구의 새로운 모색」, 『불교학보』 105, 동국대 불교문화연구원.

황호균, 1994, 「지리산 정령치 마애불상군의 조성배경」, 『불교문화연구』 4, 동국대 불교사회문화연구원.

허인욱, 2016, 「후백제의 대중국 교류 연구」, 『사학연구』 122, 한국사학회.

철원군의 태봉 및 향토사 관련 활동

김영규

철원역사문화연구소 소장

▶ 2000년 제1회 태봉학술대회

2000년 10월 4일 철의삼각전적관에서 『철원의 역사, 태봉국과 궁예왕 재조명』이란 주제로 학술세미나를 개최했다. 주제발표는 강원대 최복규(崔福奎) 교수 「철원의 역사적 배경」, 이화여대 신형식(申瀅植) 교수 「궁예에 대한 재평가」, 육사 이재 교수 「철원 궁예도성의 재검토」, 소설가 강병석 씨 「궁예는 누구인가」 이다. 이번 행사를 계기로 태봉국과 궁예 관련 학술행사를 태봉제에 정례화 시키기로 했다. 월정리에 궁예역사관을 건립하고 보개산성·명성산

철원 북방 DMZ 일대 태봉국 도성 터

성 등 태봉국 관련 유적을 관광자원으로 개발해야 한다고 주장했다. 이번 세미나는 철원군민들의 태봉국과 궁예에 대한 관심도를 높이기 위해 학문적 깊이보다는 개론적으로 추진되었다. 철원군만이 할 수 있는 행사이고 당위성이 충분하다고 의견이 모아졌고 철원군민들의 관심을 유발하기에 충분한 행사였다.

▶ 2001년 제2회 태봉학술대회

2001년 10월 11일 철의삼각전적관에서 『태봉의 역사와 문화』라는 주제로 학술세미나를 개최하고 정치·사회·사상·종교적인 관점에서 철원에 도읍을 정했던 태봉국과 궁예왕을 재조명했다. 동국대 이기동 교수 등 7명의 전문가가 주제발표를 했는데, 이재 교수는 「궁예도성의 위치와 잔존실태」란 연구에서 각종지도와 항공사진을 볼 때 도성은 내성 안에 궁성이 있는 3중성이며 규모 또한 문헌기록보다 커 외성 12.5㎞, 내성 7.7㎞, 궁성 1.8㎞인 것으로 파악되었다고 밝혔다. 그리고 정부가 경의선 복원 경험을 살려 궁예도성 조사 및 경원선 복원에 능동적으로 나서야 한다고 주장했다.

▶ 2003년 제3회 태봉학술대회

2003년 11월 28일 철의삼각전적관에서 『궁예와 태봉의 역사적 재조명』이란 주제로 제3회 태봉학술제가 개최되었다. 이번 학술대회에 전국의 궁예 관련 연구자들이 총 출동해 1~2부에 걸쳐 13명 학자들이 발표했다. 첫째 날인 28일에는 이도학 한국전통문화학교 교수 「궁예와 견훤의 비교 검토」, 경희대 조인성 교수 「궁예정권의 대외관계」, 국민대 김두진

교수 「나말여초 불교계와 궁예의 토착불교사상」, 서경대 정선용 교수 「궁예의 도읍 선정과 철원」, 강원대 유인순 교수 「궁예왕 전설과 역사소설」, 육사 이재 교수 「철원일대 궁예왕 관련 유적조사」 등 주제발표가 있었고, 둘째 날인 29일에는 비무장지대 궁예왕 도읍지와 보개산성 등 궁예 관련 유적지를 돌아봤다.

▷ 2005년 「태봉·궁예 연구회」 창립 발기인대회

이성무 전 국사편찬위원장 등 역사학자 10여명이 2005년 6월 23일 오후5시 서울 한국역사문화연구원에서 「태봉·궁예연구회」 창립 발기인대회를 갖고 본격 운영에 들어갔다. 태봉·궁예연구회는 7월에 연구회를 창립한 후 「태봉·궁예학회」 창립을 목표로 태봉국 및 궁예왕 관련 사료 발굴에 주력하는 한편 오는 8월경 중국 미국학자 등이 참여하는 국제학술대회 등을 통해 굴절되고 왜곡된 역사를 복원해 나갈 계획이다. 태봉·궁예학회는 조인성 경희대교수, 이재범 경기대교수, 이 재 육사교수, 김해완 성균관대교수, 정선용 서강대교수, 김기봉 경기대교수, 김중삼 강원대강사 등 국내 역사학자 30여명이 참여한다.

▷ 2005년 「철원학연구소」 설립 제안

2005년 8월 5일 철원군번영회는 「철원학연구소」를 설립해야 한다고 주장했다. 도내 첫 군 단위 지역학연구소가 될 철원학연구소는 철원군이 태봉국의 도읍지였을 뿐 아니라 통일한국의 중심지라는 자긍심을 바탕으로 철원의 역사 종교 사상 정치 경제 문화 등 각 분야에 대하여 연구와 토론을 벌이고 전문연구자들의 연구 성과를 축적할 계획이다. 그리고 철원

의 과거와 현재를 분석해 미래 청사진 즉 철원의 발전 방향을 제시할 포
부를 갖고 있다.

▶ 2005년 제4회 태봉학술대회

2005년 9월 29~30
일 철원군(군수 문경현)
과 태봉국철원정도기
념사업회(회장 김준수)
가 공동으로 청소년회
관에서 제4회 태봉국
제학술대회를 개최했
다. 이번 학술대회는
태봉국과 궁예왕 역사

DMZ 안에 있었던 궁예석등

에 대한 일반 대중들의 관심을 높이고 학술적 이슈화를 위해 추진했다. 참
여 학자로는 「후삼국시대 궁예정권의 연구」로 박사학위를 받은 경기대
이재범 교수, 오랜 기간 미륵사상 연구 활동을 벌인 미국 워싱턴대 리차드
맥브하이드 교수, 향교와 민속신앙을 연구학자 도이 구니시꼬 전북대 교
환교수 등 3개국 12명 역사학자가 참여했다. 이재범 교수는 주제발표에서
1,100년 전 궁예왕이 철원에 도읍을 정한 것은 신분제를 개혁하는 등 야
심에 찬 새로운 국가경영을 위했기 때문이라고 주장했다. 이번 국제학술
대회는 태봉국 철원 정도 1,100주년을 맞아 태봉국 도읍지로서 명성과 정
체성을 되새기고 철원이 나아갈 방향을 정립하는 계기가 되었다.

▷ 2007년 유홍준 문화재청장 궁예도성 탐방

2007년 5월 28일 오후 2시 한미연합사의 협조를 얻어 조병호 육군 6 사단장 안내로 유홍준 문화재청장과 직원 4명, 이재 육사 교수 등 역사학자 5명 도합 10명의 탐방단이 비무장지대 궁예도성 일대를 둘러봤다. 이번 현장 방문은 2001년 이재 육사 교수가 6.25전쟁 이후 처음으로 군사분계선 남쪽 비무장지대 궁예도성터를 현장 조사한 후 6년 만의 일이다. 이번 탐방을 계기로 향후 궁예도성에 대한 남북 공동조사가 이루어지길 주민들은 기대하고 있다.

▶ 2009년 제5회 태봉학술대회

2009년 10월 27일 오후2시 고석정 철의삼각전적관에서 특별기획『태봉국과 통일한국』토론회를 개최했다. 이번 토론회는 강원도 역사상 유일한 도읍지인 철원군의 정치 경제적 가치에 대한 고찰은 물론 통일시대 철원의 역할과 DMZ 활용 등에 대한 전문가 진단이 이루어졌다. 제1주제 발표자인 이재범 경기대 교수는 「궁예의 개혁정치」란 주제로 1,100여 년 전 철원에 도읍을 정한 궁예의 개혁정치를 재조명했다. 제2주제 발표자인 나희승 한국철도기술연구원 대륙철도연구실장이 「동북아시대 교통·물류 중심지 철원의 역할」 발제를 통해 남북경제공동체 구성이라는 중장기적 관점에서 철원을 중심으로 한 남북철도 및 대륙철도 연계구상을 밝혔다. 제3주제 발표자인 이승구 강원대 교수는 「DMZ를 활용한 관광인프라 구축」이란 주제발표를 통해 한반도 내륙 최대 규모의 DMZ를 보유한 철원군이 어떻게 하면 성공적으로 DMZ관광을 활성화할 수 있을지 경기도와 비교분석해 고찰했다. 제1주제 토론자는 이인재 연세대 교수, 김영규 철원문화원 향토사연구위원이고, 제2주제 토론자는 김재진 강원발전연구원 책임연구원, 김창환 강원대 교수이며, 제3주제 토론자는 김영칠 강원도의원, 김경숙 강릉원주대 교수 등이다.

▷ 2010년 철원역사문화연구소 창립

2010년 2월 9일 갈말읍 신철원 철원군청 제2별관에서 「철원역사문화연구소」 개소식이 열렸다. 철원역사문화연구소는 태봉국과 궁예왕 고대사에서부터 남북분단과 전쟁의 상흔을 담고 있는 현대사까지 연구한다. 김영규 소장은 철원은 후삼국 분열과 6.25전쟁 등 가장 혼란스러웠던 시대의 주 무대였기에 역사적 전환기에 대한 체계적인 정리와 연구 활동을 벌이겠다고 밝혔다. 철원역사문화연구소 자문위원으로는 궁예 연구 권위자 이재범 경기대 교수와 조인성 경희대 교수, 관방유적 전문가 유재춘 강원대 교수, 접경지역 주민들 연구자 김귀옥 한성대 교수, 지병목 국립경주문화재연구소장 등이 위촉되었다.

▶ 2010년 제6회 태봉학술대회

2010년 12월 15일 오후3시 고석정 철의삼각전적관에서 『궁예, 그리고 DMZ』라는 주제로 철원역사문화토론회가 개최되었다. 이번 토론회에는 국내 궁예 연구의 최고 권위자로 꼽히는 이재범 경기대 교수와 조인성 경희대 교수가 발제를 했고 구문경 국립중앙박물관 학예연구사가 태봉국 유물 현황과 과제에 대해 발표했다. 이 교수는 궁예는 정사류에서 전제주의적 정치, 도덕적 타락, 직계존비속 살해 등 전형적인 폭군으로 그려졌지만 철원지역 구비전승에서는 부하를 끝까지 지킨 덕장으로 표현되고 있어 궁예를 보는 시각을 다양화할 필요가 있다고 밝혔다. 조 교수는 「북한 역사학계의 궁예 인식」이라는 주제발표에서 북한학계에서는 태봉국과 궁예가 고구려 계승 의지를 가졌고 고려가 태봉국을 계승했다고 인식하고 있다고 밝혔다. 구문경 연구사는 태봉국 도성이 그려진 일제강점기 지적도 등을 공개했다. 토론자로는 유재춘 강원대 교수와 김영규 철원역사문화연구소장이 참여했다.

▶ 2011년 제7회 태봉학술대회

2011년 12월 22일 오후2시 고석정 철의삼각전적관에서 『태봉국 역사 재조명 태봉학술세미나』가 열렸다. 최연식 목포대 교수는 주제발표에서 전남 선각대사비문의 재해석을 통해 나주(羅州) 경략(經略)의 주역이 왕건이 아니라 궁예라는 사실과 궁예의 선종 승려 우대정책을 새롭게 제기했다. 장득진 국사편찬위원회 편사연구관은 「한국사 교과서에 나타난 궁예 인식의 변화와 차후방안」 주제발표에서 역사 속에서 궁예왕은 미치광이 폭군으로 왜곡되게 그려졌고 이는 삼국사기와 고려사의 기록을 무비판적으로 수용한 결과인 만큼 바로 잡아야 한다고 역설했다. 이재 국방문화재연구원장은 「태봉국도성과 동아시아 도성의 비교분석」을 통해 비무장지대에 있는 태봉국도성은 그 규모나 성곽축조기술이 당나라 장안성에 버금갈 만큼 어마어마한 점으로 볼 때 대제국을 건설하려던 야망을 읽을 수 있다고 밝히고 태봉국 도성의 가치를 충분히 알리고 남북공동조사가 조속히 이루어져야 한다고 주장했다. 토론회는 이재범 경기대 교수가 진행했고 토론자로는 국방차관을 지낸 황규식 성신대 석좌교수와 조범환 서강대 교수가 참여했다.

2012년 11월 2일~3일 이틀간 열린 제1회 병자호란 김화 백전대첩 기념 학술대회에서는 "철원 김화 백전대첩을 아는가"라는 타이틀 하에 철원군과 (재)국방문화재연구원 주최·주관으로 열렸다. 1일차인 11월 2일에 기조발표와 6편의 연구논문 발표와 토론이 있었고, 이튿날에 관련 유적지인 충렬사, 전골총, 성산성, 백수봉에 대한 답사가 있었다. 기조발표는 「유림 장군의 생애와 공적」(유승주 교수)이었고, 주제발표는 「병자호란 이전 평안도의 국방체제와 군사적 동향」(노영구 교수), 「김화 백전전투의 전황과 의의」(이재범 교수), 「김화 백전전투지의 위치」(권순진 연구원), 「전골총의 조성 경위와 위치 비정」(유재춘 교수), 「조선 정부의 포로 송환 노력」(강성문 교수), 「김화 백전대첩 유적의 현황과 보존대책」(이재 국방문화재연구원장) 등 이었다. 1회 김화 백전대첩 기념 학술회의에서는 병자호란 이전의 평안도 지역의 국방체제와 당시의 군사적 동향, 김화 백전전투의 전개 상황과 그 전투장소 고증, 김화 백전전투와 관련된 유적지 고증 및 정비 보존 대책, 정묘·병자호란 당시 포로를 송환하기 위한 조선 정부의 노력과 영향에 대한 내용이 발표·논의되었으며, 크게 본다면 병자호란과 관련하여 군사적, 전쟁사적 측면에서의 조명, 김화 백전전투 장소의 고증 및 관련 유적지 정비 방향에 대한 논의가 이루어졌다.

▶ **2013년 제9회 학술대회(제2회 병자호란 김화 백전대첩 기념 학술대회)**

제2차 병자호란 김화 백전대첩 기념 학술대회는 2013년 10월 25일 "김화 백전대첩 승리의 비밀을 풀다"라는 타이틀을 걸고 2012년과 마찬가지로 철원군과 (재)국방문화재연구원의 주최·주관으로 철원군 철의삼각전적지 관광사업소 대강당에서 열렸다. 이날 학술회의에서는 병자호란 시 조선의 무기 특별전을 소개하는 것으로 시작하여, 김기훈 육군사관학교 교수의 「병자호란 김화 백전대첩의 군사적 고찰」에 대한 기조강연이 있었다. 이날 강연에서 김 교수는 그간 병자호란 당시 김화 백전전투가 새롭게 조명되었으면서도 2012년 육군본부에서 5년에 걸친 프로젝트의 결과물로 『한국군사사』(전 15권)를 발간되어 병자호란에 대해 본격적인 군사사 관점에서 다양한 성과가 반영되어 당시의 군사제도, 전략전술, 무기체계 등에 대한 종합적 검토가 이루어졌으면서도 중요한 백전전투에 대한 소략한 서술과 전투 위치 비정 등에 그간의 성과가 반영되지 못한 것을 아쉬운 점으로 지적하였다. 앞으로의 과제로 김화전투에 대한 자료집 발간, 김화전투 지역에 대한 고고학적 연구, 중국 역사학자들과의 공동 연구가 제의되었다. 이러한 제언은 김화 백전전투의 역사적 성격과 의미 부여를 보다 확고하게 하고, 보다 넓은 의미에서의 김화전투에 대한 조명이 필요하다는 측면에서의 의견 제시였다고 평가할 수 있다. 연구논문 발표로는 「청의 팔기병 체제와 병자호란-청조 개국시기의 팔기제를 중심으로-」(서정흠 교수), 「병자호란시 조선군의 화약병기」(박재광 건대박물관 학예실장), 「조선 중기 활과 화살」(유세현 영집궁시박물관장), 「김화대첩시 조선군의 병력 배치 및 전술」(이재 국방문화재연구원장) 등이 있었다. 제2차 김화 백전대첩 학술회의에서는 병자호란 당시 김화전투를 전쟁사, 군사사적 측면에서 보다 심화된 이해를 하고자 하는 방향에서 이루어졌다고 평가할 수 있다. 당시 청나라군사의 특성이나 전술, 조선군 진영의 무기나 전술 등에 대한 이해를 통해 김화전투를 보다 심도 깊은 이해를 도모하였다.

▷ **서중석 남북역사학자협의회 남측위원장 궁예도성 남북공동조사 추진 제안**

2013년 11월 19일 철원군청 대회의실에서 열린 2013 제9회 DMZ평화상 교류협력부문 수상자인 서중석 남북역사학자협의회 남측위원장은 남북관계가 냉랭한 상황에서 교류협력 분위기로 나가기 위해서는 비정치적인 분야인 남북학계 사이의 장벽부터 허물어야 한다며 비무장지대 내 궁예도성에 대한 남북공동조사를 추진하자고 제안했다. 서 위원장은 궁예도성에 대한 남북 공동조사는 궁예가 애초 고구려의 계승을 내세웠고 나라 이름도 처음으로 고려라고 정했다는 점에서 고구려의 정통성을 강조하고 있는 북한도 충분히 관심을 기울일 사업이라며 추진을 촉구했다.

▷ **철원 궁예도성 발굴·복원 추진**

강원발전연구원은 2013년 12월 남북역사학자협의회 남측위원회와 「철원성(궁예도성)에 대한 조사와 발굴, 복원을 위한 업무협력 협약(MOU)」을 맺었다. 이에 따라 빠르면 2014년 2월부터 철원성 발굴·복원의 전 단계인 학술회의, 철원성과 DMZ 세계평화공원 관련 저서 발간 등을 위한 실무협의를 할 계획이다. 강원발전연구원과 남북역사학자협의회 남측위원회는 철원성과 DMZ 세계평화공원에 대한 남북공동 학술회의, 남북공동 지표조사, 남북공동 발굴조사 등도 중장기적으로 검토 중이다.

▶ **2015년 제10회 학술대회(제3회 병자호란 김화 백전대첩 기념 학술대회)**

2015년 10월 16일 철원군여성회관에서 「김화 백전대첩지 활용과 관광활성화 방안 심포지엄」이란 타이틀로 김화 백전대첩 유적지를 어떻게 활용하고 철원군 관광활성화를 위하여 어떠한 연계방안이 있을까 모색하는 학술대회였다. 주제발표 세션 I 김화 백전대첩지 활용방안 부문에서 유재춘 강원대 교수가 「김화 백전대첩 제1~2회 학술대회 성과 분석」을, 유승각 강원발전연구원 연구위원이 「김화 백전대첩과 DMZ생태평화공원 관광연계 방안」을 발표했다. 세션 II 철원 김화지구 6·25전적지 관광활성화 부문에서 이정곤 박사가 「6·25전쟁 당시 김화 오성산 상감령 전투의 역사적 의미」, 이승구 강원대 교수가 「김화 오성산 상감령 전투지, 관광활성화 방안」, 전종순 21세기군사연구소 전문연구위원이 「6·25전쟁 최후 전투, 금성지구 전투(김화 교암산 전투)가 주는 교훈」을 발표했다. 토론자로 김정록 전 6사단 부사단장, 조규병 전 강원일보 기자, 김영규 철원 역사문화연구소장, 박봉원 강원발전연구원 연구위원, 홍성익 강원도 문화재 전문위원 등이 참여했다. 이튼 날인 17일에는 김화 백전대첩지(충렬사) 및 6·25전적지(DMZ생태평화공원) 탐방이 있었다.

▷ 국회 외통위 철원 궁예도성 발굴사업 남북 공동조사 검토

2015년 11월 4일 국회외교통일위원회가 최근 비무장지대의 궁예도성 발굴사업을 적극적으로 검토하겠다고 밝혀 관심이 집중되고 있다. 국회 외통위는 지난 2일 고려 왕궁터이자 유네스코 세계유산인 북한 개성 만월대 발굴 현장을 방문하고 궁예도성 발굴사업을 등을 검토하겠다고 입장을 발표했다.

▷ 「DMZ 평화적 이용과 남북 역사문화교류 - 철원 궁예도성 남북 공동조사 필요성」 토론회

2015년 12월 1일 국회 의원회관 제1소회의실에서 한기호, 원혜영, 김영우, 우상호 국회의원이 공동으로 마련해 열린 토론회에서 참여자들은 남북 공동으로 궁예도성 조사를 통해 꼬인 남북관계의 물꼬를 트자며 필요성과 중요성을 수차례 강조했다. 토론회에서 이재 국방문화재연구원장이 「궁예도성의 현 실태와 남북공동조사의 필요성」, 하일식 연세대 교수가 「남북한 역사서술에서 태봉의 위상」, 조유전 전 국립문화재연구소장이 「궁예도성 복원 필요조치와 발굴계획안」을 주제로 각각 발표했다.

▶ 2016년 제11회 학술대회(저격능선전투 및 상감령전역 관광지화 방안 심포지엄)

2016년 10월 14일 철원군 여성회관에서 옛 김화군 중심지인 생창리(읍내리) 일대 김화백전전투지~성재산성~전골총으로 이어지는 관방(關防) 유적과 상감령전역(저격능선전투), 금성지구전투로 대표되는 오성산 일대 6.25전적지를 2016년 개장한 DMZ생태평화공원과 연계해 명실상부한 '대한민국 국난극복(國難克服) 현장'으로 묶어서 대규모 체험관광 단지로 발전시킬 수 있는지를 모색해 보는 학술대회를 가졌다. 오전 10시 특별행사로 영화 '상감령'이 상영되었고, 오후 2시부터 6명의 주제발표가 있었다. 주제발표는 국방문화재연구원 권순진 조사연구팀장의 「김화 백전대첩지 정비 계획 및 활용 방안」, 울산과학대학교 이철영 교수의 「국내외 관방유적지(성곽유적) 관광지화 성공 사례」, 이정곤 북한대학원대학교 박사의 「상감령전역(上甘嶺戰役)을 어떻게 볼 것인가?」, 정해정 대진대 교수의 「상감령전역의 관광지화 ; "기억의 정치학"을 관광이라는 즐거움으로 뛰어넘기」, 강원발전연구원 유영심 책임연구원의 「상감령전역지 중국인 관광객(요우커) 유치 방안」, 철원역사문화연구소 김영규 소장의 「상감령전역에 대한 중국인 성향 및 남이섬 관광객 앙케트 조사 분석」 등이다. 종합토론에는 유재춘 강원대 교수, 권혁진 강원한문고전연구소장, 조대원 대진대학교 교수, 박봉원 강원발전연구원 연구위원이 참여했다. 15일에는 생창리 DMZ생태평화공원 제1코스와 2코스 암정교 용양보 등지를 탐방했다.

▷ 철원 궁예 태봉국 테마파크 조성 추진

2017년 1월 13일 철원군은 후삼국시대 궁예와 태봉국을 테마로 한 역사·문화 체험공간을 조성하고 지역관광 활성화를 도모하기 위해 2017년부터 2020년까지 4년 동안 철원읍 홍원리 703-7 일대에 이 사업을 추진하기로 했다. 총 사업비 130억 원이 소요되는 궁예 태봉국 테마파크 조성사업에는 궁예 역사체험관, 궁예 사당, 선양관, 태봉국 체험정원 등이 만들어진다. 군은 2016년 사업 부지를 대상으로 측량을 마무리했고 2017년 문광부로부터 설계비 3억8천5백만 원을 확보했다. 2월 토지매입, 3~12월 설계용역을 거쳐 2020년까지 연차적으로 사업을 추진한다.

▶ 2017년 제12회 태봉학술대회

철원이 '코리아(Korea)'의 어원인 고려(高麗)의 개국지였다는 사실을 규명하고 재확인하기 위한 2017 태봉학술대회가 12월 1일 오후 1시 30분 철원군청 대회의실에서 열렸다. 철원군과 강원일보사가 주최하고 철원문화원과 철원역사문화연구소가 후원한 학술대회는 "태봉 도읍지 & 고려 개국지, 철원"이라는 주제로 고려 태조 왕건이 태봉국 궁예왕을 몰아내고 개성으로 도읍을 옮기기 이전 이미 철원에서 '고려'라는 국호를 사용했

던 역사적 사실을 집중 조명했다. 권혁순 강원일보 논설실장을 좌장으로 12명 전문가들이 주제발표 및 토론자로 나서 열띤 토론을 벌였다. 주제발표는 이재범 경기대 사학과 명예교수 「태봉과 고려의 개창지로서 철원의 역사적 위상」, 조인성 경희대 사학과 교수 「태봉 철원경의 경관 복원을 위한 문헌 자료 정리」, 유재춘 강원대 사학과 교수 「철원 월하리유적(고려 태조 王建 舊宅址) 조사 내용과 향후 과제」, 최성은 덕성여대 미술사학과 교수 「태봉의 불교조각 - 지역성의 발현과 새로운 이미지의 형상화」, 조경철 나라이름 역사연구소장 「궁예의 고려를 계승한 왕건의 고려」, 김진영 한국외국어대 문화콘텐츠학과 교수 「철원지역 역사문화콘텐츠 활용 방안 - 궁예왕과 태봉제를 중심으로」 등이 있었다. 토론자로는 김용선 한림대 사학과 명예교수, 김창현 고려대 한국사연구소 연구교수, 이상배 서울역사편찬원 시사편찬과장, 정성권 동국대 미술사학과 강사, 서금석 전남대학교 사학과 강사, 김영규 철원역사문화연구소 소장 등이 참가했다. 2017년 학술대회는 궁예 태봉국의 도읍지이자 왕건 고려의 개국지인 철원의 위상을 재확인하고 머지않은 장래에 실현될 태봉국도성 남북공동조사를 준비하며, 궁예왕과 태봉국을 철원군의 문화관광콘텐츠로 발전시킬 방안을 모색하기 위해 열렸다. 한편 학술대회에서 참가자 전원이 <태봉학회> 창립을 선언하고 경희대 사학과 조인성 교수를 회장에 추대했으며 내년 2월

경에 창립기념학술대회와 출범식을 갖기로 의견을 모았다.

▶ 2018년 태봉학회 창립기념학술대회 및 출범식 개최

2018년 2월 23일(금) 오후 2시 철원군청 4층 대회의실에서 태봉학회 창립기념학술대회와 출범식이 있었다. 이날 출범식에는 철원군수를 비롯한 기관장과 사회단체장 그리고 철원군 민 약 150여명이 참가했다. 출범식에서 경희대 사학과 교수인 조인성 회장은 창립선언문에서 "고려는 태봉의 정치제도와 문물을 그대로 이어받았고 고려 역사를 연구하려면 태봉의 역사를 알아야만 한다. 그동안 태봉의 역사 문화는 주목받지 못했다. 이제 우리가 나서 잘 못 알려진 태봉의 역사를 바로잡고 적극 알리기 위해 태봉학회를 창립하니 선배후학들의 아낌없는 호응과 철원군민들의 성원을 기대한다. 그리고 태봉학회 출범이 통일을 전망하는 데 조금이나마 도움이 되길 기대한다."고 했다. 이현종 철원군수는 인사말에서 "올해 2018년은 궁예 태봉국이 멸망한 지 1,100주년이 되는 해이다. 이러한 뜻 깊은 해를 맞이하여 태봉학회가 창립된다는 것은 매우 보람찬 행보이다. 그동안 한정된 자료로 인해 왜곡된 역사를 바로잡고 철원군 발전에 기여하는 태봉학회가 되길 기대한다."고 했다. 양원석 철원문화원장도 환영사에서 "뒤늦게나마 태봉학회가 출범하게 되어 퍽 다행이고 향후 태봉국 역사 연구가 진일보하여 철원군의 문화적 역량이 증진되고 주민들 자부심이 고양되기를 바란다."고 했다. 이어 5인조 밴드의 세미클래식 축하 연주가 있었고 축하 떡 절단과 기념 촬영 순으로 진행되었다.

출범식에 앞서 진행된 창립기념학술대회에서는 이재범 경기대 사학과 명예교수가 「국호 '태봉'과 궁예정권」이란 제목으로 기조발제를 했고, 조경철 나라이름역사연구소장이 「궁예의 철원 도읍과 '신경(神京)'」이란 제목으로 제1주제발표를 했다. 그리고 정성권 동국대 미술사학과 교수가 「태봉의 불교조각 - '궁예미륵'의 조성 배경과 의의」란 제목으로 제2주제발표를 했다. 이어 벌어진 종합토론에서는 김용선 한림대 사학과 명예교수를 좌장으로 박광연 동국대 연구교수, 최성은 덕성여대 미술사학과 교수가 참여하여 열띤 토론을 벌였다. 기조발제에서 이재범 교수는 태봉학회는 태봉국 역사 연구뿐만 아니라 철원의 자연 생태 인문 사회 등 모든 분야에 대한 연구와 저술이 이루어져야 한다고 강조했다. 지금은 남북분단으로 철원군이 접경지역에 머물고 있지만 머지않아 통일이 된다면 한반도 중심부에 위치한 철원군의 위상은 100년 전, 1000년 전의 번영을 구가할 수 있다. 이에 그러한 기반을 조성하는 역할을 해야 할 곳이 태봉학회라고 강조했다. 종합토론을 주관한 좌장인 김용선 한림대 명예교수는 수년전부터 창립하려고 했던 태봉학회가 출범하게 되어 감개가 무량하고 새로운 전기를 마련한 셈이니 여기에 계신 학자들과 후학들이 모두 나서 뜻 깊은 성과를 낼 수 있게 매진하자고 했다.

▶ 2018년 태봉학술대회

2018년 10월 12일 (금) 철원군청 4층 대회의실에서 '남북공동의 문화유산 - DMZ 태봉 철원도성'이란 주제로 태봉학술대회가 열렸다. 주제발표는 「철원도성 연구의 현 단계」

(이재 국방문화재연구원 원장), 「철원도성 남북공동연구의 과제」(조인성 경희대 사학과 교수), 「남북역사문화 교류의 경험과 전망」(하일식 연세대 사학과 교수), 「금강산 신계사 복원과 문화재 연구조사 교류」(박상준 불교문화재연구소 실장)가 있었다. 종합토론에는 조인성 태봉학회 회장이 좌장을 맡았고 토론자로는 유병하(국립경주박물관 관장), 이재범(경기대 사학과 명예교수), 임승경(국립문화재연구소 고고연구실 실장), 정호섭(한성대 역사문화학부 교수), 최성은(덕성여대 미술사학과 교수) 등이 참여하였다. 이튿날인 13일에는 평화전망대(태봉국도성)와 전 왕건구택지, 도피안사를 둘러보는 태봉국 관련 문화재 답사가 있었다.

▶ 2019년 태봉학술회의

2019년 11월 8일(금) 철원군청 4층 대회의실에서 '신라의 쇠망 - 태봉 성립의 전야'라는 주제로 태봉학술  회의가 열렸다. 기조발제는 「신라의 쇠망과 태봉의 성립」(이기동 동국대 명예교수), 주제발표는 「신라 하대 왕위계승전과 사병의 확대」(이기봉 충남대 교수), 「말법시대 변방의 작은나라 - 명분인가 시대인식인가」(박광연 동국대 교수), 「헌강왕의 유학진흥책과 사상적 혼돈」(배재훈 아시아문화원 연구원)이 있었다. 종합토론은 박남수 신라사학회 회장이 좌장을 맡았고 김영미 이화여대 교수, 김창겸 한국학중앙연구원 교수, 이재범 경기대 명예교수, 장일규 국민대 교수, 조범환 서강대 교수, 채미하 고려대 교수 등이 참여하였다. 이튿날인 9일 노동당사와 도피안사, 고석정과 송대소 일대를 둘러보는 현장 답사가 있었다.

▶ 2019년 역사 전공 대학생 철원 역사탐방

2019년 11월 1일 경희대학교 문과대생 100여 명이 철원 역사탐방으로 고석정, 승일교, 노동당사, 소이산, 도피안사, 한탄강 송대소 일대를 답사했다.

▶ 2019년 철원군민 인문학 강좌

2019년 태봉학
회 철원군민 인문학
강좌는 '태봉의 얼
이 되살아나는 철
원'이란 주제로 역
사상 철원을 대표하
는 인물을 재조명하

고 6·25전쟁 기간 수복지구 철원에서 가장 힘든 기간을 보내야 했던 철원 주민들의 삶과 애환을 알아보는 강좌로 철원문화원 강의실에서 열렸다. 6월 7일(금) 제1강은 조규태 한성대 교수가 '박용만과 이승만'이란 제목으로, 제2강은 14일(금) 홍영의 국민대 교수가 '최영과 이성계', 제3강 김영규 철원역사문화연구소장이 '6·25전쟁과 철원사람들', 제4강 이재범 경기대 명예교수가 '궁예와 왕건'이라는 제목으로 진행되었다.

▶ 2019년 태봉총서1 『태봉 철원도성 연구』 발간

태봉을 비롯하여 후삼국의 역사를 전공하는 연구자는 그리 많지 않다. 태봉을 주제로 하는 학회지의 발간은 아직 어려운 실정이다. 이에 태

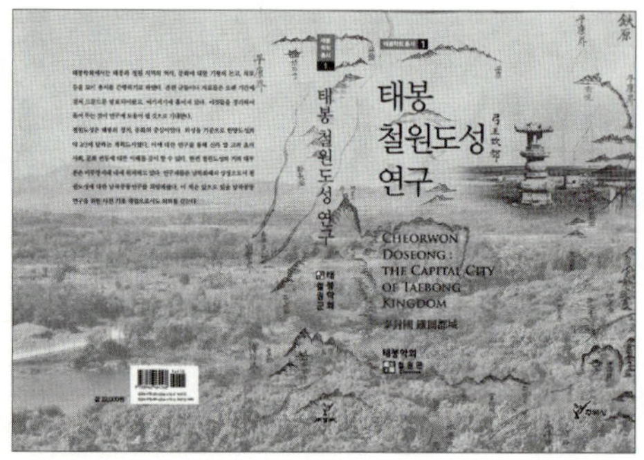

태봉학회 총서1 표지

봉학회에서는 태봉과 철원지역의 역사, 문화에 대한 기왕의 논고, 자료 등을 모아 총서를 간행하기로 하였다. 총서 제1권의 주제는 철원도성으로 선택하였다. 철원도성은 905년부터 918년까지 태봉의 도읍이었다. 태봉 18년의 역사 중 14년 동안 정치와 문화의 중심지였다. 이 책은 제1부 역사, 제2부 고고, 제3부 자료 및 부록으로 구성되었다. 궁예왕은 904년 국호를 마진, 연호를 무태로 하고, 광평성을 비롯한 중앙정치조직을 정비하는 등 국가로서의 면모를 일신하였다. 이러한 역사적 상황을 고려하면서 905년 철원도성을 도읍으로 정한 배경과 역사적 의의를 다룬 논문들을 모은 것이 제1부이다. 분단과 6·25전쟁으로 인해 연구자들은 철원 도성에 접근할 수 없었다. 일제 시기의 조사 자료, 1950년대, 60년대의 항공사진, 1990년대 중반 이후 실시된 극히 제한된 지역에 대한 조사를 바탕으로 고고학적 연구가 이루어져 왔다. 관련 논고들로 제2부를 구성하였다. 제3부는 일제 시기부터 6·25전쟁 이전에 발표된 답사기, 기행문을 모아 놓은 것이다. 부록에는 태봉학회와 관련한 자료를 실었다.

▶ 2020년 「후백제-태봉 역사벨트 구축 공동세미나」에 초청 학회로 참여

· 주관 : 전북연구원 전북학연구센터, 강원연구원 강원학연구센터
· 일시 : 2020년 4월 24일
· 장소 : 전북연구원 컨퍼런스 홀

시간	일정	비고
13:30~14:00	등록 및 접수	
14:00~14:30	<세미나 발표 1> 한국사에서 후삼국시대의 위상 - 송화섭(중앙대)	사회 : 김동영 (전북연구원)
14:30~15:00	<세미나 발표 2> 후삼국시대 태봉-후백제 역사벨트 구축 - 박정민(전북연구원)	
15:00~15:30	<세미나 발표 3> 철원군의 태봉 관련 선양사업 추진 상황 - 김은주(철원군청)	
15:30~15:45	휴식 및 장내정리	
15:45~17:45	<종합토론>(전문가) 김병석(강원도 도의원), 유영심(강원연구원), 이상균(강릉원주대), 정광민(문화관광연구원), 정호윤(전북 도의원), 진정환(국립광주박물관)	좌장 : 조인성 (경희대)

▶ 2020년 「6·25전쟁 70주년의 역사적 의미와 철원」 학술회의

2020년은 6·25전쟁 발발 70주년이 되는 해라서 태봉학회는 한국군

사사학회와 공동으로
국가보훈처의 지원을
받아 '6·25전쟁 70주
년의 역사적 의미와 철
원'이라는 주제로 7월
14일(화) 학술회의를 한
탄리버스파호텔 대연

회장에서 개최하였다. 주제발표는 '철원의 역사상 지정학적 의미' 이재범(경기대 명예교수), '백마고지 전투의 전략적 의의 재조명' 나종남(육군사관학교 교수), '중공군의 최후 공세와 화살머리고지 전투' 박동찬(군사편찬연구소 책임연구원), '북한의 전쟁문학과 기억의 방식' 한승대(동국대 연구교수), '6·25전쟁과 철원 지역민들의 삶' 김영규(철원역사문화연구소장), '6.25전쟁 영현 교환과 DMZ 유해 발굴' 조성훈(국방부 군사편찬연구소장), '정전체제 극복과 남북관계 전망' 이상철(전쟁기념관장), '중국군 완전 철군과 한반도 정전체제' 한상준(아주대 교수), '북·러 관계의 역사적 고찰과 한반도 평화' 이재훈(한국외대 연구교수) 순으로 진행되었다. 토론에는 조인성(태봉학회장/경희대 교수), 양영조(군사편찬연구소 전쟁사부장), 김규빈(전남대 교수), 신영덕(공군사관학교 명예교수), 김선호(군사편찬연구소 연구원), 남상호(국방부 유해발굴감식단), 김진호(단국대 교수), 김보영(인천가톨릭대 외래교수), 이영형(중앙아시아 개발협력연구소 이사장) 등이 참여하였다. 첫날인 14일 학술회의가 열렸고, 다음날 15일(수) 백마고지전적지, 노동당사, 도피안사 등 현장 답사가 있었다.

▶ 2020년 태봉학술회의 「후삼국 시대의 개막」 개최

2020년 태봉학술회의는 아프리카돼지열병과 코로나19로 개최가 불투명했다. 하지만 2020년 11월 20일(금) 고석정 한탄리버스파호텔 임꺽정 홀에서 신라사학회와 공동으로 최소한의 인원만 참석하여 '후삼국시대의 개막'이란 주제로 개최했다. 기조 발제는 '후삼국시대사에 대한 인식' 조인성(경희대), 주제발표는 '신라 효공왕대의 사회 분열과 호족' 전덕재(단국대), '견훤 세력의 등장과 후백제의 건국' 진정환(국립제주박물관), '궁예의

초기세력 기반과 후고구려의 건국 과정' 송은일(전남대), '후삼국의 개막과 사상계의 동향' 장일규(국민대) 순으로 진행됐다. 토론은 김용선 명예교수(한림대)를 좌장으로 신호철(충북대), 이재범(경기대), 박남수(동국대), 정재윤(공주대), 신성재(해군사관학교), 홍성익(강원대) 등이 참여했다. 그동안은 보통 첫날 학술회의 둘째 날 현장 답사로 진행되었으나 이날은 당일치기로 저녁 식사를 함께하고 끝마쳤다.

▶ 제3회 강원학대회 제5분과 「태봉-후백제 역사 벨트 구축」 협력 기관 참여

- 주관·주최: 강원연구원 강원학연구센터 외
- 후원 : 강원도 외
- 장소 : 온라인 화상회의

[분과 5] 태봉 후백제 역사 벨트 구축 공동세미나	좌장 : 김용선 한림대학교 사학과 명예교수
태봉과 후백제 불교문화의 공통점과 차이점	발표 : 진정환 국립제주박물관 학예연구실장 토론 : 이현수 불교문화재연구소 팀장 　　　 정성권 단국대학교 사학과 초빙교수
태봉국과 후백제의 대외관계 비교	발표 : 신호철 충북대 역사교육과 명예교수 토론 : 송화섭 중앙대학교 다빈치교양대학 교수 　　　 조인성 경희대학교 사학과 교수

고려 개국지(KOREA의 시작)로서의 철원의 위상	발표 : 유재춘 강원대학교 사학과 교수 토론 : 이재범 경기대학교 사학과 명예교수 　　　조경철 연세대학교 사학과 객원교수
태봉-후백제 역사벨트 역사문화콘텐츠 활용방안	발표 : 김영규 태봉학회 사무국장 토론 : 김동영 전북연구원 전북학연구센터장 　　　유승각 강원연구원 부연구위원

▶ 2020년 철원군민 인문학 강좌

2020년 태봉학회 철원군민 인문학 강좌는 철원이 낳은 천재 작가이자 단편소설의 완성자라고 할 수 있는 '상허 이태준의 생애와 문학사상'을 알아보는 강좌로 원래는 강의

실에서 진행하려 하였다. 그런데 코로나19가 확산으로 모일 수가 없어 동영상을 제작해 유튜브에 올리는 형식으로 12월에 진행되었다. 제1강은 야나가와 요스케 도쿄외국어대학 강사가 '이태준과 성북동, 그리고 도자기'라는 제목으로, 제2강은 김효재 서울대학교 국어국문학과 강사가 '조선어 곳간지기, 이태준과 『문장』', 제3강은 허선애 KAIST 인문사회과학부 강사가 '철원·경성·모스크바, 이태준의 해방 전후'라는 제목으로 진행하였다.

▶ 2020년 궁예 태봉국 테마파크 조성사업

2014년부터 문화체육관광부 한반도 생태평화벨트 사업의 일환으로

추진 중인 궁예 태봉국 테마파크 조성사업은 철원군 철원읍 홍원리 703-8 일대 경원선 월정리역과 평화문화광장 옆에서 진행되고 있다. 이곳은 태봉국 철원

도성을 가장 가까이서 바라볼 수 있는 위치로 철원군안보관광(DMZ평화관광)의 핵심 탐방지이다. 궁예 태봉국 테마파크는 경원선 연장이 실현되면 외부관광객 접근성이 용이하고 근처에 근대문화유적과 DMZ 생태자원이 풍부해 철원군 제일의 관광지로 주목받을 곳이다. 테마파크에는 궁예역사체험관, 궁예선양관(궁예사당), 태봉국 체험정원, 궁예 억새정원 등의 휴양 문화시설이 들어서고 태봉국광장과 방문자센터가 들어설 예정이다. 다만 2018년 4.27 판문점선언과 9.19 군사합의로 남북관계가 개선되고 태봉국 철원도성 남북한 공동조사 발굴이 가시화되면서 이를 뒷받침할 기관과 시설이 필요하다는 판단 하에 발굴 유물 일시 저장 공간과 전시관을 마련하기 위해 설계를 변경하여 진행하고 있다. 2022년 상반기 중 완공 예정인 궁예 태봉국 테마파크 조성사업은 태봉국 철원도성 조사 발굴 진행과 불가분의 관계가 있고 유엔사 관할구역이라는 특수성이 있어 계획보다 더디지만 실제 태봉국 철원성이 있는 가장 가까운 곳에 조성된다는 점에서 상징성이 있다.

▶ 2020년 태봉총서2 『6·25전쟁과 철원』 발간

태봉학회에서는
6·25전쟁 발발 70년
에 즈음한 학술회의를
구상하였다. 한국군사
사학회 이재범 회장과
국방부군사편찬연구소
조성훈 소장의 도움으
로 구체적인 프로그램
을 짤 수 있었다. 철원

태봉학회 총서2 표지

역사문화연구소 김영규 소장은 강원서부보훈지청과 철원군의 후원을 얻
었으며, 여러 가지 실무를 처리하였다. 그리하여 2020년 7월 14일 철원에
서 "6·25전쟁 70주년의 역사적 의미와 철원"이라는 주제로 학술회의를
열게 되었다. 학회에서는 이때 발표된 논문들(제2부, 제3부)과 6·25전쟁을
조감할 수 있는 논문(제1부)들을 모아 총서 제2권을 발행하였다. 6·25전
쟁 중 철원지역의 이모저모를 촬영한 사진들을 함께 실었다. 제1부 「전쟁
의 발발과 정전」에는 「6·25전쟁의 기원과 발발」(이완범), 「휴전 협상에서
북·중·소 3국의 태도 변화 및 결과」(김동길), 「정전협정과 전쟁의 유산」
(김보영) 등 3편의 논문이 실렸고, 제2부 「철원지역의 전투와 지역민의 삶」
에는 「美軍 기록을 통해서 본 백마고지 전투」(나종남), 「1951~1953년 화살
머리고지 전투의 시기별 양상과 특징」(박동찬), 「6·25전쟁과 철원 지역민
의 삶」(김영규) 등 3편의 논문이 실렸고, 제3부 「정전체제의 변화와 극복」
에는 「6·25전쟁 전사자 유해 교환과 비무장지대 발굴 재조명」(조성훈),

「중국군 최종 철군과 북중관계」(한상준), 「한러관계의 역사적 고찰과 한반도 평화」(이재훈), 「정전체제 극복과 남북관계 전망」(이상철) 등 4편의 논문이 실렸다. 부록으로 태봉학회 소식을 실었다.

▶ 2021년 태봉학술회의 개최

2021년 태봉학술회의는 10월 22일(금) 고석정 한탄리버스파호텔 세미나실에서 '태봉국 수도 철원의 문화유산'이란 주제로 발표자와 토론자 그리고 지역 주민 일부만 참가한 가

운데 조촐하게 진행되었다. 코로나19 확산으로 많은 관계자와 연구자 그리고 지역 주민을 초대하지 못했다. 기조 발표는 '철원의 문화유산' 최성은(덕성여대), 주제발표는 '철원도성 자료 소개' 조인성(경희대), '도피안사 삼층석탑의 미술사적 검토' 오호석(단국대), '태봉과 당말오대(唐末五代)의 치성광여래불화' 조성금(동국대), '태봉의 불교조각과 철원 동송읍 마애불' 정성권(단국대), '철원과 철원 노동당사의 건축적 특징' 김기주(한국기술교육대), '태봉국 도성 메타버스 및 궁예 인공지능 디지털 휴먼 개발' 박진호(문화재 디지털복원 전문가) 순으로 진행되었다. 종합토론 및 논평은 최성은(덕성여대) 교수를 좌장으로 심재연(한림대), 이현수(불교문화재연구소), 조경철(연세대), 주수완(우석대), 유기원(안동대), 안형기(한국고고환경연구소) 교수

등이 토론자로 참여하였고, 논평은 김용선(한림대), 이재범(경기대), 이재(국방문화재연구원) 교수 등이 맡았다. 코로나19로 당일만 행사를 했다.

▶ 2021년 철원군민 인문학 강좌

2021년 태봉학회 철원군민 인문학 강좌는 '고고학과 미술사로 본 인문학'이란 주제로 7월 19일부터 22일까지 4일 연속으로 한탄리버스파호텔 세미나실에서 진행되었다. 7월 19일에는 제1강 '우리나라의 선사

문화 - 철원의 자연환경과 선사시대'라는 제목으로 박성진 단국대 동양학연구원 연구교수, 20일 제2강은 '불교미술의 꽃 불국사와 석굴암' 정성권 단국대 사학과 초빙교수, 제3강 21일 '근대기 철원의 불교문화' 이주민 문화재청 문화재 감정위원, 제4강 22일 '실크로드의 미술과 문화 - 2천 년 전 인류를 덮쳤던 질병과 염원을 담은 불화' 조성금 동국대 대학원 미술사학과 객원교수 강좌가 열렸다.

▶ 2021년 태봉총서3 『신라의 쇠퇴와 후삼국의 성립』 발간

신라 말의 혼란을 배경으로 900년 견훤은 백제 의자왕의 원한을 갚겠다고 선언하고 후백제를 건국하였다. 이듬해인 901년 궁예는 고구려의 복수를 내세우면서 후고구려를 세웠다. 이로써 신라와 후백제, 후고구려가 정립하게 되었다. 마치 삼국시대의 삼국을 연상시키는 형세가 되었거니

태봉학회 총서3 표지

와, 이들 세 나라를 후삼국이라고 부르는 것이다. 태봉학회에서는 신라의 쇠퇴와 후삼국 성립의 배경을 재정리해보려고 기획하였다. 그리하여 신라사학회와 공동으로 「신라의 쇠망-태봉 성립의 전야」(2019년 11월 8일), 「후삼국 시대의 개막」(2020년 11월 20일)이라는 주제로 두 차례 학술회의를 개최하였다. 그리고 학술회의에서 발표된 논문들과 관련 논문들을 몇 편 더 모아 태봉학회 총서 제3권을 펴냈다. 제1부 「총론」에는 「新羅의 衰退에 대하여」(이기동), 「나말여초 사회변동과 후삼국」(이인재), 「후삼국시대사론」(이재범) 「후삼국사의 몇 가지 문제」(조인성) 등 4편의 논문이 실렸고, 제2부 「신라의 쇠퇴」에는 「신라 하대 왕위계승전과 사병의 확대」(이상훈), 「신라 하대의 경제적 양극화와 재해」(이기봉), 「헌강왕의 유학 진흥책과 사상적 혼돈」(배재훈), 「신라 하대 말법(末法) 인식의 형성과 확산」(박광연) 등 4편의 논문이 실렸고, 제3부 「후삼국의 성립」에는 「신라 효공왕 대 전후 신라 정부와 성주·장군의 동향에 대한 고찰」(전덕재), 「후백제 주도세력의 변화와 그 영향」(진정환), 「弓裔의 出身에 대한 再論」(송은일), 「후삼국의 개막과 사상계의 동향」(장일규) 등 4편의 논문이 실렸으며, 부록으로 태봉학회 소식을 실었다.

▶ 2022년 태봉학술회의 개최

2022년 태봉학술회의는 예년보다 조금 이른 9월 30일(금) 고석정 한탄리버스파호텔 세미나실에서 '태봉국 수도 철원의 관방유적'이라는 주

제로 발표자와 토론자 그리고 지역 주민 일부가 참석한 가운데 진행되었다. 코로나19가 다소 잠잠해지기는 했으나 재유행의 기미가 돌아 예전과 같이 대규모 강당에 철원주민들을 초대한 가운데 행사를 거행하기에는 무리라는 판단하에 조촐하게 진행되었다. 기조 발표 '철원의 관방유적' 이재(국방문화재연구원장), 주제발표 '철원지역 관방유적의 특징과 성격' 권순진(수도문물연구원), '철원한탄강변 성곽 유적에 대한 성격 검토' 유재춘(강원대), '태봉국 철원도성의 남쪽 방어체계 연구' 김호준(국원문화재연구원), '왕건 사저와 봉선사' 심재연(한림대) 순으로 진행되었다. 종합토론은 조인성 경희대 교수(태봉학회 회장)를 좌장으로 황보 경(세종대박물관), 김진형(강원고고문화연구원), 정성권(단국대), 김태욱(춘천시사편찬위원회) 등이 토론에 참여했고 김용선 한림대 명예교수와 이재범 경기대 명예교수가 논평을 맡았다.

▶ 2022년 역사 전공 대학원생 철원 역사탐방

2022년 7월 1일부터 2일까지 강원대학교 사학과 원우회원들이 철원 역사탐방으로 승일교, 고석정, 노동당사, 소이산 전망대, 도피안사, 송대소 주상절리, DMZ 생태평화공원, 김화백전대첩지, 충렬사 일대를 답사했다.

▶ 2022년 철원역사문화공원 개장

철원역사문화공원

역사상 철원군이 가장 번성했던 시기는 아이러니하게도 일제강점기인 1930~40년대이다. 1914년 경원선 부설, 1925년 철원평야 개척, 1931년 금강산전철이 운행하면서 한반도 중심부에 위치한 철원군은 상업도시로 급성장했다. 하지만 1945년 해방과 더불어 국토가 분단되고 공산 치하가 되면서 쇠락하기 시작했고 6·25전쟁으로 도시는 완전히 폐허가 되어 사라졌고 주민들마저 남북으로 뿔뿔이 흩어졌다. 전쟁은 끝났으나 민통선이 가로막혀 옛 철원읍 시가지인 관전리와 사요리 일대에는 들어갈 수가 없었다. 노동당사에서 철원역까지 이어지는 2~3㎞ 구간은 번성했던 옛 철원읍 시가지로서 철원군청, 철원공립보통학교, 제사공장, 농산물검사소, 얼음창고 등 근대문화유적이 즐비하다.

하지만 현재도 민통선 안이라 관광객들이 쉽게 접근할 수 없다. 이에 철원군은 노동당사 앞 개활지 2만여 평 부지에 철원역사문화공원을 조성하여 100년 전 철원읍 시가지 주요 건물인 철원역, 철원극장, 철원공립보통학교, 철원소방서, 철원우편국, 오정포 등을 복원하였다. 철원역사문화공원은 2015년 기본 계획 수립, 2018년 공사 착공하여 2022년 7월 27일 완공되었다.

▶ 2022년 (옛) 김화군 향토지 발간

김화군(金化郡)은 1945년 해방 당시 면적이 1,010.85㎢이고 인구가 92,622명으로 김화읍, 서면, 근남면, 근북면, 근동면, 원남면, 원동면, 임남면, 원북면, 금성면, 창도면, 통구면 등 1읍 11면 96개 리로 구성되어 있었다. 하지만 6·25전쟁을 거치면서 군 면적의 2/3가량이 북한으로 넘어가고 남한에는 1읍 6면만 수복되어 김화군의 명맥을 유지하지 못한 채 철원군에 편입되었고, 현재 김화읍, 서면, 근남면, 근북면에만 주민이 거주하고 있다. 2019년 분단 74년, 수복 65년을 맞이해 사라진 김화군의 역사를 재조명하자는 분위기가 일어 (옛) 김화군 향토지 발간추진위원회가 구성되었다. 당시 4.27 판문점선언, 9.19 군사합의에 따라 남북관계 개선 분위기 고조되어 통일 대비 김화군 복군 기반을 조성하고, 김화군 역사와 주민 생활상을 조사 정리할 필요성이 대두되었다. 한편 김화군의 역사는 1966년 발간된 『향토지』와 1992년 발간된 『철원군지』에 반영된 일부 내용이 전부여서 하루속히 향토지를 발간해야 했다. 특히 북한이 고향인 미수복 김화군민회 1세대들이 하루가 다르게 별세하는 상황이라 그들의 증언을 정리하고 수록해야 할 필요성이 증가했다. 이에 2020년 1월 16일 김화군 향토지 편찬위원회(위원장 박면호)가 출범했고 2021년 6월 25일 철원역사문화연구소(소장 김영규)가 편찬 용역을 맡아 작업을 진행하였으며 2022년 6월 15일 최종보고회를 열고 9월에 발간하였다. 김화군 향토지는 상권 김화군의 역사와 문화 1,003쪽, 중권 근현대 김화인의 삶과 모습 632쪽, 하권 전근대 김화인 발자취와 기록 711쪽 해서 3권 1질 총 2,346쪽으로 구성되어 있으며 집필에는 35명의 전문가가 참여했다. 김화군 향토지 중권에는 옛 김화군 출신 80여 명의 구술조사 내용이 실려 있다.

▶ 2022년 궁예왕 표준영정 봉안 및 기념 퍼레이드

2017년 9월 1일부터 철원군과 강원도민일보가 공동으로 추진한 궁예왕 표준영정 제작 작업이 문체부 12차 심의를 거쳐 완료되어 2022년 11월 8일 오전 11시 민통선 안 월정리역 부근 궁예 태봉국 테마파크 내 궁예왕 선양관(사당)에서 영정 봉안 행사가 열렸다. 영정 봉안식은 태봉국 궁예왕 역사공원이 민간인 통제구역 내에 있고 수일 전 북한 미사일 발사로 군부대 비상 상황이라 일부 관계자들만 참석해 진행되었다. 궁예왕 영정 봉안 행사는 철원군에서 꾸준히 진행하고 있는 태봉국과 궁예왕 선양사업의 일환으로 추진된 것이다. 당일 오후 2시에는 영정 봉안 행차가 동송

터미널을 시작으로 화지리 철원종합문화복지센터 앞 공터까지 약 1.7㎞에 이르는 거리에서 군악대, 취타대, 라커퍼션 공연 등으로 진행되었다. 이어 저녁 6시에는 철원 노동당사 광장에서 태봉합창단과 철원소년소녀합창단의 합창을 시작으로 철원예술단의 '궁예-태평성대' 공연과 인기가수 초청공연 등이 포함된 영정 제정 기념 축하공연이 개최되었다.

▶ 2022년 궁예왕 표준영정 봉안 기념 심포지엄

철원군과 강원도 민일보는 2022년 11월 10일(목) 오후 1시 30분 철원군청 4층 대회의실에서 궁예왕 표준영정 지정을 기념하여 '철원  궁예 테마파크 글로벌화 및 궁예 표준영정의 가치와 활용'을 주제로 심포지엄을 개최하였다. 심포지엄 첫 번째 순서는 권오창 동강궁중회화연구소 소장의 '궁예왕 표준영정 제작과정과 기법'에 대한 해설이었다. 주제발표는 조인성 경희대 사학과 명예교수 '궁예의 생애와 역사적 의의', 이동범 컬처앤로드 문화유산활용연구소장 '철원 궁예왕 표준영정의 가치 활용방안', 이영주 강원연구원 선임연구위원 '궁예 테마파크 브랜딩과 연계한 철원 관광 활성화 전략' 순으로 진행되었다. 이어 열린 종합토론은 강병로 강원도민일보 전략국장을 좌장으로 김여진 강원도민일보 문화부장, 김영규 철원역사문화연구소장, 정대권 영월군청 문화관광체육과장, 한명희 강원대 영상문화학과 교수 등이 참가하였다.

▶ 2022년 궁예 태봉국 테마파크 공사 지연

올해 완공 예정이던 궁예 태봉국 테마파크가 '태봉국도성 미니어처' 규모를 원래보다 크게 설치하기로 변경해 관련 예산 확보와 시공사 선정 등 행정 절차로 공사가 지연되고 있으며 2023년 준공 예정이다. 국비·도비 120억 원을 들여 민통선 안 철원읍 홍원리에 조성 중인 궁예 태봉국 테마파크는 2020년 소규모 환경영향평가와 문화재 표본조사 용역, 사업장 부지 조성 공사를 완료한 후 공사에 돌입했다. 테마파크가 들어서는 지역은 남방한계선과 군부대와 인접해 해당 부대 및 유엔사 등과 협의도 거쳤다. 현재 태봉국 역사체험관, 궁예왕 선양관, 방문자센터 등 시설이 완공됐고, 궁예정원과 태봉국 철원성 미니어처 등의 공사를 진행 중이다.

▶ 2022년 태봉총서4 『병자호란과 김화 백전전투』 발간

태봉학회는 2019년부터 해마다 학술연구총서를 발간해 2022년 태봉학회 총서4는 김화 백전전투를 다루었다. 철원군과 (재)국방문화재연구원은 2012년 11월과 2013년 10월 두 차례 학술대회를 열었는데 이때 발표

태봉학회 총서4 표지

된 원고들을 추려서 싣고 병자호란 전반을 이해하는데 필요한 논문들을 더하였다. 제1부 「병자호란의 제 문제」에는 「병자호란 연구의 제 문제」(조성을), 「明淸交替 시기 朝中 關係의 추이」(韓明基), 「병자호란의 開戰원인과 朝·淸의 군사전략 비교연구」(이종호), 「朝鮮 政府의 捕虜 送還 노력」(강성문) 등 4편의 논문이 실렸고, 제2부 「김화 백전전투」에는 「17세기 전반기 조선의 대북방 방어전략과 평안도 국방체제」(노영구), 「丙子胡亂의 戰況과 金化戰鬪 一考」(柳承宙), 「丙子胡亂 金化 柏田戰鬪 考察」(권순진), 「戰骨塚의 조성 경위와 위치 比定」(柳在春), 「김화 백전대첩(柏田大捷) 유적의 현황과 보존대책」(이재) 등 5편의 논문이 실렸다. 부록으로 2022년 태봉학회의 활동과 철원군의 역사·문화 관련 동향을 소개하는 글을 실었다.

▶ 2023년 태봉학술회의 개최

최근 3년간 태봉학술회의는 코로나19 방역 문제로 한탄리버스파호텔 세미나실에서 발표자와 토론자 그리고 일부 방청객만 참가한 가운데 소규모로 진행했다. 그러나 올해 태봉학술회의는 철원군청 4층 대회의실에서 코로나19 이전과 같이 많은 철원군민이 참여한 가운데 2023년 10월 20일(금) 오전 11시부터 오후 5시까지 '근현대 철원의 형성과 사회 변화'

라는 주제로 성황리에 진행되었다. 개회식에서는 조인성 태봉학회 회장이 개회사를 했고, 이현종 철원군수가 환영사를 했다. 이어 조인성 회장이 '태봉역사문화권' 설정 추진 제안을 하였고, 이용탁 철원군청 문화체육과장이 '철원 역사유물전시회' 개최 요강에 대하여 설명하였다. 오후에 진행된 주제발표는 '전통 시대 철원과 김화 고을의 도시 구성과 풍경' 이기봉 국립중앙도서관 학예연구관, '구한말 개신교 전파와 철원 김화지역의 변화' 홍승표 한국기독교 역사학회 연구 이사, '철원 김화지역의 교통로 변화와 읍치(邑治)의 이동' 김종혁 역사지도공작소장, 'A.S.C 영상자료를 통해 본 한국전쟁과 철원' 노성호 한림대 아시아문화연구소 연구원, '한국전쟁 전후 철원군 중심지 변동과 구호주택 건설' 김영규 철원역사문화연구소장 순으로 진행되었다. 각 주제발표에 대한 토론자로는 최종석 동덕여대 국사학과 교수, 김영명 춘천 상걸리교회 담임목사, 양정현 순천대학교 지리산권문화연구원 연구교수, 김병륜 국방안보포럼 선임연구위원, 황병훈 춘천 mbc 편성제작국 PD 등이 참가했다. 종합토론 좌장은 이재범 경기대 명예교수가 논평은 김용선 한림대 명예교수가 맡았다.

▶ 2023년 태봉역사문화권 설정 추진을 위한 연구

강원연구원 강원학연구센터는 강원학 연구의 활성화를 도모하기 위해 연구지원 사업의 일환으로 해마다 강원학 연구 공모사업을 실시하고 있다. 올해는 강원학의 기초토대 연

철원 DMZ 안 태봉국도성터 전경

구 주제로 적합한 3편의 연구과제를 선정하였으며, 그중의 하나가 「태봉역사문화권 설정 추진을 위한 연구」이었다. 이에 태봉학회는 경희대 사학과 조인성 명예교수를 책임연구원으로 하고 정성권 단국대 연구교수와 김영규 철원역사문화연구소장을 공동연구원으로 구성해 2023년 4월 24일 과제제안서를 제출하였고, 연구자로 선정되어 과제를 진행해 12월에 최종보고서를 제출하였다.

「태봉역사문화권 설정 추진을 위한 연구」 최종보고서의 목차는 다음과 같다.

Ⅰ. 연구의 개요

Ⅱ. 태봉역사문화권 설정의 근거

Ⅲ. 각 지역별 역사 속에서의 태봉

보고서 맺음말에서 태봉역사문화권 설정의 의의는 첫째 예맥역사문화권과 함께 강원도민의 역사적 자긍심을 제고하는 데에 기여할 수 있고, 둘째 시간적 공간적 범위가 명확하지 않은 예맥역사문화권을 보완할 수 있으며, 셋째 태봉 관련 유물·유적에 대한 체계적인 연구와 보전 방안을 모색하는 데 도움이 될 수 있고 나아가 문화관광산업을 통한 지역 발전을 도모할 수 있으며, 넷째 비무장지대 안에 있는 태봉국 도성을 발굴하고 연구하는 것은 남북 화해와 협력의 상징이 될 수 있어 남북 공동연구로도 연결될 수 있다는 점을 들었다.

▶ 2023년 태봉 목간의 출토와 판독회 참가

양주 대모산성의 집수지에서 태봉 목간이 출토되었다. 2023년 11월 20일(월)~31일(화) 이틀 동안 발굴기관인 기호문문화재연구원(경기도 안성 소재)에서 목간 판독회가 개최되었다. 한국목간학회 회원들을 주축으로 태봉학회에서는 조인성 회장(경희대 사학과 명예교수)이 참가하였다. 목간에는 그림 포함 총 7면에 걸쳐 8행, 123자가 적혀 있는 것으로 밝혀졌다. 우선 제 2면은 행위(제사?)의 날짜와 대상을 밝힌 것으로 보인다. 정개는 태봉의 연호 중 하나로 914년부터 918년까지 사용되었다. 날짜는 정개 3년 병자년 곧 916년 4월 9일(음)이다. 대상은 성(대모산성일 것이나 태봉 때 이름은 알 수 없음)의 대정(大井)에 사는 대룡(大龍)으로 보인다. 제 4면에 나오는 무등(茂登)은 행위자 혹은 행위자들 중 1인으로 여겨진다. 신해년은 891년으로 당시 무등의 나이가 26세였음을 적었던 것으로 풀이된다. 그는 태봉의 지배 아래에 있던 대모산성의 성주였을 가능성이 있다. '태봉

VIII면	VII면 (10/12)	VI면 (12/14)	V면 3행 (12/14)	V면 2행 (15/16)	V면 1행 (8/17)	IV면 (16/16)	III면 (11/15)	II면 (18/19)	I면	
	午	月	閑	今	□	辛	□	政		1
	牛	朔	人	月	□	亥	口	開		2
	買	共	当	此	□	歲	送	三		3
	□	者	不	時	強	廿	肉	年		4
	□	十	爲	以	□	六	手	丙		5
공	奔	日	使	答	□	茂	爻	子		6
	本	以	弥	從	□	登	味	四	그	7
	入	下	用	□	□	此	亦	月		8
	斤	把	教	幻	八	人	祭	九		9
	肉	□	□	史	在	孤	者	日		10
	半	□	九	九	迫	者	能	城		11
란	奔	肉	□	重	二	使	□	大	림	12
		去	如	齋	入	弥	□	井		13
		省	下	教	九	用	□	住		14
				德	肉	教	者	□		15
				云	□	矣		大		16
					□			龍		17
								亦		18
								牛		19

한국목간학회 판독 내용(양주시·기호문화재연구원, 2023; 연합뉴스, 2023. 11. 28)

목간의 그림과 문자 적외선 카메라 촬영본(양주시·기호문화재연구원, 2023; photo@yna.co.kr)

목간'은 현재까지 발견된 목간들 가운데 연호와 간지가 분명하여 그 작성 시점을 정확히 알 수 있는 유일한 것이다. 또 단일 목간으로는 가장 글자 수가 많다. 하지만 아직 해독되어야 할 부분이 많아 앞으로의 연구가 필요하다.

■ 2023년 역사 전공 대학생 철원 답사

2023년 9월 20일부터 22일까지 3일 동안 경희대학교 사학과 학생 70여 명이 철원안보관광(제2땅굴 → 평화전망대 → 월정리역), 백마고지 전적관, 승일교, 노동당사, 철원역사문화공원, 근대문화거리, 도피안사, 고석정 등지를 답사하였다.

▶ 2023년 태봉총서5 『태봉의 문화유산』 발간

태봉학회는 2019년부터 해마다 학술연구총서를 발간해 2023년 태봉학회 총서5는 태봉의 문화유산을 다루었다. 태봉학회에서는 2021년 학술회의에서 철원의 문화유산을 다루었고, 2022년 학술회의에서는 국방 관련 유적을 검토하였는데 이 두 학술회의에서 발표된 글들을 모아 총서 제5권을 내었다. 제1부 「불교문화유산」에는 「태봉의 불교 조각 – 새로운 도

태봉학회 총서5 표지

산의 수용과 다양한 양식의 전개」(최성은), 「태봉의 불교조각과 철원 동송읍 마애불」(정성권), 「泰封시기 星宿신앙 연구」(조성금), 「철원 도피안사 삼층석탑의 미술사적 검토」(오호석), 「왕건 사저와 봉선사」(심재연) 등 5편의 논문이 실렸고, 제2부 「관방유적」에는 「철원의 관방유적」(이재), 「철원 한탄강 변 성곽 유적의 성격 연구」(유재춘), 「철원지역 성곽의 특징과 성격」(권순진), 「태봉국 철원도성의 남쪽 방어체계 연구」(김호준) 등 4편의 논문이 실렸으며, 제3부 자료에 철원도성 신자료 소개 - 「朝鮮城址實測圖」의 '楓川原都城址'(조인성)와 부록으로 2023년 태봉학회 학술 활동 및 철원군 역사문화 소식을 실었다.

▶ 2024년 태봉학술회의 개최

태봉학술회의는 해마다 10월 전후 하반기에 개최해왔으나 올해는 학술회의 주제가 '태봉역사문화권 설정 추진 연구'여서 일반인들에게 가능하면 빨리 널리 알려야 할 사안이기에 상반기인 6월 28일(금) 오전 11시 20분 철원군청 4층 대회의실에서 많은 철원군민이 참석한 가운데 성황리에 진행되었다. 개회식에서는 조인성 태봉학회 회장이 '태봉역사문화권 설정의 당위성과 의의'라는 제목으로 개회사 겸 기조 발제를 했고, 박경우 철원부군수, 박기준 철원군의회 의장, 문익기 강원일보 이사가 인사말을

2024년 학술회의 참가자 단체 사진

조인성 회장 개회사 겸 기조 발제

했다. 오후에 진행된 주제발표는 '철원지역의 태봉 고고학' 심재연 한림대 한림고고학연구소 학술연구교수, '철원지역의 태봉 불교미술사' 정성권 단국대 자유교양대 연구교수, '후백제역사문화권 설정 추진 경과와 과제' 진정환 국립익산박물관 학예연구실장, '예맥역사문화권 설정과 과제' 김규운 강원대 사학과 교수, '태봉역사문화권 설정과 철원 발전' 김영규 철원역사문화연구소장 순으로 진행되었다. 주제발표에 대한 토론자로는 이재범 전 경기대 사학과 교수, 최종모 강원문화재연구소장, 홍성익 강원특별자치도 문화재위원이 참가했고, 종합토론 좌장은 유재춘 강원대 사학과 교수가 맡았다.

▶ 2024년 철원군민 인문학 강좌

2024년 태봉학회 철원군민 인문학 강좌는 <접경지역 DMZ 인문학 연합>과 공동으로 금강산전기철도 개통 100주년 기념으로 금강산 가던 옛길 인문학적 복원 관련하여 2024년 8월 1일 철원군 민북마을 정연리 마을회관에서 진행하였다. 제1강 '금강산전철과 정연리 – 평화의 삼각지를 꿈꾸며'(정근식 서울대 명예교수), 제2강 '전통 시대 금강산 유람문화'(이상균 강릉원주대 교수), 제3강 '조선 시대 금강산 가는 길'(권혁진 강원한문고전연구소

2024년 인문학 강좌 진행 장면

인문학 강좌 참가자 현장 탐방

장), 제4강 '일제강점기 금강산전기철도 건설과 금강산 개발'(이부용 강원대 연구교수), 제5강 '금강산전철 개통 100주년의 의미'(송영훈 강원대 교수) 순으로 진행되었다.

▶ 2024년 역사 전공 대학생 철원 답사

2024년 3월 21일 강릉원주대학교 사학과 학생 80여 명이 노동당사, 철원역사문화공원, 근대문화거리, 소이산 전망대, 송대소 한탄강주상절리, 승일교 등지를 답사하였다.

소이산 전망대에서 북녘땅 바라보기

승일교에서 참가자 단체 사진

▶ 2024년 철원지역 역사 문화유산 전시회 – '철원, 그 안에 삶이 움트다'

2023년 11월 20일부터 2024년 2월 5일까지 열렸던 전시회는 철원군이 강원대학교 중앙박물관과 협업한 특별전으로 철원지역 역사·문화유산을 발굴 전시하여 철원지역의 역사성과 소중한 가치를 대내외에 알리고자 기획되었다. 전시는 철

철원역사문화공원 내 기획전시실 전시장

원군 역사 개요, 철원지역 조사연구 활동, 선사시대의 철원, 철원의 불교문화, 철원의 성곽, 철원의 유교 문화유산, 철원지역 문화유산이 가진 가치에 대한 관련 기록과 출토된 유물, 영상 등으로 구성되었다. 철원군은 흔히 안보 관광지로 각인되어 있으나 다양한 삶과 찬란한 문화가 움터 이어지고 있는 곳이다. 이번 전시를 통해 국토 분단 이전 철원지역의 역사를 톺아보며 철원의 유구한 역사를 상고하는 기회를 제공하고자 하였다.

철원의 선사 유적들은 대체로 하천의 충적 대지를 중심으로 분포한다. 철원지역 구석기 유적은 장흥리유적, 상사리유적, 산명리유적, 군탄리유적 등이 있는데 발굴된 유물로 미루어 볼 때 약 13~12만 년 전 구석기인들이 철원지역에 처음 유입되었

토성리 고인돌

음을 알 수 있다. 장흥리 유적에서는 약 2만 5천 년 전 무렵 흑요석과 수정을 활용한 정교한 좀돌날 제작 기술을 보유한 새로운 집단의 출현이 확인되었다. 철원지역은 현재까지 슴베찌르개가 확인되는 최북단지역이다. 철원지역 신석기 유적으로는 군탄리 바위그늘유적과 토성리 토성 주변에서 지표조사를 통해 빗살무늬토기편이 수습되었다. 청동기시대 유적으로는 와수리 유적이 대표적으로 취락 시설과 공렬토기 등이 확인되었다. 청동기시대를 대표하는 유적인 고인돌이 토성리, 문혜리, 군탄리, 신철원리 등에서 확인되어 철원군에는 모두 18개가 있었던 것으로 추정된다.

1991년부터 시작된 비무장지대 문화유산 조사 결과 강원도 241건, 경기도 421건 등 모두 662건이 확인되었다. 최근에 이루어진 비무장지대 실태조사는 2020년 5월부터 2021년 12월까지 실시되어 그 결과물인 『한반도 비무장지대 2020-2021 실태조사 보고서』가 간행되었다. 조사 결과 9개 유적이 철원군에 위치한다. 대표적인 유적으로는 궁예가 도읍했던 태봉국도성과 삼국시대 고구려와 신라가 대결했던 성산성이 있고, 백마고지가 위치한 중세리와 대마리, 강산리에 구석기시대 석기를 비롯해 통일신라시대~조선시대 유물이 수습되어 주목된다. 특히 태봉국도성은 외성과 내성, 왕궁성으로 축성되어 있는데 조사를 통해 외성의 4개 지점에서 성벽을 확인하였고 토기와 기와 등의 유물도 수습하였다. 철원군 비무장지대 내부에 태봉국도성 성곽과 불교 유적은 물론 구석기시대 석기가 여러 곳에 분포해 있는 것으로 밝혀져 앞으로 이를 정밀조사하고 보존하기 위한 계획을 수립하여야 한다.

▶ 2024년 새로운 『鐵原鄕校誌』 제작 발간

철원향교는 고려
태조 왕건(王建)이 태
봉국 시중으로 있을 때
머물던 사저 터에 조선
선조 원년(1568년) 철
원 유림(儒林)들에 의
해 건립된 것으로 전
하고, 임진왜란 때 완

철원향교 전경

전히 소실되었으며 이후 인조 15년(1637) 중건(重建)된 것으로 알려져 있
다. 해방 후 공산 치하에서는 건물 및 토지가 몰수당하여 고아원으로 사용
되었고 6·25전쟁으로 완전히 소실되었다. 수복 직후 민통선에 막혀 기존
향교터에 들어갈 수가 없어 1967년 후방지역인 철원읍 화지리 99번지에
대성전 10평, 명륜당 15평을 건립하였다. 하지만 건물이 비좁고 노후화되
어 지금의 향교를 짓고 2010년 4월 21일에 입주하게 되었다. 철원군 최근
100년 역사가 일제강점기, 공산 치하, 남북분단을 거치는 격동의 시기였
던 것만큼 철원향교 역사도 부침(浮沈)이 심했다. 김영규 철원역사문화연
구소장이 편집장을 맡아 철원향교의 전통과 역사를 한눈에 알아볼 수 있
는 『철원향교지』를 26년 만에 새로 발간하였다.

▶ 2024년 철원군 화전민 이주와 키와니스촌 건설 책자 발간

강원도 철원군 동송읍 오지3리 마을은 1965년 9월부터 미국의 봉사단
체인 키와니스 클럽과 한미재단(A.K.F)의 지원으로 공사 진행하여, 1967년

9월 29일 102동 주택단지가 완공되어 입주하였다. 입주민들은 대부분 동송읍 상노2리 담터, 서면 자등리, 근남면 잠곡리 등지에서 화전을 하던 사람들로 화전민 이주 정착 사업에 의해 이곳 <키와니스촌>으로 집단 이주하였다. 2023년 11월 1일 기준 오지3리 인구는 99세대 176명(남 92, 여 84)으로 아주 조그마한 마을로 대표적인 인구소멸 지역이다. 철원사람들은 6·25전쟁 때 이북에서 내려와 휴전선 너머 고향으로 돌아가지 못하고 산속에 들어가 겨우 연명할 수밖에 없었다. 정부는 산림훼손과 홍수 발생을 막기 위해 화전민을 산에서 강제로 내려오게 했다. 초기에는 천막에서 지내면서 자신들이 들어갈 주택을 직접 짓고, 산에 올라가 약초를 캐고 날품을 팔아야 했다. 정착 이후 많은 주민이 다시 마을을 떠나기도 했다. 그만큼 살기 어려웠다. 키와니스촌이 탄생한 지 이제 어언 60년 되었다. 입주 1세대는 거의 별세했지만 선조들의 개척정신을 기리고 그 발자취를 영원히 남기려 수년간 조사하고 축적한 자료를 바탕으로 『철원군 화전민의 삶』(저자 김영규) 책자를 제작 발간하였다.

▶ 2024년 6·25전쟁 아카이브 구축 국내외 자료수집 구술조사

국방부 전쟁기념사업회가 주관하고 명지대 국제한국학 연구소가 수행하는 <2023년 6·25전쟁 아카이브 구축 국내외 자료수집사업> 일환으로 6·25전쟁 참전 유공자 구술조사가 2023년 6월부터 12

김영순 구술자와 기념 촬영

월까지 용산 전쟁기념관과 철원 아트하우스 등지에서 진행되었다. 전국에서 10명이 구술자로 선정되었고 철원군에서는 김영순, 백순선, 정재하, 정명우 등 4명이 인터뷰에 참여하였다. 구술조사 면담은 철원역사문화연구소 김영규 소장이 진행하였다.

▶ 2024년 갈말읍『우리 마을을 기록합니다』책자 발간

수년 전부터 갈말읍의 각 마을별 역사와 현황을 담은 마을백서를 발간하여 주민들의 애향심을 고취시키는 책자를 만들어야 한다는 여론이 있었다. 아울러 갈말읍만의 차별화된 역사·문화·예

갈말읍 마을 백서(저자 김영규)

술 등의 지역자원을 책자에 담아서 지역 주민의 문화 욕구를 충족시키고, 갈말읍을 가보고 싶고 살고 싶은 곳으로 널리 홍보할 책자가 필요해 이를 모두 담은 책자를 2023년 6월 제작 발간하였다. 책자 구성은 일반현황, 마을 여행, 우리 마을을 소개합니다, 문화로 예술로 갈말로 등 4개 장으로 구성되어 있고 수년간 발굴한 스토리텔링과 촬영한 사진이 다양하게 실려 있다.

태봉학회는 태봉국의 역사를 비롯하여 철원지역의 역사를 연구하고 조사하기 위해 설립된 학회이다. 따라서 2018년 창립 이래 근현대 철원의 변모에 대해서도 적지 않은 관심을 기울여왔다. 2020년 7

태봉학회 총서6 표지

월 「6·25 전쟁 70주년의 역사적 의미와 철원」이라는 주제로 학술회의를 열어 6·25전쟁이 철원에 미친 영향을 살펴보았다. 그 결과물들을 모아 태봉학회 총서2『6·25전쟁과 철원』을 펴냈다. 태봉학회는 2023년 10월 「근현대 철원의 형성과 사회변화」를 주제로 학술회의를 개최하였다. 2024년 8월에는 「금강산전기철도 개통 100주년 기념행사 - 금강산 가던 옛길 인문학적 차원 복원을 중심으로」라는 주제의 세미나를 열었다. 발표된 논문들과 글들을 모아 태봉학회 총서 제6권『근현대 철원의 역사와 문화』를 펴냈다. 제1부「근백년 철원의 사회변화」에는 「전통 시대 철원과 김화 고을의 도시 구성과 풍경」(이기봉), 「철원·김화 지역의 교통로 변화와 읍치(邑治)의 이동」(김종혁), 「19세기 말 ~ 20세기 초 철원·김화지역의 개신교 수용과 사회변화」(홍승표), 「철원과 철원 노동당사의 건축적 특징」(김기주), 「A.S.C 영상자료를 통해 본 한국전쟁과 철원」(노성호), 「한국전쟁 전후 철원군 중심지 변동과 구호주택 건설」(김영규) 등 6편 논문이 실렸고,

제2부 「금강산전기철도의 개통과 철원」에는 「전통 시대 금강산 유람문화」(이상균), 「조선 시대 금강산 가는 길」(권혁진), 「일제강점기 금강산전기철도 건설과 금강산 개발」(이부용), 「응접실 속 금강산 – 1932년 금강산협회의 설립 배경과 의의」(손용석), 「금강산전철과 정연리 – 평화 삼각지를 꿈꾸며」(정근식), 「금강산전철 개통 100주년의 의미」(송영훈) 등 6편 논문이 실렸으며, 부록으로 태봉학회 학술 활동을 실었다.

▶ 2025년 역사 전공 대학생 철원 답사

한림대학교 사학과 학생 40명이 2025년 4월 30일부터 5월 1일까지 1박 2일간 생창리 DMZ 생태평화공원, DMZ 평화관광(두루미평화타운, 제2땅굴, 평화전망대, 월정리역), 도피안사, 고석정, 심원사, 백마고지기념관, 철원제일교회, 노동당사, 소이산전망대, 철원역사문화공원 등지를 답사하였다.

생창리 DMZ 생태평화공원

백마고지 전적지 기념관

▶ 태봉국 궁예왕 역사공원 개장

2023년 준공 예정이던 태봉국 궁예왕 역사공원이 기존의 설계를 변경하고 전문가의 고증을 거쳐 2025년 10월 1일 준공 개장하였다. 주요 시

설은 태봉역사관, 선양관, 방문자센터, 미니어처 등 36,919㎡이고 사업비
는 태봉국 궁예왕 역사공원 조성사업 125억 원, 역사체험공간 조성사업
66억 원 규모이다. 그동안 사업 진행 과정은 2020년 6월 건축공사 착공,
2022년 3월 전시물 설계 및 제작 착수, 2022년 11월 궁예왕 표준영정 봉
안, 2023년 12월 태봉역사관 내 전시연출, 2024년 9월 전통 연못, 주작대
로, 당간지주 설치, 2024년 10월 건축공사 준공, 2025년 7월 철원성 미니
어처 제작 설치이다.

태봉국 궁예왕 역사공원 미니어처 전경

　　태봉국 궁예왕 역사공원에 조성되는 철원성 야외 축소 조형물(미니
어처)은 평면 40m×78m의 규모로 국내 야외 미니어처로는 최대규모이
다. 태봉역사관 전시물과 미니어처는 관계 분야 전문가 고증 자문회의를
그동안 10차례 개최하여 제작 설치하였다. 건물의 축소비율은 포정전이
1/5, 미륵전·관부건물·동궁·관리주택·민가·시장이 1/20, 석등이 1/2
로 축소돼 조성되었다. 또한 철원성 미니어처의 건물 수는 포정전 1동, 미

륵전 1동, 관부건물 14동, 동궁 1동, 관리주택 30동, 민가 49동, 시장 1동, 행각 100m, 석등 2곳 등 총 391채로 구성되었다.

태봉역사관은 ①로비, ②복도전시, ③영상관, ④제1전시실, ⑤제2전시실로 구획되어 있다. 전시 테마는 "태평성대를 꿈꾼, 궁예의 태봉성대(泰封聖代)"이고, 카피는 "분단된

태봉역사관 입구

반도의 심장, 철원성에 1,100년 동안 잠들어있는 궁예의 꿈을 세상에 다시 펼칩니다."이다. [로비]에는 '궁예와 후삼국사'라는 제목의 850년부터 930년까지 궁예 태봉국 연표가 전시되어 있고, [복도전시]에는 궁예왕의 일대기가 애니메이션 동영상으로 제공된다. [영상관]에서는 '평화의 땅 태봉국'이라는 제목으로 궁예 태봉국을 상징하는 화려한 3D 영상물을 볼 수 있다.

[제1전시실]

들어가면서 왼편에 '풍천원의 철원도성'이라는 제목으로 철원도성이 표기된 '조선 후기지도'와 '일제강점기 조선오만분의일지형도', 1950년에 촬영된 항공사진이 있고 도성의 구조와 규모를 설명하고 있다. '철원도

제1전시실 궁예왕 조형물

성의 유물'로 풍천원 석등과 봉선사지 석등 사진과 설명이 있다. 정면에는 '고구려를 계승한 새로운 왕'이라는 제목으로 901년 국호를 '고려'라 하고 신라에 대한 복수를 천명하면서 왕을 칭했다는 설명이 있다. '대동방국 마진'이라는 제목의 설명에서는 904년 국호를 '마진'으로 바꾸었고, '무태'라는 연호를 제정하여 자주국임을 천명했다고 적고 있다. 이어서 '태봉의 몰락'이라는 제목에서는 911년 국호를 태봉으로 바꾸었고, 918년 6월 14일(음) 밤 왕건의 정변으로 태봉은 망하고 궁예는 죽임을 당하였다고 적고 있다. 왕건은 지방 지배, 세금 수취제도에서 태봉의 정책과 제도를 일부 받아들였다.

그리고 '궁예의 주변 인물들'이라는 제목으로 후백제 왕 견훤, 장군 왕건, 유학자 최응, 승려 허월, 부인 강씨, 자녀 왕자들, 유학자 박유, 승려 석청 등을 소개하고 있다. 오른쪽으로 '궁예와 미륵신앙'이라는 제목으로 궁예가 미륵불을 자칭하며 태봉이 미륵 정토임을 선포하였다고 적고 있다. 그리고 '大寂光殿'이라는 제목으로 도피안사 철조비로자나불좌상, 명문 탁본, 삼층석탑에 대한 사진과 설명이 있다. '궁예와 미륵불의 만남'이라는 제목의 전시에는 궁예는 철원을 기반으로 세운 자신의 나라가 미륵의 세상이 되길 꿈꾸었다고 적고 있다. 그리고 철원 동송읍 마애불, 안성 기술

   태봉역사문화권의 설정과 철원군

리 석불, 나주 철천리 석조여래입상 모습과 설명이 있다. '태봉의 대외관계'라는 제목의 전시물에는 10세기 초 급변하는 동북아 정세에서 궁예왕이 후백제와 패권을 다투며 거란과 외교관계를 맺었다고 설명하고 있다.

[제2전시실]

들어가면서 왼편에 'DMZ를 향하는 평화의 시선'이라는 제목으로 군사분계선과 DMZ 안에 있는 태봉 국도성 지도가 그려져 있다. 정면에 '한반도의 노래가 되어 흐

제2전시실 모습

르는 철원'이라는 제목으로 철원9경이 소개되어 있다. 철원9경은 고석정, 삼부연, 직탕폭포, 매월대폭포, 순담, 소이산 재송평, 용양늪, 송대소 주상절리, 학저수지 여명 등의 사진과 설명이 있다. 오른편에는 '철원의 역사 문화유적'이라는 제목으로 철원읍의 동주산성, 월하리유적, 철원역, 노동당사, 동송읍의 도피안사, 마애석불, 승일교, 갈말읍의 바위그늘유적, 정연철교, 토성리 고인돌, 김화읍의 김화백전전투지, 충렬사 등의 사진과 함께 설명이 있다.

2025년 태봉학술회의는 태봉학회와 신라사학회와 공동 주관으로 "태봉과 지방 세력"이라는 주제로 2025년 10월 17일(금) 오후 1시 30분부터 6시까지 철원군평생학습관 대강당에서 진행하였다. 개회식에는 이현종 철원군수를 비롯하려 한종문 철원군의회 의장 이하 여러 군의원과 관내 기관 사회단체장, 철원군민 등 100여 명이 참석하였다. 기조 강연은 '태봉 역사문화권 설정의 당위성과 의의'라는 제목으로 조인성 태봉학회 회장(경희대 사학과 명예교수)이 하였고, 주제발표는 '궁예의 지방과의 관계 문제 – 청주·나주를 중심으로' (홍창우 전남대), '건국 전후기 궁예의 지방 세력에 대한 통합 및 영토 확장에 대한 재검토' (김병희 경기대), '지방 장인에서 國匠으로, 태봉과 고려 전환기 國工의 등장과 활약' (정성권 단국대), '궁예와 왕건의 서남해안 경략과 불교' (조경철 연세대) 순으로 진행되었고, 토론자로는 윤성호(한성대), 송영대(중부대), 이주민(국가유산청), 최희준(국민대) 등이 나섰으며 논평은 김용선(한림대), 김선주(중앙대, 신라사학회 회장) 등이 맡았다. 개회식 사회는 김영규(태봉학회 사무국장), 주제발표 사회는 장창은(제주대), 종합토론 좌장은 이재범 전 경기대 교수가 맡았다. 학술회의 참

학술회의 참가자 단체 사진

태봉국 궁예왕 역사공원 답사

가자들은 이튿날 오전 태봉열차를 타고 태봉국 궁예왕 역사공원을 둘러보았다.